国家社科基金重大项目"功能—类型学取向的汉语语义演变研究"
（批准号：14ZDB098）研究成果

本卷著者

吴福祥　张秀松　董正存　李小军
何　亮　陈练军　李　明　董秀芳
陈前瑞　张　定　李宗江　龙海平
徐晓娴　吴梦玥　Francesco-Alessio Ursini

汉语语义演变研究丛书

吴福祥／主编

认知和语用视角的汉语语义演变研究

吴福祥 董秀芳 李明 等／著

时代出版传媒股份有限公司
安徽教育出版社

图书在版编目（CIP）数据

认知和语用视角的汉语语义演变研究／吴福祥等著.
合肥：安徽教育出版社，2024.10.--（汉语语义演变
研究丛书／吴福祥主编）.-- ISBN 978-7-5748-0315-2

Ⅰ.H13

中国国家版本馆 CIP 数据核字第 2024LD6856 号

认知和语用视角的汉语语义演变研究
RENZHI HE YUYONG SHIJIAO DE HANYU YUYI YANBIAN YANJIU

| 出 版 人：王能玉 |
| 策划编辑：姚　莉　江　舟 |
| 统筹编辑：付　静 |
| 责任编辑：江　舟　徐　鹏　付　静 |
| 装帧设计：张鑫坤 |
| 技术编辑：陈善军 |

出版发行：安徽教育出版社
地　　　址：合肥市经开区繁华大道西路 398 号　邮编：230601
网　　　址：http://www.ahep.com.cn
营销电话：(0551)63683012,63683013
排　　　版：安徽时代华印出版服务有限责任公司
印　　　刷：安徽新华印刷股份有限公司

开　　　本：710 mm×1010 mm　1/16
印　　　张：23.75
字　　　数：330 千字
版　　　次：2024 年 10 月第 1 版
印　　　次：2024 年 10 月第 1 次印刷
定　　　价：108.00 元

（如发现印装质量问题，影响阅读，请与本社营销部联系调换）

总　序

　　语义演变是语言演变的一个重要方面，也是历史语言学的主要研究对象之一。在汉语语言学界，语义和语义演变的研究具有悠久的历史和优良的传统。中国传统语言学（即小学）包含训诂学、文字学和音韵学三个主要门类，其中训诂学是最早建立也是最重要的门类。训诂学聚焦于对文献语言词义的训释和研究，"是中国语言文字学中一门传统的解释语词和研究语义的学科"（周祖谟，1988：387）。两汉以降直至清末，历代小学家尤其是训诂学家所作的词语训诂、词义分析和词义流变研究，积累了大量宝贵经验和重要成果，是汉语语义演变研究的一份宝贵遗产。中华人民共和国成立后，中国语言学的学科框架照搬苏联模式。汉语也被认为跟俄语一样具有语音、词汇和语法三大要素，相应地，汉语语言学被分为汉语语音学、汉语词汇学和汉语语法学三个分支。此外，在汉语语言学的历时层面，汉语传统语言学被汉语史（包括汉语语音史、汉语词汇史和汉语语法史）取代。在这种学科格局中，汉语的语义已丧失其作为独立研究对象的地位，寄生于相关的分支学科中。其中，词汇语义的研究附丽于汉语词汇学，语法语义的研究依附于汉语语法学。由此可见，在当今的汉语语言学框架中，汉语语义研究已沦落为汉语词汇研究和汉语语法研究的附庸。造成这种现象的原因当然有很多，不过我们认为，除了学术理念、学科设置等方面的因素，可能还有一个重要原因,即我们迄今未能找到适合汉语语义和语义演变研究的理论、视角和方法。

　　运用功能语言学、语言类型学和接触语言学的理论和方法,结合具体个案和专题的讨论,研究汉语语义演变的路径和模式、机制和动因、规律和方向,揭示汉语语义演变中的认知操作、语用策略、接触动因和类型特征,无疑是汉语史学界一个值得不断努力的研究方向。在这方面,普通语言学界的一些重要的理论模型、分析框架和研究成果可资借鉴,譬如 Sweetser 的基于认知的"历时隐喻模式"(The Diachronic Metaphor Model)、Traugott 的基于历史语用的"语义演变的诱使性推理理论"(The Invited Inferencing Theory of Semantic Change),以及 Heine and Kuteva 的基于语言接触的"语法复制"(Grammatical Replication)理论。这些理论模型和研究框架都是值得我们深入了解和大力借鉴的。

　　呈现在读者面前的这套"汉语语义演变研究丛书"就是我们在这方面所作的一个初步尝试。它比较集中地展示了近些年来我们在历史语义学和汉语语义演变研究方面的一些思考和探索。

　　本丛书在恪守汉语史研究的优良传统的基础上,注重理论、方法和成果的创新,力求采用普通语言学,特别是其中的功能主义语言学、语言类型学和接触语言学的新理论、新方法、新视角和新框架来研究汉语的语义演变。因此,相较于同类研究,我们认为本丛书至少有以下鲜明的追求和显著的特色。

　　第一,认真挖掘汉语语义演变的事实,聚焦于对汉语语义演变的路径和模式的归纳和概括。与以往的研究不同,本丛书注重对语义演变事实的描写,着重从概念上分析语义演变的过程,归纳和总结在汉语中反复出现的语义演变的路径和模式。这样的工作正是语义演变研究的一项基本任务。

第二，从跨语言的角度来审视汉语语义演变，探讨汉语语义演变的共相和殊相。与以往大多数同类研究不同，本丛书致力于将汉语语义演变置于人类语言演变的大背景下进行审视，探讨汉语语义演变的路径和模式所体现的共性倾向和类型特点。跨语言视角和类型学视野有助于弄清汉语中哪些语义演变的路径或模式体现的是人类语言的共性特征，哪些语义演变的路径或模式表征的是汉语的类型变异或个性特征，从而对汉语语义演变作出更为充分、合理的解释。

第三，力求从认知和语用的角度对汉语语义演变的机制和动因进行解释。语义演变研究最重要的工作是对业已观察到的演变路径或模式进行解释，揭示这些演变过程背后的机制和动因。本丛书在这方面也作了积极的努力和可贵的探索。

汉语既有 3000 余年连绵不绝的文献历史、丰富多样的方言类型，又有 2000 余年语义演变研究的经验和成果。汉语具有其他语言无可比拟的语义演变研究的资源优势。我们相信，如果能充分利用汉语语义演变研究的资源优势，不断借鉴普通语言学中先进的理论和方法，大力加强汉语语义演变的理论构建、实证研究和学科建设，那么相较于汉语语言学的其他分支，汉语语义演变研究应该是最有可能在普通语言学中构建出富有时代特征、彰显中国特色、体现世界水平的理论体系。

吴福祥

2023 年仲夏于北京齐贤斋

目录

前 言 001

第 1 章 基于认知处理和逻辑运算的语义演变

第 1 节　引言 005
第 2 节　理论背景 006
第 3 节　基于认知处理和逻辑运算的语义演变 008
第 4 节　结语 048

第 2 章 汉语中序列到量化的语义演变模式

第 1 节　引言 052
第 2 节　量化意义由何而来？ 055
第 3 节　序列义到量化义的演变动因 069
第 4 节　结语 073

第 3 章 汉语伴随格介词向工具格介词的演变

第 1 节　引言 075
第 2 节　现代汉语方言中的"拿""给""连" 078

第 3 节	汉语史上的"以""将""与"	084
第 4 节	几类不同语义特征的伴随格介词	093
第 5 节	结语	100

第 4 章 汉语人体/物体部位词语的空—时语义演变

第 1 节	引言	103
第 2 节	汉语史上人体/物体部位词语的空—时表义考察	104
第 3 节	现代汉语方言中人体/物体部位词语的空—时表达现象	116
第 4 节	汉语人体/物体部位词语的空—时语义演变路径	124
第 5 节	人体/物体部位词语语义演变的跨语言考察	127
第 6 节	结语	129

第 5 章 概念范畴的动态识解及其历时演变
——以｛鸣叫｝的演变为例

第 1 节	引言	130
第 2 节	上古汉语｛鸣叫｝概念域的表征形式	131
第 3 节	中古汉语｛鸣叫｝概念域的表征形式及其变化	138
第 4 节	近代汉语｛鸣叫｝上位词的更替与概念域的二次融合	144
第 5 节	结语	147

第 6 章 语用推理及相关问题

第 1 节	引言	148
第 2 节	基于"足量原则"与"不过量原则"的语用推理	149
第 3 节	副词"本来"的两种用法	151

第 4 节　词义扩大与词义缩小　152
第 5 节　言说动词的词义引申　154
第 6 节　语用强化　155
第 7 节　语用推理与转喻　157
第 8 节　语用推理也可能是隐喻　160
第 9 节　语境吸收　163
第 10 节　语用推理与定名学　165
第 11 节　结语　168

第 7 章　具有反预期功能的副词的分类及语义来源

第 1 节　引言　170
第 2 节　从返回、翻转或颠倒义动词语法化为反预期标记　172
第 3 节　从完成义动词发展为反预期标记　183
第 4 节　从"不正""偏离"义发展为反预期标记　185
第 5 节　结语　187
第 6 节　余论：反预期标记与强调标记　188

第 8 章　"曾"的反预期功能与经历体用法的演变关系

第 1 节　引言　190
第 2 节　"曾"的语气用法的类型与典型性分析　192
第 3 节　"曾"的时间用法的典型性　197
第 4 节　反预期与经历的跨语言联系及其理论意义　201
第 5 节　结语　207

第9章 汉语的否定极性词及其来源

第1节　引言 ... 208
第2节　现代汉语的否定极性词 ... 210
第3节　现代汉语否定极性词的来源 ... 214
第4节　语义语法变化 ... 221
第5节　余论：否定极性的衰退或极性中和 ... 222

第10章 汉语语篇中的插叙标记及其演变

第1节　引言 ... 225
第2节　上古汉语中的插叙标记"初" ... 226
第3节　近代汉语中的插叙标记"原来"（"元来"） ... 231
第4节　现代汉语中"原来"的义项 ... 238
第5节　语义演变路径：从话语标记到副词 ... 240
第6节　结语 ... 243

第11章 近代汉语语用标记及其演变
——以三类语用标记为例

第1节　引言 ... 245
第2节　"换言"类语用标记 ... 248
第3节　"意外"类语用标记 ... 262
第4节　"评价"类语用标记 ... 289
第5节　结语 ... 306

第12章 语用标记演变的语义和语音视角
——以接小句祈使式"你看"为例

第1节	引言	309
第2节	研究背景	310
第3节	现代汉语中的"你看"结构	315
第4节	K2形成过程的现有观点	319
第5节	母句路径存在的问题	321
第6节	联接化路径和K2的形成	328
第7节	结语	334

参考文献 … 337

后　记 … 366

前　言

本书是国家社科基金重大项目"功能—类型学取向的汉语语义演变研究"（批准号：14ZDB098）的部分成果，主要从认知和语用的角度对汉语语义演变的事实进行描写、分析和解释。

传统语言学对语义演变的研究聚焦于对语义演变类型或方式的分类和描写，而对语义演变的机制和动因、规律和方向、条件和制约等理论问题则少有关注。20世纪中叶以后，随着认知语言学、语用学以及话语语言学的兴盛，一些学者开始从认知、心理、语用和话语的角度探讨语义演变的动因和机制，从而将语义演变研究从单纯的对演变过程的描写拓展到对语义演变机理的解释，大大提升了语义演变研究的学术层次。

30余年来，历史语义学获得空前的发展，尤其是基于功能主义的语义演变研究，借鉴认知语义学和历史语用学的视角、方法和成果，运用普遍适用的认知模式和语用原则探讨语义演变的动因、机制和模式，总结出很多重要的语义演变的模型和理论框架，比如Sweetser（1990）的"历时隐喻模式"（The Diachronic Metaphor Model）、Geeraerts（1997）的"历时原型语义学"（The Diachronic Prototype Semantics）、Heine（Heine et al., 1991）的"转喻—隐喻模式"（The Metonymic-Metaphorical Model）、Traugott（Traugott, 1999a, 1999b, 2002；Traugott and Dasher, 2002）的"语义演变的诱使性推理理论"（The Invited Inferencing Theory of Semantic Change）。

进入21世纪，随着国外功能主义语言学理论和方法的不断引入，国内的汉语语义演变研究呈现多元化趋势，特别是近些年来，汉语学界已开始出现基于认知语义学、历史语用学的理论和视角探讨语义演变的新尝试，从而深化了汉语语义演变和词汇演变的研究。

本书是这类研究的一个尝试，力求运用功能主义语言学（认知语言学、历史语用学和语法化理论）的理论和方法，结合具体个案和专题的讨论，探究汉语语义演变的动因和机制，揭示汉语语义演变中的认知操作和语用策略。

本书的内容大致可分为三个部分。第一部分包含第1—5章，侧重于对汉语语义演变中认知因素的探讨。第1章"基于认知处理和逻辑运算的语义演变"从认知处理和逻辑运算的角度探讨语言表达式的规则多义性，以及语义演变、短语与跨层组合的词汇化、实词的语法化、否定羡余结构的出现，从而为这些现象提供统一的理论解释。研究表明，基于［前景—背景］倒置、识解精细度变化等认知处理和逻辑推演而形成的限定与排除的伴随关系、蕴涵定义律、限定算子与全称量词转换律、"总括—限定"之对立与转折关系的弱等价性、蕴涵式对存在量化的单向蕴涵，是上述现象得以形成的认知—逻辑机制。第2章"汉语中序列到量化的语义演变模式"证明汉语中存在"序列＞量化"这样的语义演变模式，在序列义到量化义的演变过程中起决定作用的因素是完形认知。序列义对应渐次扫描的认知模式，凸显指称集合的序列性和事件的渐进性；量化义是经历简括扫描后集合与事件数量得到凸显的最终结果。序列性和量增性具有互动关系，二者交替出现在认知前景和认知背景的位置上。第3章"汉语伴随格介词向工具格介词的演变"表明，汉语这种伴随结构前置于谓词型语言中伴随格介词最典型的演变路径是"伴随＞并列"，不过也存在非典型的"伴随＞工具"的演变路径。汉语伴随格介词向工具格介词的演变从源域与目标域的关系来看是隐喻性的，从过程来看则是转喻（重新分析）在起作用。第4章"汉语人体/物体部位词语的空—时语义演变"显示，汉语史[1]上和

---

[1] 本书关于汉语史的分期一般如下：上古汉语（先秦至西汉）、中古汉语（东汉至隋）、近代汉语（唐至清）。个别章节遵从该章作者的划分标准。

现代汉语方言中，一些表示人体/物体部位的词语往往还有表达空间方位和时间概念的用法。它们共同遵循"人体/物体部位＞方位概念＞时间概念"这一语义演变路径，其语义演变的机制是转喻和隐喻。"人体/物体部位名词＞空间方所词"是许多语言共有的现象，而汉语则拥有更多的"人体部位名词＞空间方所词＞时间概念词"连续演变的具体表现。第5章"概念范畴的动态识解及其历时演变——以〔鸣叫〕的演变为例"基于语义的动态识解视角，从历时角度描写和分析了〔鸣叫〕概念在"凸现—框架"方面的变化，揭示了汉语单音词所表征的概念在概念边界、概念域和概念层级等方面的变化的理据。

第二部分包括第6—9章，主要是对汉语语义演变背后的语用策略和话语动因进行分析和探讨。第6章"语用推理及相关问题"讨论语用推理在语义演变中的作用。本章的研究表明，在很多情况下，基于转喻的语用推理可以判断出新义信息量增大，因此可以确定其基于"不过量原则"。语用推理也可以在定名学中得到体现，比如在所谓"从隐含到呈现"这种现象之中。第7章"具有反预期功能的副词的分类及语义来源"从历时角度探讨汉语副词中反预期标记语法化的源头、历程及相应的功能特点，据此对反预期副词进行分类，并在此基础上进一步探讨反预期功能与其他语用功能之间的关系。第8章"'曾'的反预期功能与经历体用法的演变关系"通过对上古汉语语料的穷尽性考察和分析，发现上古汉语"曾"语气副词的非典型用法和时间副词早期的典型用法具有一定的相似性，且存在若干兼有双重理解的例证，据此论证了"曾"的时间副词功能是基于用例的相似性从其语气副词功能演变而来的。第9章"汉语的否定极性词及其来源"首次从"话语—语用"的角度对现代汉语否定极性词进行了较为系统的考察，详细分析了现代汉语否定极性词的性质、特点、类别、语源及语义演变过程。

第三部分包括第10—12章，聚焦于近现代汉语中若干重要话语标记或语用标记的话语功能、概念语源及演变过程。第10章"汉语语篇中的插叙标记及其演变"基于汉语史的材料,考察不同历史时期汉语语篇中插叙标记的功能及其演变。上古汉语语篇中的插叙标记是"初",近代汉语语篇中的插叙标记主要是"原来(元来)"。这两个插叙标记原本都是指示过去时间的,而且指示的是起始时间。"原来"从插叙标记用法中获得解释功能并逐渐句法化,变成句子层面的副词。这种从话语标记到句子副词的演变路径有力地证明了话语和语用因素在句法和语义演变过程中的重要作用。第11章"近代汉语语用标记及其演变——以三类语用标记为例"选择三类语用标记("换言"类、"意外"类和"评价"类),对它们在近代汉语中的分布、来源和演变进行描写和分析,以此来管窥近代汉语语用标记的大致面貌。第12章"语用标记演变的语义和语音视角——以接小句祈使式'你看'为例"讨论现代汉语祈使标记"你看"的来源和形成过程,基于共时和历时的证据,证明现代汉语祈使标记"你看"并非源于母句("你看")的语法化,相反,其形成过程可被视为遵循了一种"联接化路径"。这一演变过程不存在任何句法操作,只涉及两个语段(韵律上分离的插入语"你看"与其所结合的小句)之间韵律间隔消失的语法化演变。

第 1 章　基于认知处理和逻辑运算的语义演变

第 1 节　引言

众所周知，多义语词常常具有规则多义性（regular polysemy）。所谓"规则多义性"，是指多义表达式的各种意义之间的联系是有规则的，而不是杂乱无章的。假设多义词 A 具有意义 a_i 和 a_j，多义词 B 具有意义 b_i 和 b_j，而 b_i 和 b_j 的语义差别跟 a_i 和 a_j 的语义差别一样，且 a_i 和 b_i、a_j 和 b_j 不同义，则 A 或 B 具有规则多义性（姜胜，2004：239）。语词在共时平面的规则多义性往往是其语义发生规律性的历时演变的结果。原因主要包括以下两个方面：其一，语词同客观事物相关，客观事物之间的联系必然会反映在语词的意义内容上，且客观事物之间的联系可能会随时代的发展而改变，这是语词发生语义演变的物质基础；其二，人们在认识世界的过程中对相关概念产生联想，使事物之间的联系影响语词的语义演变，这是语词发生语义演变的认识论基础（姜胜，2004：237）。本章探讨的就是作为语义演变的认识论基础之一的认知处理和逻辑运算。本章将揭示，随着社会的发展，人们对外部世界的认识可能会发生变化，认知处理和逻辑运算的能力必然会得到提高，从而发现外在事物之间的一些新关系，并通过语词的新义与旧义间的联系使之固定下来。如果某多义现象不仅存在于一种语言的不同语词之间,还存在于不同语言的对应语词之间,则该多义性很可能与认知处理或逻辑运算有关。本章还将揭示,形式语义学领域命题逻辑和谓词逻辑的很多定理是语词意义演变规律的直观表现。形式语义学的研究有助于我们发现语义演变的跨语言共性,而语义的跨语言共性是普遍语义学(universal semantics)的重要研究课题。形式语义学的研究已经揭示了很多跨语言语义共性。比如,单调性和极项的推理敏感性不仅跨语言有效,而且跨范畴有效(Zaefferer,1991b:11—12)。这些语义共性(semantic universal)绝大多数都是系统的,是由共同的认知和逻辑机制及认知和逻辑限制引发的。

第 2 节 理论背景

本章倡导一种基于认知的、动态的、对语境敏感的语义研究路径。这种研究路径一直到 20 世纪 80 年代末还只见于瑞典等少数国家的学者(如 Allwood,1989)的研究中。20 世纪 90 年代开始,由于认知语言学领域长于处理话语意义的心理空间理论(后发展为概念合成理论)学派的语义构建论[1]兴起,这种研究路径才逐渐引起学界的注意。其特点是,把意义和概念基本看作认知现象,主张认知表征受到语言经验的制约(比如,将两种用法看作两个意义还是一个意义的两种语境变体,受制于语言使用者的语言经验),倡导从对信息的认知操作的角度来研究意义,而不主张把意义看作静态存在;认为意义取决于对语境敏感并利用语境来进行的认知操作(如消歧、典型化、具体化、相似性抽取)。这些认知操作是在某个

---

[1] 构建论主张意义是在语境中临时构建而成的,语言表达式的所谓"意义"只是为我们提供构建整个命题或话语的意义的切入口。

语言表达式的意义潜势、其他表达式的意义潜势和语言外语境三者之间获得某种兼容的过程。所谓"意义潜势",主要是指人们对某个具体表达式以前用法的记忆,可视为当前说话人能够从这个表达式中联想到的信息的集合,包括百科信息和词汇信息。意义潜势中只有一部分被语境激活,表现为语言表达式的现实意义(actual meaning)。总之,语言表达式的现实意义源于认知操作引导下的语言表达式的意义潜势的部分激活。因此,严格说来,本章引言中所说的语词的意义演变其实是语词意义潜势的演变。这种演变是以语词的意义潜势在语境中受到认知操作的影响而发生了不同于语言集团的长时记忆的新的激活为基础的。本章就是要探讨这些认知操作背后的逻辑运算机制。

20世纪90年代以来,形式语义学开始关注意义的语境变异和规则多义现象。比如,Kamp提出的"话语表征理论"(Discourse Representation Theory,简称DRT),Heim提出的"文档更新语义学"(File Change Semantics,简称FCS),Pustejovsky提出的"生成词库理论"(Generative Lexicon Theory,简称GLT),等等,都关注意义的语境变异。Eckardt(2006)还把形式语义学的研究方法引入语义演变研究。她发现一词多义、语用歧解是一个较好的研究词义演变的切入点,从而一改Frege等传统形式语义学家把自然语言的多义、歧义、语境变异现象看作表达缺陷而沉醉于对理想的人工语言(如逻辑语言)的发明设计之中的做法,把意义的语境变异和动态更新、共时多义性、历时语义演变等纳入形式语义学的研究范围。本章尝试将形式语义学的研究方法运用到历史语义学研究中,以提高复杂语义演变分析的准确性、明晰性,揭示语义演变规律的系统性。本章所用语料均随文标注出处;未标注出处的语料(都是现代汉语语料),为笔者自拟。

第 3 节　基于认知处理和逻辑运算的语义演变

认知语言学研究表明，不同认知主体对同一事物采取的观察视角［视角化（perspectivization）］不同、关注侧面（profile）不同、扫描方式不同、认识场景的精细化程度不同，会得到不同的识解（construal）结果。比如下面这两个相同的集合运算（从全集 U 中减去其真子集 $\overline{A}$，得到 A）：

$$U-\overline{A}=A \qquad\qquad U-\overline{A}=A$$

若如左边的集合运算所示，认知主体把"得到 A"感知为前景部分（有底纹凸显），把剩余部分感知为背景部分，则认识到的是对 A 的限定，即把考察范围从全集缩小到 A 上。相反，若如右边的集合运算所示，认知主体把"减去 $\overline{A}$"感知为前景部分，把其余部分感知为背景部分，则认识到的是对 $\overline{A}$ 的排除。可见，限定和排除是同一个认知框架中两个相对的侧面，正如给予和接受，它们彼此伴随，对 A 的限定总是伴随着对 $\overline{A}$ 的排除。排除义（exceptive meaning）和限定义（limitative meaning）相对立的概念基础，是［前景—背景］配置方式发生倒置而引发的凸显侧面的不同。"限定—排除"的对立，为部分表示限定义的词语［如"只是、但（是）"］在［整体肯定＋局部否定］或［整体否定＋局部肯定］的语境中通过语境（义）吸收而语法化为转折关系连词（详见本章 3.3）提供了认知和逻辑基础。这种因识解方式不同而导致认识不同的现象在语言里的反映是，有些多义词的不同意义之间的差别本质上是选择的视角、凸显的认知侧面、采用的扫描方式、认识精细化程度等的差别。下面进行详细论述。

3.1 限定与排除：基于 [前景—背景] 倒置的语义演变

先看汉语史上"无非"的语义演变情况。"无非"，《现代汉语词典》（第 7 版）释作"只；不外乎（多指把事情往小里或轻里说）"，《现代汉语八百词》（增订本）释作"只；不过；不外乎。指明范围"。可见，在现代汉语中"无非"是个起限定作用的范围副词，犹"只"。例如：

（1）院子里种的无非是凤仙花和鸡冠花。[《现代汉语词典》（第 7 版）]

上例中"无非"把具有"院子里种的"这种属性（记为 P）的个体（记为 x）限定在了凤仙花和鸡冠花这两个集合中。但"无非"和"莫不、无不、莫非"一样，原是跨层组合（金颖，2009）。[1] 例如：

（2）伯乐学相马，所见无非马者，诚乎马也。（《吕氏春秋·季秋纪》[2]）
（3）溥天之下，莫非王土。率土之滨，莫非王臣。（《诗经·小雅·北山》）

例（2）中"所见无非马者"的断言义是"所见到的没有不是马的"（所见到的不是马的事物是没有的），推论义是"所见到的都是马"。例

---

[1] 从跨层组合词汇化为一个副词，"无非"等所在句子的句法结构的复杂性无疑降低了。比如，"所见无非马者"原本是"所见非马者无"这种语义的句法实现。可见，"所见无非马者"并不是按线性顺序组合在一起的。即使把"所见无非马者"理解为"所见无一非马者"（所见没有一个不是马的），原句"所见无非马者"的结构复杂性仍然很高，因为它涉及"一"的省略。而当"无非"词汇化为范围副词以后，整个句子的结构复杂性就大大降低了。这也印证了 Dahl（2011）的观点：词汇化或语法化往往是结构复杂性降低的过程。
[2] 为行文简洁，《诗经》《论语》《左传》《庄子》《吕氏春秋》《史记》《朱子语类》《红楼梦》《儿女英雄传》等古代作品不标注作者。

(3)中"溥天之下,莫非王土"的断言义是"溥天之下没有不是王土的"(溥天之下不是王土的地方是没有的),推论义是"溥天之下都是王土"。故例(2)(3)中的"无非""莫非"可用"皆"类统括性范围副词替换。"无非"从跨层组合词汇化为范围副词的语义演变过程(即"没有不是">"都"),也是"无非"的语义中的推论部分跃升为断言部分的过程。词汇化以后,"无非"的意义又进一步发生演变(即"都">"只")。该演变以限定算子和全称量词转换律为逻辑推导机制(详见本章3.2)。这里我们主要关注"无非"发生的第一步语义演变。为便于说明问题,现将例(2)的真值条件义表示为如下文①所示的逻辑公式(其中,H 代表 Horse,表示由马构成的集合;Be_Seen 代表"为伯乐所见"这种属性)。②是对①的逻辑运算。从①到②的逻辑运算正是"无非"发生第一步语义演变所遵循的逻辑机制。

$\neg \exists x \ [\ (x \notin H) \ \& \ Be\_Seen\ (x)\ ]$ ①
$\equiv \forall x \ [Be\_Seen\ (x) \rightarrow (x \in H)\ ]$ ②

由上可知,"无非"中的"无"本表示"不存在",编码的是逻辑式①中的"¬∃";"非"表示"不是",编码的是逻辑式①中的"∉"(读作"不属于"),起排除作用[1]。把个体 x 从集合 H 中排除,就是把当前谈论的话题限定在 H 的补集 $\overline{H}$ 中,而属于 $\overline{H}$ 的 x 是不存在的。换言之,在例(2)中,所有具有 Be_Seen(即"为伯乐所见")这种属性的个体都属于集合 H(即都是马)。这样,当"无非"词汇化以后,它编码的就是公式②中的"∀"("所有")的意义了。总之,"无非"以对排除式的否定来达到表示总括,进而表示限定的目的。其语义演变可以综合表示为"~排除→总括→限定"。

---

[1] "非"起排除作用在古汉语中很常见。比如,胡敕瑞(2002)指出,下面两例是同经异译,"非"与"除"通用。
  (1)除佛智慧,无能知者。(慧思《南岳思大禅师立誓愿文》)
  (2)自非佛智,余岂能知。(昙旷《大乘起信论略述》)

古汉语中的"非 x 即/则/而 y"也是用排除式来表示限定意义的，其中的"非"表示排除。整个格式实际上表示限定意义，把当前论域限定在 x 和 y 上。例如（转引自楚永安，1986：86—87）：

（4）齐国之诸公子其可辅者，非公子纠则小白也。（《韩非子·说林下》）
＝齐国诸公子之可辅者，唯公子纠与小白也。

（5）天地之道，非阴则阳；圣人之教，非仁则义；万物之宜，非柔则刚。（《列子·天瑞》）
＝天地之道，唯阴阳而已；圣人之教，唯仁义而已；万物之宜，唯刚柔而已。

（6）韩地险恶，山居，五谷所生，非麦而豆。（《战国策·韩策一》）
＝韩地险恶，山居，五谷所生，唯麦与豆。

（7）凡天下强国，非秦而楚，非楚而秦。（《史记·张仪列传》）
＝天下强国，唯秦与楚。

在现代汉语中有一种特殊的"除"字句，也是通过对排除式的否定来达到表示限定和总括的目的的。如例（8）（9）中"除了"分句所示项目的所指与"除了"分句的后续分句所示项目的所指基本或完全相同。故例（8）其实是说"除萝卜白菜之外，别无他菜"，例（9）其实是说"除写文章之外，别无他事"。换言之，吃的只/全是萝卜白菜，做的只/全是写文章。

（8）这几天在西区食堂吃的除了萝卜白菜，就是白菜萝卜。
（9）我这个把月除了写文章，还是写文章。

上文关于"无非"、"非 x 即/则/而 y"和特殊"除"字句的讨论表明，限定意义可以用排除式来间接表示。反之，排除意义也可以用限定式来间接表示。换言之，排除操作不仅可以直接通过排除算子"除"等来实现，也可以间接地通过对限定式的否定来实现，因为限定的反面就是排除。比如，古汉语中的"非特、非直、非但、非独、微独、不独、不徒"以及现代汉语中的"不但[1]、不仅"都是从限定义词语"特、直、但、独、徒、仅"的否定式（记作［Neg＋only］）演变而来的。在［Neg＋only］结构中，only 表示对 A 的限定，在 only A 外再加上 Neg 这个否定算子，就是在执行限定运算的逆运算（即排除运算）了。所以，整个结构［Neg＋only］可以替换为排除算子"除却、除了"。例如：

(10) 他<u>不但</u>不帮忙，还站在一旁说风凉话。你说我能不生气吗？
→他除了不帮忙，还站在一旁说风凉话。你说我能不生气吗？

英语 unless 遵循与"不但"等词相类似的演变路径（"～限定→排除"）。比如，英语排除义连词 unless 源自 on less than，[2] on less than[3]仿自法语 à moins que。例如：

(11) a. Jack will be one hundred tomorrow <u>unless</u> he died tonight.
"除非杰克今晚死了，否则明天他就 100 岁了。"
←b.［less than（<u>Jack will be one hundred tomorrow</u>）］on［<u>he died tonight</u>］
"明天杰克不会有 100 岁，当且仅当他今晚死了。"

---

[1] 汉语中的递进关系连词"不但"是由"不只"义短语语法化而来的。例如：
他<u>不但</u>字写得好，而且画也画得好。
[2] 据 Rissanen（2010）考察，在《中古英语散文和诗歌语料库》（*Corpus of Middle English Prose and Verse*）中，unless 有 28 例写作 onless，其中包括 3 例分离式（on less）和 25 例紧缩式（onless）。
[3] 据 Rissanen（2010）考察，在中古英语中，on less than 有时也说成 upon less than 或 in less than。尽管这个短语中开头的介词有 on、upon、in 的差别，但是意义都是表示条件关系。在早期现代英语中，介词 on、upon、in 与 less 分离的形式基本消失了，都是介词 on、upon、in 与 less 合并为一个单词的形式，如 unless、onless，且 unless 逐渐占据主流。在中古英语中，该短语里的 than 很多时候也说成 that；而在早期现代英语中，that 逐渐脱落了。

例（11b）中 on 表示限定条件意义，犹逻辑关系词 iff（当且仅当），全句意谓"只有杰克今晚死了，明天他才不会有 100 岁"。经过从例（11b）到例（11a）的重新分析，on 和表示否定的 less 词汇化为一个整体 unless，unless 表示排除意义。词汇化以前，on 和 less 是跨层组合；词汇化以后，unless 成了连词。汉语跨层组合"不但、不仅"等和英语跨层组合 on less than 向连词的词汇化表明，用限定算子的否定式来表示排除意义的用法一旦因高频出现而固化下来，就会引发原限定算子所在的整个结构或结构中的一部分常项的词汇化。

正因为排除和限定是伴随关系，汉语"除非"虽含有排除义语素"除"而直接表示排除义［见例（12）］，但又间接表示限定义［即"只有"义，见例（13）］，所以例（14a）和例（14b）的真值条件义相等，"除非"表示唯一的条件。

(12) 除非一杯酒，何物更关身。（白居易《感春》）［排除义］
(13) 黯乡魂，追旅思，夜夜除非，好梦留人睡。（范仲淹《苏幕遮》）［限定义］
(14) a.除非下雨，我才会请假。≡ b.只有下雨，我才会请假。

吕叔湘（1990：422）说："'除非'这个词大致是两个来由凑合而成：一是'非'，即'非……不……'的'非'；一是'除'，即'除……外'的'除'。"假设该分析是对的，那么与"除非"分句搭配的分句中应该有与"除非"相呼应的否定词。事实确实如此。例（14a）也可以作如下表述：

(15) 除非下雨（S_1），我不会请假（S_2）。

这表明例（15）中"除非"里的"除"和"非"作为起排除作用的算

子（exceptive operator），共享一个操作对象，即 S_1 所示命题"下雨"（记作 p_1）；否定算子"不"的操作对象是 S_2 所示命题的逆命题，即"我会请假"（记作 p_2）。由于"除非"中的"除"和"非"都起排除作用，共享一个操作对象，所以可去掉其中一个而不影响句义的表达。[1] 例（15）可转换成"除下雨之外，我不会请假"或者"不是下雨，我不会请假"。另据席嘉（2010：158—161）的考察，"除非"始见于唐代，沿用至今。[2] "除非"还可以说成"除是"，只不过"除是"在唐代仅见 1 例，宋代起开始经常出现。例如（下文前 4 例转引自席嘉，2010：161）：

(16) 此并犯禁之具，若不毁，<u>除是</u>诱人于陷阱也。(《对覆车置罘判》)

(17) 要无闷，<u>除是</u>拥炉对酒，共谭风月。(周邦彦《无闷》)

(18) 毕竟人生都是梦，再相逢，<u>除是</u>青霄里。(葛长庚《贺新郎》)

(19) <u>除是</u>无此物，方无此理；既有此物，圣人无有不尽其理者。(《朱子语类》卷十八)

(20) 梅香呵，我心事则<u>除是</u>你尽知。(郑光祖《倩女离魂》第三折)

可见，"除非"中的"非"只是排除标记而非否定算子。那么，为什么例（14a）和例（14b）的真值条件义相等呢？因为"除非"中的"非"

---

[1] 历史上"除非"中的"非"偶尔还可以换成"是"。例如：
 (1) <u>除是</u>法师会飞，方能到彼。(《大唐三藏取经诗话》下卷)
 (2) 欲犯我者，<u>除是</u>飞来。(《宋史·岳飞传》)
[2] 语料调查显示，"除非"产生之后，在唐代出现跟"方"搭配的用例，在明代出现跟"才"搭配的用例。跟"方/才"搭配时，"除非"的本义的推论义（即限定义）凸显。例如：
 (1) 若堕此狱，从初入时，至百千劫，一日一夜，万死万生，求一念间暂住不得，<u>除非业尽，方</u>得受生，以此连绵，故称无间。(实叉难陀译《地藏菩萨本愿经》)
 (2) <u>除非</u>不要性命的，<u>才</u>敢开口说句公道话儿。(《喻世明言》卷四十)
 (3) 杨老妈道："方才老员外与安人的意思，嫌张家家事澹泊些。说道：'<u>除非</u>张小官人中了科名，<u>才</u>许他。'"(《初刻拍案惊奇》卷二十九)

在一开始确实是个否定算子。[1]"除非 S_1，S_2"起初就表示"如果排除了 p_1，则非 p_2"，即"如果不 p_1，就不 p_2"，其逻辑式可表示为"$\neg x \rightarrow \neg y$"。根据假言易位律［modus tollens，又译作"反衍律"或"蕴涵式（implicative formula）的否定推理"］，上式可化简为"$y \rightarrow x$"。代入例（15），该式表示从知道"我请假"一定可以推导出"（天）下雨"。换言之，要"我请假"必须"天下雨"，因而"下雨"是"我请假"的必要条件。而汉语里表示必要条件可用句式"只有 S_1，才 S_2"。因此，例（15）可转换为例（14b）。若把例（15）的前半句和例（14b）的后半句糅合在一起，就会形成例（14a）。简言之，"除非……才……"句式是"除非……不……"和"只有……才……"这两个句式糅合的结果。最能说明该糅合过程的是下例：

（21）曾经沧海难为水，除却巫山不是云。［元稹《离思五首》（其四）］
"……除了巫山的云，其他云都不是我梦中的云。"
→除却巫山（之云）非（是）云。→除非巫山之云（才）是云。

限定与排除的伴随关系在外语中也有丰富的表现。比如，英语中 but 除了起限定作用，表示"只、仅仅"义，还起排除作用，表示"除了"义，犹 outside、except。试比较下面的例句：

（22）He hopes that lasted but a moment.
"他希望那件事仅仅持续片刻。"

---

［1］单用的"非"有时既可表示否定，又可表示排除。例如：
（1）爱先人之遗体，惜己身之分气，非兄弟何念哉？（《颜氏家训·兄弟》）
（2）江陵王玄绍、弟孝英、子敏，兄弟三人，特相爱友，所得甘旨新异，非共聚食，必不先尝。（《颜氏家训·兄弟》）
这为"除非"中的"非"发生从表示否定到表示排除的演变提供了基础。

（23）Everybody left but John.
"除了约翰，所有人都走了。"

据 Maurice（1992：17）研究，but 在古英语中写作 bútan，起初是排除义介词。[1] but 的这个意义在现代英语里仍然存在，如例（23）。后来，but 从排除义引申出限定义（即"只、仅仅"义）。例如：

（24）The difference between the two topic expression types is reflected in a number of differences in grammatical form and behavior. To mention but two here, it is reflected in the fact that... （Lambrecht，1994：187）
"……这里只提两点……"

but 从排除义引申出限定义可能是在短语词 but for、but that 中发生的。例如：

（25）But for the rain, we should have had a pleasant journey.
"要不是下雨，我们会有一次愉快的旅行。"
（26）They would have resisted but that they lacked courage.
"若非缺乏勇气，他们会抵抗的。"
（27）I would have failed but that you helped me.
"若非你们帮助我，我会失败的。"

上面 3 例中 but for、but that 表示"要不是，若非"义，可以替换为

---

[1] Trask（2000/1996：46）认为，but 最初表示 on the outside（of）（在……外面）的意义，后来引申出 except for（除了/若非）的意义，继而从 except for 的意义引申出 however（然而）的意义。Hancil（2014：236）指出，but 是古英语中复合介词 be＋útan/bútan（在……之外）词汇化的结果。本章只关注 but 的排除义和限定义之间的源流关系，不关注 but 的其他意义。

except for、except that。"要不是，若非"义与"除非"义相近。而从"除非"义引申出限定义则很常见（详见上文对汉语"除非"的语义演变的论述）。but之类的词语表示排除的用法在逻辑上叫作"补集用法"（complement usage）。所谓"补集用法"，是指but等词语引出的一定是全集U的某子集A，"U but A"表示A在U中的补集（Maurice，1992：17）。所以，句中缺少全集U时，句子不能成立。试比较下面的例句：

（28）a. Everybody left but him.

"除了他，所有人都走了。"

b.* Some/Many of the people left but him.

"除了他，有些人/很多人走了。"

与but从排除义引申出限定义相反的是，only从限定义引申出排除义。比如，据Brinton（2017：99）研究，下面几例中的only都表示排除义，可以替换为except/but（that）。分析这几例可知，only表示排除义时是违实（或虚拟）标记，可译作"要不是/若不是"，其所在分句以否定句居多；其所在分句的伴随分句往往采用虚拟语气形式，最常见的是使用情态动词would、ought to等。

（29）I would like to come. Only, I have not got the time.（König，1991b：16）

"要不是我没时间，我会/想来。"

（30）He'd succeed, only he's rather lazy.（*Longman*：s.v.*only*）

"要不是他懒的话，他会成功的。"

（31）I would've asked you, only my mother told me not to.（Quirk et al.，1985：1103）

"要不是我妈妈叫我别问你，我可能已经问过你了。"

(32) Many a man would have become wise, only he thought he was so already. (1877 Spurgeon, *Serm XXIII* [OED])

"要不是认为自己已经是聪明的了（而拒绝进步），很多人会变聪明的。"

(33) I ought to have refused him, only I had not the heart. (1847—48 Thackeray, *Vanity fair* I, Ch. XXV [Poutsma, 1905: 294])

"要不是我不忍心，我应该已经拒绝他了。"

(34) He wanted to take precedence of all the Lowland gentleman then present, only my father would not suffer it. (1814 Scott, *Waverley* Ch. XV [Curme, 1931: 167])

"要不是我父亲受不了，他想比当时所有的低地绅士都要有出息。"

正因为限定和排除是伴随关系，所以表示限定义的词语和表示排除义的词语经常共现，[1] 以至于最终词汇化为一个整体，比如古汉语中的"除唯、唯除[2]、只除（非）"等。请看下面的例句：

(35) 九曲风涛何处显，只除是此地偏。（王实甫《西厢记》第一本第一折）

(36) 朝廷天子要救万民，只除是太尉办一点志诚心。（《水浒传》第

---

[1] 比如，据 Brinton（2017: 104）研究，在中古英语中，限定义副词（Brinton 称为"焦点化副词"）only 经常跟排除义词语（如 except、but）共现。请看（下面两例均转引自 Brinton, 2017: 104）：
   （1）We may do no thyng but only swich thyng as we may doon rightfully.（1387—1400 Chaucer, *CT* B.Mel. 1383）
      "we may do nothing except such things as we may rightfully do."
      "除了我们应该做的事，我们可以什么也不做。"
   （2）The chapels have and minister all sacraments except only christening and purifications.
      "除洗礼和净化之外，所有的圣礼这些小教堂都有，都能备办。"
[2] 关于"除唯"和"唯除"在古汉语里的用法，可以参见胡敕瑞（2002）。

一回）

（37）你<u>只除</u>另娶了奶奶，俺两个还不知肯让不肯让哩！（《醒世姻缘传》第十九回）

（38）这里都不是正路，<u>只除非</u>东南上有一条大路，可以上去。（《水浒传》第三十四回）

（39）<u>只除非</u>得这三个人，方才完得这件事。（《水浒传》第十五回）

又因排除义常用否定词来编码，所以限定词往往可以与否定词共现，有时甚至必须如此，以至于两者最终词汇化为一个词语（Maurice，1992：19）。限定词和否定词共现，见于英语、法语、意大利语、日语等语言中的否定羡余（negative redundancy）结构。下面先讨论英语中的情况。英语中 but 的限定作用带来的副效应——排除义，可以通过显性符号 nothing 来编码，也可不编码。换言之，在英语中，限定词 but 可以但不必跟否定词 nothing 共现。例如：

（40）He is（nothing）but a child.（König，1991b：95）
直译："他除了是个孩子，什么也不是。"
意译："他无非/只是个孩子。"

但是，对于法语、意大利语和日语里的很多限定词来说，其限定作用带来的排除效应必须诉诸语言编码，因而这些限定词必须与否定词共现，构成否定羡余结构。法语中的"ne... que，rien que"，意大利语中的"non...che"，以及日语中的"しか（shika）...ない（nai）/ありません（arimasen）"都是否定羡余结构。例如：

（41）法语
a. Je <u>ne</u> lis <u>que</u> des policiers.
 我 否定 读 只 领格 侦探
 "（小说,）我只读侦探的。"

b. Cela ne faisait que commencer. (König, 1991b: 95)
　　这　否定　是—过去时　只　开始

"这只是个开始。"

c. J'y vais avec elle, rien qu' avec elle.
　　我—将来时　去　跟　她　否定　只　跟　她
(商务印书馆辞书研究中心, 2003: 993)

"我和她去, 只和她去。"

(42) 意大利语

a. Non ha comprato che un libro.
　　否定　完成体　买—过去时　只　不定冠词　书
(König, 1991b: 95)

"他只买了一本书。"

b. Non ha comprato se non un libro. (König, 1991b: 95)
　　否定　完成体　买—过去时　只　否定　不定冠词　书

"他只买书了。"

(43) 日语

a. 象は　暑い　国　に　しか　ない。(杨䜣人等, 2005: 118)
　　象—话题　热—连体形　国家—在　只　否定

"象只有在热带国家才有。"

b. 今の時点で　は　分からない　と　しか　申し上げ
　　如今—到　提示助词　懂—否定　引语标记　只　说
よう　が　ありません。(杨䜣人等, 2005: 118)
可能推量　主格　否定—敬体

"事到如今, 只能说声不懂了。"

c. 彼は　普通　の　人間　で　しか　なかった。
　　他—话题　普通　领格　人　是　只　否定—过去时
(李强等, 2004: 316)

"他只是个凡人。"

例（43）中的否定词"ない"或"ありません"在句中不表示否定，而表示排除效应，对句子的真值条件义没有作出贡献，翻译时当不译。其强制出现纯粹是为了跟前面起限定作用的副助词"しか"保持和谐，以彰显其限定作用带来的副效应——排除作用。例（41）（42）所示法语、意大利语中的否定羡余结构可作类似分析。

综上所述，汉语"除非"和英语 but 从排除义引申出限定义是其边缘意义上升为核心意义的过程，[1]是以认知上的［前景—背景］倒置为基础的。这与"无非"从对排除义的否定引申出限定义的现象，古汉语中"除唯、唯除、只除（非）"的出现，以及外语中否定羡余结构的出现一样，本质上都是限定和排除的伴随关系的语言映照。

3.2　限定与总括：基于限定算子与全称量词转换律的语义演变

限定就是把论说范围（即具有属性 P 的个体）限制在一定的集合内。那么，反过来说，属性 P 适用于该集合内的所有个体。比如，"只有乞丐才要饭"与"要饭的都是乞丐"的真值条件义相同。故 Horn（1996）把限定算子 only（只）称为"倒置的全称量词"，意即把全称量词的量化对象与核心部分互换位置后，将全称量词改成限定算子。"All Bs are As≡Only A is B"这种逻辑推理，为语言表达式从限定义引申出总括义，或从总括义引申出限定义，以及限定算子与全称量词的共现提供了逻辑基础。下面择举数种现象，以资佐证。

现象一：古汉语里有些限定义副词在特定语境中被有些辞书释出总括义。[2]比如，王瑛（2001：234）释"只$_2$"作"又犹云'总'，范围副

---

[1] 关于［核心意义—边缘意义］交替理论（Core Meaning-Peripheral Meaning Alternative Theory），详见 Bybee et al.（1994）。
[2] 有些虚词研究著作甚至认为相关副词是多义词，既有限定义，又有总括义。比如，葛佳才（2005：124—136）认为"亦、适、犹、偏、专、多、只"可以兼表限定义和总括义。从葛先生所举的例子看，"亦"表示的是类同义而非总括义；"适"表示限定义或"正好"义，不能表示总括义；"犹"不能表示限定义或总括义，只能表示"同样"义；"偏"表示总括义，则是由于它是"遍"的形化。

词"；张相（1953：384）释"只在"为"犹云总在或如故也"；刘淇（1954：76）释例（44）中的"专"字为"犹云全也，与独字义别"。

（44）方丈面各五千里，上专是群龙所聚。（东方朔《十洲记》）

我们虽然不能像葛佳才（2005：133）那样说范围副词"专"从限定义引申出了总括义，但是可以肯定的是，范围副词"专"的断言意义（即限定义）在特定语境中可以退隐为边缘意义，而其推论意义（即总括义）可以临时跃升为核心义。换言之，至少可以认为，范围副词"专"在历史上曾表现出从限定义引申出总括义的倾向。例如：

（45）一洲之上，专是林木，故一名青丘。（东方朔《十洲记》）
（46）其言专商鞅、韩非之语也，指意放荡，颇复诙谐，辞数万言，终不见用。（《汉书·东方朔传》）

例（45）中"专是林木"的字面意义是"只有林木"。但是，与整个语境协调的当是从"只有林木"义推导出的"全是林木，林木很多"义。正因为"全是林木，林木很多，林木青绿"，所以整个长洲才被称为"青丘"。例（46）的意思是东方朔所说都是像商鞅、韩非之说那样"指意放荡，颇复诙谐"的言论，句中"专"的意义可作类似分析。

现象二：古汉语中限定义范围副词"但"在特定语境下可解读出总括义。试比较例（47）（48）和例（49）（50）中的"但"：

（47）匈奴匿其壮士肥牛马，但见老弱及羸畜。（《史记·刘敬叔孙通列传》）
（48）我州但有断头将军，无有降将军也。（《三国志·蜀书·张飞传》）

(49) 何时静，尽日狂，<u>但</u>行处酒债寻常。（王伯成《李太白贬夜郎》第一折）

(50) 则见脂粉馨香，环佩丁当，藕丝嫩新织仙裳，<u>但</u>风流都在他身上，添分毫便不停当。（关汉卿《温太真玉镜台》第一折）

"但"在例（47）（48）中表限定义，在例（49）（50）中表总括义（即"凡，所有"义）。正因为"但"在特定语境下可解读出总括义，所以它才能与全称量词"凡"共现，从而引发"但凡"的词汇化。"但"获得"凡，所有"义后，进一步引申出了"全"义。例如：

(51) [善金局匠作大监] 沙尔汗：铁兄，今日下值后，小弟欲与铁兄一叙，不知意下如何？

　　　[善金局匠工] 铁勒：<u>但</u>凭沙大人吩咐。（电视剧《神探狄仁杰》第 4 部第 15 集中的人物对话）

现象三：现代汉语普通话中"净"兼表限定义和总括义（沈家煊，1999：112）。《现代汉语八百词》（吕叔湘，1980：278）为"净"列出如下义项：①光；只；②全；都。其中，义项①表示限定，例如：

(52) <u>净</u>顾着说话，忘了时间了。/前排票已经卖完，<u>净</u>剩下后排的了。/不能<u>净</u>听你一个人的，还要听听别人的意见。

(53) 听说又娶了位少奶奶，<u>净</u>嫁妆就是十万黄金，十万白银。（《儿女英雄传》第三十一回）

(54) 你说，腰里带着硬的，<u>净</u>弄些个暗门子，算哪道呢？（老舍《上任》）

义项②表示总括，例如：

(55) 书架上<u>净</u>是科技书刊。/这一带<u>净</u>是稻田。/他说的<u>净</u>是废话。

(56) 我们的文武官员<u>净</u>都逃跑了。(郭沫若《孔雀胆》第一幕)

(57) 别打枪,<u>净</u>是自己人。(杨朔《百花山》)

现象四:现代汉语方言江苏泗阳话中"滑"兼表限定义和总括义。例如:

(58) 他<u>滑</u>做一些让人不能理解的事情。

(59) 你能不能不要天天<u>滑</u>那么早叫我起床?

上面两例中,"滑"分别表示限定义和总括义。例(58)中"滑"犹普通话"净",例(59)中"滑"犹普通话"都"。泗阳话中"滑"本表示"光"义,后受普通话"光"的影响而从"光"义用法引申出表示限定的用法,继而又从表示限定的用法引申出表示总括的用法。

现象五:现代汉语中"全"有时可以表示"除此之外没有别的"义,犹"只"(王健,2008:136);"只"有时可表"全,都"义。例如:

(60) 要说这孩子也怪可怜的啊,打《小铃铛》之后,<u>全</u>剩下变形金刚了。(《编辑部的故事》)

(61) 呕,那会儿也没那玩意儿,<u>全</u>凭着嗓子喊,咳,哪像现在的歌星们,拿着麦克风,也不知他唱什么词儿。(《编辑部的故事》)

(62) 甭想!我告诉你小二德子,自打我跟你们家住街坊,你爸爸是蹭了我一辈子的饭,你妈做饭什么味儿,你是想不起来,她压根儿就没起过火,<u>全</u>当我们家是饭馆儿了。这可不能传代。(《编辑部的故事》)

(63) 不要说外国银行没他美元,就是国币存款他也没有,<u>全</u>靠薪俸养家。(《追求》1994年12月)

(64) 张老板、李老板陪着八千岁出来,劝他:"……看开一点。破财

免灾，只当生了一场夹气伤寒。"（汪曾祺《八千岁》）

将例（60）至例（63）中的"全"换成"只"，或者将例（64）中的"只"换成"全"，句子的真值条件义不发生变化。

现象六：现代汉语普通话中起统括作用的范围副词"都"在方言中发展出了限定作用。例如：

（65）家里都你一个人怎么行啊？（电影《唐山大地震》中的人物对话）

上例中"都"表示"仅，只"义。因为方言中的"都"和普通话中的"就"均有限定义，所以方言中的"都"可以因袭普通话中"就"的多义模式而生出新义。例如：

（66）大悲能受，大喜都能受。（电影《唐山大地震》中的人物对话）
（67）[这个房子] 你要非要买，你都买。我不管你。（电影《唐山大地震》中的人物对话）
（68）你要不愿跟我在杭州住，我都给你买房子。（电影《唐山大地震》中的人物对话）
（69）前面那路口原来都是咱家，现在盖百货大楼了。（电影《唐山大地震》中的人物对话）
（70）对头，都是那个搞的。不错，就是那样做的。（西南官话·四川话）
（71）犯罪嫌疑人骑的摩托车应该都是这辆。（冀鲁官话·山东定陶话）

上面几例中的"都"均可替换为"就"。例（66）（67）（68）中的"都"是关联副词，用于假设关系复句，表示后件（consequent）对前件（antecedent）的承接关系。例（69）（70）（71）中的"都"表示确认的肯定语气副词，犹"正，恰恰"。[1]

现象七：汉语"只管"表"尽管，尽量"义。[2] 徐仁甫（1981：478）指出"只犹'尽'，副词"。[3] 与汉语"只管"犹"尽管"的现象有异曲同工之妙的是，日语"だけ（dake）"本是表示限定义的副助词，犹汉语"只"，但若出现在表示能够、可能的动词"できる"后时，它就表示总括义，"できるだけ"可译作"尽量，尽可能"。试比较：

（72）ちょっと　　値段を　　聞い　　てみた　　だけ　　だ。
　　　稍微　　　价格—宾格　问　　尝试—过去时　只　　是
買う　つもり　　は　　なかつた。（杨诎人等，2005：123—124）
买　　打算　　—话题　否定—过去时
　　"我只是问问价格，没打算买。"

（73）間食は　　　できる　　だけ　　し　　ない。（李强等，2004：269）
　　　零食—话题　能够/可能　尽　　吃　　否定
　　"我尽量不吃零食。"

---

[1] 同理，汉语史上"专"通过因袭"就"的多义模式获得表示确认语气的"恰恰"义副词用法。例如：
（1）那井庆道："小的妻子向来与小的争竞口舌，别气归家的。丈人欺心藏过了，不肯还了小的。须有王法！"杜老道："<u>专</u>为他夫妻两个不和，归家几日。三日前，老夫妻已相劝他气平了，打发他到夫家去。"（《初刻拍案惊奇》卷二十六）
方言中"只"通过与普通话中的"就"相因生义而获得"就"的关联副词用法。例如：
（2）玳安道："那嚘嫂子，行动<u>只</u>拿五娘唬我！"（《金瓶梅词话》第二十三回）（按：该例中的"行动"意即"动不动"。）

[2] 汉语中"只管"有时跟"尽管"一样有让步连词用法。例如：
（1）师老爷不知道，我们这位小爷<u>只管</u>像个女孩似的，马上可巴图鲁，从小儿就爱马，老爷也常教他骑，就是劣蹶些儿的马也骑得住。（《儿女英雄传》第三回）
（2）方才这个娘儿们太不对眼，还沾着有点子邪道。慢说客官你，就连我们开店的，<u>只管</u>甚么人都经见过，直断不透这个人来。（《儿女英雄传》第五回）
同理，表示限定的"就"和表示总括的"都"的语义对立在有的语境中可以被中和。比如，"从来就如此"义近于"从来都如此"。

[3] 对徐说具有旁证作用的是，英语中 the 既可以表示限定，用在表示独一无二的事物的名词前，如 the sun、the moon、the earth，也可以表示总括，用在属性形容词前，比如 the poor、the blind 分别表示穷人和盲人这两类人，涵盖了所有具有穷或盲这种属性的个体。

同理，"だけ"出现在句型 S "动词的可能形＋だけ＋同一动词的て形"中时表示总括。例如：

(74) 彼は　　　　銀行から　　　　金を　　　借りられる　　だけ
　　 他—话题　　银行—源点格　　钱—宾格　借—可能式　　尽
借りて　　　家を　　　　買った。（杨诎人等，2005：124）
借—之后　　房子—宾格　买—过去时
　　　　"他能借多少就借多少，向银行借足了钱买了房子。"

在句型 S 里，"动词的可能形＋だけ"表示"尽可能做某事"。其中，"だけ"的"尽"义源于其"只"义（即限定义）。

现象八：玛雅（Mayan）语族的尤卡坦语（Yucatec）表示惯常体意义时用限定义词语，而且句子的信息结构要采用谓词作焦点的［焦点＋预设］式。例如：

(75) <u>Puroh</u>　káaltal　　　　　　k-in　　　　　　　bèet-ik.
　　　 只　　 喝　　 动名词—作格·一身·单数　做—非完整体
（Lehmann，2002/1982：28）
　　　直译："只有喝酒是我做的。"
　　　意译："我只喝酒。"

例（75）的字面义是"只有［喝酒］$_F$ 是我做的事"，但它实际表达的是惯常体意义（即"我总是喝酒"）。其间的推理过程是这样的："只有喝酒是我做的事→我做的事全是喝酒→我总是喝酒"。与玛雅语的情况相反，汉语方言中出现了用惯常义词语表示限定义的现象。比如，据许宝华、宫田一郎（1999：4440—4441）研究，客家话（广东梅县话）中的"总有"（读作［tsuŋ^{31} iu^{44}］）和闽语（福建建瓯话）中的"总来有"（读作［tsɔŋ^{21} le^{33} iu^{21}］）都表示"只有"义。

现象九：德语 lauter 可以有"很多"（many）义和"只"（only）义两种解读。其中，"很多"义的产生可能是由"只"义的进一步蜕化所致（Eckardt，2006：210）。例如：

(76) Da   sind   lauter   Bonbons   auf   dem   Tisch!
      那儿   有   很多/只   糖果   在—上   定冠词   桌子

（Eckardt，2006：210）

上例有如下两种解读：

解读一：There are only bonbons on the table（and quite a lot of them，at that）.（桌上只有糖果。）

解读二：There are a lot of bonbons on the table（aside from other stuff lying around）.（桌上有的是糖果。）

汉语"有的是"能引申出"多"义，也与"限定＞总括"式的重新分析有关。言者说"我有的是钱"时，听者根据言语交际合作原则下的足量准则可以推导出言者想要表达的是"我有的只是钱"这样的会话含义，否则言者就会在后续其他分句中说明"我"还有什么别的东西，或者不使用"S 有的是 NP"句式。既然可以推导出"只有，没有别的"义，那么就可继续对"只有"义重新进行分析，从而推导出总括义（"S 有的全是钱"），最后推导出"多"义（"S 的钱很多"），正如德语里的 lauter。当然，当经重新分析而形成的推论义"多"义固化为"有的是"的格式义时，"有的是"在话语中就不再有"只有，没有别的"这样的会话含义了。例如：

(77) 桌上有的是糖果。

上例仅表示桌上糖果很多，并未暗示桌上没有其他东西。能够证明现代汉语中"有的是"在表"多"义的同时不暗含"只有，没有别的"之类会话含义的是，它不能通过否定应答测试。例如：

（78）——他家有的是钱。
　　　——你错了。他家其实没有多少钱。/* 你错了。他家还有三个女儿呢！

现象十：英语中以 all 开头的左分裂句中，all 起初表示"全部"义，现在表示"唯一"义（详见 Traugott，2012）。试比较：

（79）All I did was to honour you.
　　　"我做的一切全都是为了向您表示敬意。"
（80）All I want to eat is the peach.
　　　"我想吃的只是桃子。/我只想吃桃子。"

3.3　限定与转折：基于［总括—限定］之对立与弱转关系的等价性的语义演变

　　表示限定义和表示转折关系，很多语言用同一个语言表达式［下文把这种现象称为"共标"（König，1991b）］。例如：英语 but、only，荷兰语 maar，德语 nur，日语"しか、だけ"，汉语"但（是）、就是、只是"，等等。经考察发现，英语转折关系连词 but/only、德语转折关系连词 nur 都是从限定算子演变而来的。限于篇幅，这里仅择举数例，以资证明。
　　现象一：英语中表示限定义的范围副词 only 已发展出弱转折连词的用法（Traugott，2003b：126—128），犹汉语"只是"。请看下面的例句：

(81) The flowers are lovely; <u>only</u>, they have no scent. (Brinton，1998：9)

"这些花很可爱，<u>只是</u>没有香味。"

(82) I do fully see the evidence of all that which you have said, and therefore I must needs be perswaded of it. I do heartily thanke God for it, and will endeavor myselfe to put it in practise continually. <u>Only</u> here is the difficulty, how a Schoolemaster may do this, to teach his Scholler so to proceede with understanding, and how to give a reason of every matter which they learne, to make use of all their learning.［Brinsley，Ludus Literarius 44（Brinton，1998：24）］

"……我衷心感谢上帝，并将努力把它付诸实践。<u>只是</u>有一种困难……"

今天，在非正式的口语中，only 仍然可以表示"只是，不过"义。例如：

(83) He is still a young man, <u>only</u> he seems older because of his careworn expression.

"他还很年轻，<u>只是/不过</u>沧桑忧郁的表情使他显得比实际年龄要老。"

(84) He's a good student. <u>Only</u> he's lazy. (Brinton，2017：103)

"他是个好学生，<u>只是/不过</u>有点懒惰。"

同理，英语中 but 先从表示限定义的范围副词用法引申出表示弱转关系的连词用法，继而又从表示弱转关系的连词用法引申出表示强转关系的连词用法。例如：

(85) The candidates are similar, <u>but</u> John is older than Bill. (Brinton，

2017：100)

"候选人情况相似，<u>不过/然而</u>约翰比比尔年长一些。"

现象二：德语中 nur 已完成了从限定算子向转折连词的演变。试比较：

（86）Er　　arbeitet　　<u>nur</u>.（Heine and Kuteva，2005：96）
　　　他　工作—三身单数　只

"他只是工作（，没做别的）。"

（87）Er　　arbeitet，　<u>nur</u>　　　kriegt　　　er　kaum　Geld
　　　他　工作—三身单数　转折词　得到—三身单数　他　几乎没　钱
dafür.（Heine and Kuteva，2005：97）
那里.为了

"他在工作，但他几乎没得到什么钱。"

现象三：日语中由表示限定义的提示助词"しか"派生而来的接续词"しかし"可以表示转折关系。例如：

（88）約束　　の　　時間　に　　なった。　　<u>しかし</u>，　彼は
　　　约定　领格　时间—在　变成—过去时　转折关系　他—话题
来なかった。（李强等，2004：255）
来—否定—过去时

"已经到了约定的时间，但是他没有来。"

现象四：汉语"但（是）、只是、就是、不过、独"等都从限定用法

引申出了表示弱转关系的转折连词用法。[1] 试对比例（89）（90）（91）和例（92）（93）（94）中"但/只是"的用法：

(89) 天子所以贵者，但以闻声，群臣莫得见其面。（《史记·李斯列传》）[表限定]

(90) 寂寞天宝后，园庐但蒿藜。（杜甫《无家别》）[表限定]

(91) 鱼虾不用避，只是照蛟龙。（韩愈《镜潭》）[表限定]

(92) 已成老翁，但未白头耳。（曹丕《与吴质书》）[主表转折][2]

(93) 既不弃嫌，有何不美。但止有此子，入赘却是不能。（天然痴叟《石点头》第三回）[主表转折]

(94) 夕阳无限好，只是近黄昏。（李商隐《登乐游原》）[主表转折]

下面两例中"独"本是"只"义范围副词，但已表现出向"却"义转折连词演变的倾向。

(95) （赵氏）世有立功，未尝绝祀。今吾君独灭赵宗，国人哀之，故见龟策。（《史记·赵世家》）

(96) 太公、伊尹以如此，龙逢、比干独如彼，岂不哀哉！（东方朔《非有先生论》）

---

[1] 根据席嘉（2010：275—278）的考察，古汉语中"但（是）、只（是）"都从限定用法引申出了轻转连词用法，而后又从轻转连词用法引申出了重转连词用法。（按："不过"只从限定用法引出轻转连词用法，没有进一步从轻转连词用法引申出重转连词用法。）席嘉（2010：350）指出，"但""只（是）"等由限制范围的副词演变为转折连词，起初多表示有修正、补充性的轻转。 与此相关的是，客家话中"总系"是转折连词，犹普通话中的"但是"（详见何耿镛，1993：28）。 其演变脉络清晰可见："总系"从总括义引申出限定义（"只是"义），继而从限定义引申出转折关系义。

[2] 此例中的"但"与下例中的"惟"用法相同，都用于整体评价和局部评价形成弱对比关系的语境中。

德章曰："闻先生以精金喻圣，以分两喻圣人之分量，以锻炼喻学者之工夫，最为深切。 惟谓尧舜为万镒，孔子为九千镒，疑未安。"（《传习录》卷上）

考察上述例句可以发现，限定用法向转折用法的演变是在对比语境（即［整体肯定＋局部否定］或［整体否定＋局部肯定］语境）中通过重新分析实现的。[1] 说写者先对被评价对象作出全面肯定（或否定），然后对其局部作出有所保留的否定（或肯定），[2] 或者说把反向评价限定在局部（也可以说，把局部排除出原先的评价所能覆盖的范围）。比如，例（92）中前半句对主人公的衰老总体持肯定态度，在此前提下，把"头发"排除出肯定范围，即把未衰老的方面限定在"头发"上，全句对被评价对象的生命状态作出有所保留的否定。这样，肯定评价和否定评价之间就形成了论证方向上的轻微逆转关系。处在后续分句中的限定算子正是吸取了前后分句之间存在的转折义而演变为转折关系语词的。[3]

综上所述，英语、荷兰语、德语、日语、汉语等语言中限定用法和转折用法共标现象习见，且多是后者源于前者。限定义词演变为转折关系词是其吸收了语境中存在的转折义的结果。既然限定用法和转折用法经常共标，而限定算子又是倒置的全称量词，那么我们可以预测：全称量词短语也可能发展出表示转折关系的用法。事实确实如此。比如，在以英语为基础的洋泾浜语——托克比辛语（Tok Pisin）中，tasol 经历了从全称量词短语到限定算子再到转折连词的演变过程："that's all ＞tasol［只（是）］＞

---

[1] 由于前半句是整体性表达而后半句是局部性表达，所以前半句的表义比后半句重。吕叔湘（1990: 345）认为这种复句的表意上重下轻，下半句的力量只抵消上半句的一部分。因此，他把这种复句称为"保留"句。
[2] 所以，英语中表示保留义的 save 参与构成的 save that 可以用于弱转复句，犹 but/except that，可以随文译作"只是/要不是"，详见 Brinton（2017: 100—101）。
[3] 下面这个先秦时期的用例展示的正是限定副词向转折连词语法化的初始语境。
　　郑人皆喜，唯子产不顺。（《左传·襄公八年》）
上例中，统括范围副词"皆"和限定范围副词"唯"对举，前后分句在语义上形成对比关系。而对比关系跟转折关系只有一步之遥。如果从对比关系复句的第二分句在表意上未顺着第一分句说下去，转而折向与第一分句的评价对立的方面这个角度来看，就很可能会将对比关系重新分析为转折关系。故而对比语境中处于后续分句句首的"唯"类限定范围副词很容易语法化为表示轻转关系的连词。当然，我们并不是说上例中的"唯"已是连词。限定范围副词只有频繁出现在上述对比语境中的合适位置时，才可能语法化为转折连词。

tasol（只是，然而）"。例如：

(97) ol　　　　　i　　　　pilai　　tasol.（Heine and Kuteva，2005：97）
　　 三身.复数　谓语标记　玩　　　只
　　 "他们只是在玩耍。"

(98) em　　　　　i　　　　gat　mani　tasol　　　　em
　　 三身.单数　谓语标记　有　钱　　转折关系　三身.单数
i　　　　　　no　givim　pe　　long　　mi.
谓语标记　否定　给　　报酬　对象格　一身.单数
（Heine and Kuteva，2005：97）

　　 "他有钱，但是他没给我报酬。"

3.4　假设与选择、可能、存在量化

3.4.1　假设关系与选择关系：基于蕴涵定义律的语义演变

通过考察可知，古汉语"非……则/即……"和现代汉语"不是……就是……"表面表示选择关系，[1] 实质表示假设关系。对这两个复句来说，假设关系是第一性的；选择关系是第二性的，是从假设关系推导出来的。因为命题逻辑蕴涵定义律告诉我们，蕴涵式"p→q"为真的条件是前件 p 为假或者后件 q 为真，即"［p→q］≡［～p∨q］"。例如：

(99) 妈妈对儿子小明承诺："如果你考上大学（p），那我就给你买台电脑（q）。"

---

[1] 所以，《汉语大词典》（罗竹风，2002：695）中"则"字条下第 26 个义项认为"非……则……"中的"则"表示选择关系。

上例中，妈妈的承诺"p→q"为真（即妈妈说话算数）的条件是，或者小明没考上大学（这时，无论他妈妈有没有给他买电脑，他妈妈都是说话算数的），或者小明妈妈给小明买了一台电脑（这时，无论小明有没有考上大学，他妈妈都是说话算数的）。因此，析取式（disjunctive formula）"［～p∨q］"表示的选择关系可以从蕴涵式"［p→q］"表示的假设关系中推导出来。认为"不是……就是……"实际上表示假设关系的证据是，它们可以前加假设关系连词，形成"如果不是……，那么就是……"结构。在该结构中，"如果"和"那么"分别比"不是"和"就是"的辖域宽广。因此，这类复句中假设关系是第一性的。蕴涵定义律为自然语言中词语兼表假设关系和选择关系的规则多义现象，以及历史上表示选择关系（即客观义）的词语演变为表示假设关系（即主观义）的词语提供了逻辑解释。下面择举两种语言现象，以资佐证。

现象一：古汉语中"或"既是假设关系连词，[1] 犹"倘若、假使、万一"［如例（100）（101）（102）］，又是选择关系连词（在现代汉语中多说成"或者"，此用法习见，例不赘举）。[2]

（100）张祜雕虫小巧，壮夫耻而不为者，<u>或</u>奖激之，恐变陛下风教。（王定保《唐摭言·荐举不捷》）

---

[1] 所以，它还可以与"即"组成"即或"，"即或"与"即使"义同。例如：
　（1）蒙姐姐救了性命，已经是万分之幸，不见得此去再有甚么意外的事；<u>即或</u>有事，也是命中造定，真个的叫姐姐管我们一辈子不成？（《儿女英雄传》第九回）
　（2）<u>即或</u>就是有钱的人家儿，也是自己个儿会，到底不受人欺负，不受底下人哄弄。（张廷彦《北京事情·风俗二十一》）
　（3）红军路过的时候，当地群众未必有机会见到毛主席，<u>即或</u>见到，也未必认识。（袁鹰《深深的怀念》）
[2] "或是"也具有多义性，既可表示选择关系，又可表示假设关系。试对比：
　（1）大臣者，或是当朝相座，<u>或是</u>出镇藩方，为天子之腹心，作圣人之耳目。（《敦煌变文校注》卷五《维摩诘经讲经文》）
　（2）你借我的去，<u>或是</u>倒了我牛只，损了我犁耙，你着谁陪我？（高茂卿《儿女团圆》第二折）

(101) 诏诸道狱词令大理、刑部检详，或淹留差失致中书门下改正者，重其罪。(《宋史·太祖纪一》)

(102) 张翼谓（姜）维曰："可以止矣，不宜复进，进或毁此大功，为蛇画足。"(《资治通鉴·魏纪八》)

上述例句中的"或"都表示假设关系，例（100）（101）中的"或"犹"倘若、假使"，例（102）中的"或"犹"万一"。

同理，古汉语中的"如、若"既是假设关系连词，又是选择关系连词。假设关系连词的用法今天仍然可见，例不赘举。下面仅举"如、若"作选择关系连词的用例。

(103) 方六七十，如五六十，求也为之，比及三年，可使足民。(《论语·先进》)（朱熹《论语集注》曰："如，犹或也。"）

(104) 宗庙之事，如会同，端章甫，愿为小相焉。(《论语·先进》)

(105) 予秦地如毋予，孰吉？(《史记·平原君虞卿列传》)

(106) 诸将以万人若以一郡降者，封万户。(《史记·高祖本纪》)

(107) 愿取吴王若将军头，以报父之仇。(《史记·魏其武安侯列传》)

(108) 以木若泥为钟则无声，声果在虚器之中乎？(欧阳修《钟莛说》)

"若"，许慎《说文解字》释为："择菜也。从艸、右。右，手也。一曰杜若，香艸。"段玉裁《说文解字注》引《国语·晋语二》中"夫晋国之乱，吾谁使先，若夫二公子而立之？以为朝夕之急"句说："此谓使谁先择二公子而立之，若正训择，择菜引伸之义也。""若"在古汉语中本是"选择"义动词，我们由此推测，"若"可能经历了从"选择"义动词到表示选择关系的连词，再到表示假设关系的连词的演变。

现象二：古汉语中的"为、还"既是假设关系连词，又是选择问标记

（刘坚等，1992：256—257）。例如：

（109）为此行也，荆败我，诸侯必叛之。(《国语·晋语八》)（王引之《经传释词》卷二注曰："为，犹'如'也。言如此行也，而荆败我，则诸侯必叛之也。"）

（110）人尝有言部亭长受其米肉遗者，茂辟左右问之曰："亭长为从汝求乎？为汝有事嘱之而受乎？"（《后汉书·卓茂传》）

（111）啼鸟还知如许恨，料不啼清泪长啼血。（辛弃疾《贺新郎·别茂嘉十二弟》）

（112）不知只是首尾用之，还中间亦用耶？（《朱子语类》卷九十二）

"为"，在例（109）中表示假设关系，犹"如果"；在例（110）中表示选择关系，犹"还是"。"还"，在例（111）中表示假设关系，犹"如果"；在例（112）中表示选择关系，犹"还是"。

现象三：英语假设关系连词 if 本是表示是非选择关系的词语。日语假设关系副词"もし"发生形变而派生出的接续词（犹汉语语法学中的"连词"）"もしくは"表示选择关系。试比较：

（113）もし　　　彼が　　来たら　　つたえ　　　てください。
　　　假设关系　他—主格　来—假定形　告诉　授受助动词—敬体形式
（王萍等，1991：474）
　　　"如果他来的话，请转告我。"

（114）電車　　もしくは　　地下鉄が　　便利　　　です。
　　　电车　选择关系　　地铁—主格　方便　是—敬体
（尹学义、顾明耀，2002：526）
　　　"电车或地铁都很方便。"

根据蕴涵定义律，p 蕴涵 q 在逻辑上等于 p 的否定命题（~p）析取 q，即"$[p\to q]\equiv[\sim p\vee q]$"。反之，p析取q在逻辑上等于p的否定命题（$\sim p$）蕴涵q，即"$[p\vee q]\equiv[\sim p\to q]$"。换言之，不仅假设关系可以化简为否定运算和析取关系的整合，选择关系也可以转换为否定运算和假设关系的整合。我们根据上述逻辑推理推测，自然语言中可以用否定词和表示假设关系的关联词的结合形式来间接表示选择关系。事实确实如此。吕叔湘（1990：347—348）指出，汉语可以用"要不（是）、若不然"来表示交替关系（按：吕先生所谓交替关系实即选择关系）。例如：

（115）她侄儿也真乖觉，总是敲我竹杠，托我买东西。<u>要不是</u>，就有算学难题叫我替他做。（冰心《姑姑》）

（116）这么长天，你也该歇息歇息，或和他们玩笑，<u>要不</u>，瞧瞧林妹妹去也好。（《红楼梦》第六十四回）

可以将上面两例中的"要不（是）"替换为选择关系连词"要么、或者"。当然，由于假设关系可以由听话人根据相关分句各自的内容意会出来，故而还可以用字面上不含假设义的"不（是）、不然"来间接表示选择关系。例如：

（117）<u>不然</u>，则其所疏远不与同其利者也；<u>不然</u>，则其畏也。不若是，强者必怒于言，懦者必怒于色矣。（韩愈《原毁》）

（118）可就是这一头儿没车道，得骑牲口，<u>不</u>就坐二把手车子也行得。（《儿女英雄传》第十四回）

可以将上面两例中的"不（然）"替换为选择关系连词"要么、或者"。

3.4.2 假设关系与可能、部分：基于蕴涵式对认识模态和存在量化的单向蕴涵的语义演变

众所周知，"可能"和"一定"这两种认识模态之间的语义对立在形式语义学中常被表示为"部分"与"全部"的对立。"可能 p"（记作"◇p"）表示命题 p 在有些可能世界[1]中为真，"一定 p"（记作"□p"）则表示命题 p 在所有可能世界中为真（换言之，在所有情况下 p 为真，即无论如何 p 都为真）。据此，我们可以推测：第一，表示"可能"义的情态词可能源于表示"有些"义的词语；第二，表示"一定"义的情态词可能源于表示"全部"义的词语。推测一得到了汉语中"或"类词的验证。汉语中"十拿九稳[2]、十有八九、八成、大半、多半、多分"等都表示可能，且它们表示的可能性随着命题 p 在其中为真的可能世界的数量的减少而降低。"十拿九稳、十有八九、八成、大半、多半"等都是形象地表示"有些"义而非"全部"义（比如十次中有九次，十个中有八九个，十成中有八成，总数中有大半或过半），而"或"原本的词义就是"有些"。[3] 推测二得到了外语事实的验证。据 Ramat and Ricca（1998）对欧洲 41 种语言的

---

[1] "可能世界"是形式语义学领域的一个术语，表示世界的可能的存在方式。"可能世界"相当于日常谈话中所说的"可能的情况"或"可能的场合"。

[2] 英语 nine cases out of ten 跟汉语"十拿九稳"义近。汉语"万一"原表示万分之一，形容极低的概率（可能性）。

[3] 此外，上海话中的"有的（得）"表示"可以"义（见下例），也是一个旁证。因为"可以"义跟"可能"义这两种情态义都可以化简为存在量化（即"有的"义）。

　　（1）杭州我有得去砼？
再者，在近代汉语中，"万分"可以表示"肯定"义。例如：
　　（2）我本郓城小吏，身犯大罪，蒙众兄弟……屡次舍着性命，救出我来。当江州与戴宗兄弟押赴市曹时，<u>万分</u>是个鬼；到今日却得为国家臣子，与国家出力。（《水浒传》第九十三回）

调查，"全部"义词语是"一定"义情态词的三大来源之一。[1]

此外，蕴涵式"p→q"预设命题 p 在言者假定的可能世界中为真（记作"p→q>>◇p"）。换言之，假设关系连词的使用针对的是一种可能性，使用假设复句就是在认知主体构建的可能世界中进行推理。这样看来，假设关系义与可能性认识模态、可能性认识模态与部分量化（存在量化）之间存在着单向蕴涵关系，即"'如果'⊃'可能'⊃'有些'"（历史上相关词语的语义演变方向正好与这里的蕴涵方向相反，即从纯客观的"有些"义演化为较主观的"可能"义，再演化为更主观的"如果"义）。这为自然语言中很多语言表达式的规则多义性和历时演变提供了解释。现择举数种语言现象证明之。

现象一：古汉语中"或、倘、脱"除用作假设关系连词外，还用作表示或然性推测语气的认识情态副词，犹"或许、可能"。[2] 对比上文例（100）（101）（102）和下文例（119）（120）（121）中的"或"可知，"或"在例（100）（101）（102）中表示假设关系，犹"倘若、假使、万一"；在例（119）（120）（121）中表示或然性推测语气，犹"或许、可能"。"或然性推理"中的"或然"也表示可能性。这种"假设～可能"模式的一词多义现象也见于"倘、脱"。对比例（122）与例（123）（124）中的"倘"可知，"倘"在例（122）中表示假设关系，在例（123）（124）中表示或然性

---

[1] 与推测二密切相关的是，汉语中表示必然性认识情态的结构——充分条件关系复句——的前件中的常项有可能获得"全部"义。比如，"NP_1 见/逢 NP_2 就 VP""NP_1 是 NP_2 就 VP"起初表示事态 e_1（"NP_1 见/逢 NP_2"）和事态 e_2（"NP_1 VP"）在发生时间上紧相承接，后来表示两者之间具有条件依存关系，即 e_1 是引发 e_2 的充分条件，从 e_1 为真肯定能推出 e_2 为真，记作"□（e_1→e_2）"。而"肯定"跟"无论如何"等价，即上式意味着在所有/任何 e_1 为真的情况下 e_2 也为真。所以，当表示 e_1 的句子的主语 NP_1 省略时，处在开头位置的常项"见/是"会演变为"每/所有"义量化词。相关演变详见董正存（2019）。

[2] 据徐朝红、胡世文（2010）研究，古汉语中"或、倘、脱"的假设关系连词用法都是从表示可能性推测语气的认识情态副词演变而来的。另据 Traugott（1985）研究，希泰语（Hittite）中 mān 从"可能"义形容词演变为"如果"义假设连词。我们认为，这种演变背后的机制当是假设关系对"构成假设关系的前件在当前论域（universe of discourse）中是可能存在的"的单向蕴涵。

推测语气。对比例（125）（126）与例（127）（128）中的"脱"可知，"脱"在例（125）（126）中表示假设关系，在例（127）（128）中表示或然性推测语气。

（119）天<u>或</u>启之，必将为君。（《左传·宣公三年》）
（120）其神<u>或</u>岁不至，或岁数来。（《史记·封禅书》）
（121）冶长信非罪，侯生<u>或</u>遭骂。（韩愈《县斋有怀》）
（122）故人<u>倘</u>思我，及此平生时。（庾信《寄徐陵》）
（123）所以然者，多兵意盛，与强敌争，<u>倘</u>更为祸始。（曹操《让县自明本志令》）
（124）赋诗心夷犹，六义愧骚雅。西风尘冥冥，<u>倘</u>有知音者。（陈赓《子猷访戴图》）
（125）君试发无功者五万人，臣请率以当之。<u>脱</u>其不胜，取笑于诸侯，失权于天下矣。（《吴子·励士》）
（126）待此子所唱，如非我诗，吾即终身不敢与子争衡矣。<u>脱</u>是吾诗，子等当须列拜床下，奉吾为师。（薛用弱《集异记·王涣之》）
（127）不如诣阙自归。事既未然，<u>脱</u>可免祸。（《后汉书·李通传》）
（128）兄子济每来拜墓，略不过叔，叔亦不候。济<u>脱</u>时过，止寒温而已。（《世说新语·赏誉》）

现象二：日语中"あるいは"（又写作"或は"）既可以用作表示选择关系的接续词，也可以用作表示或然性推测语气（即"也许，可能"义）的认识情态副词。例如：

（129）父　　あるいは　母が　　行く。（尹学义、顾明耀，2002：29）
　　　 父亲　　或者　　母亲—主格　去
"父亲或母亲去。"

（130）あるいは　　行ける　　　かもしれない。
　　　也许/可能　去—可能式　　说不定

（尹学义、顾明耀，2002：29）

"没准能去/或许去得了。"

与日语中"あるいは"有异曲同工之妙的是，古汉语中"或者"既可用作选择关系连词，又可用作表示"也许，可能"义的认识情态副词。例如：

（131）或者因一句话上，成就了一家儿夫妇，或者因一纸字中，折散了一世的姻缘。（《初刻拍案惊奇》卷二十）

（132）文王在时，天下三分已有其二。若到武王伐商之时，文王若在，或者不致兴兵。（《传习录》卷上）

更有趣的是，在古日语中"あるいは"里的"あるい"可被视为动词"ある"（"有"）的形容词形式，"は"是名词化标记。这样看来，"あるいは"的本义就是"有的"。汉语中"或者"的本义也是"有的"。

现象三：古汉语中"或"除用作假设关系连词和表示"或许，可能"义的认识情态副词外，还可以用作存在量词，表示"有的，有些"义。例如：

（133）奇计或颇秘，世莫能闻也。（《史记·陈丞相世家》）

（134）或连若相从；或蹙若相斗。（韩愈《南山诗》）

现象四：古汉语中表示"有的"义的广义量词"有"曾一度引申出假设关系连词的用法。粤语中表示"有的"义的广义量词"有之"在今天表示"可能"义。例如：

（135）良嗣曰："今日约定，不可与契丹复和也。"金主曰："<u>有</u>与契丹乞和，亦须以燕京与尔家方和。"（《续资治通鉴·宋纪九十三》）

（136）渠唔记得都<u>有</u>之的。他忘了也是有可能的。

综上所述，汉语、英语、日语等语言中的相关语言表达式具有如下表所示的规则多义性。

表 1　汉语、英语、日语中与假设关系或选择关系相关的规则多义现象

语言表达式＼意义	存在量化	选择关系	假设关系	或然性推测语气
古汉语：或	＋	＋	＋	＋
古汉语：若		＋	＋	
古汉语：或者	＋			＋
古汉语：倘、脱			＋	＋
古汉语：还、为		＋	＋	
英语：if, or（otherwise）		＋	＋	
日语：もし（くは）			＋	
日语：あるいは	＋	＋		＋

这种规则多义性当是它们在历史上发生规律性的语义演变的共时表现，其语义演变背后的逻辑机制就是命题逻辑中的蕴涵定义律、蕴涵式对认识模态和存在量化的单向蕴涵。

3.4.3　假设与总括：基于识解精细度变化的语义演变

本章 3.4.1 中对蕴涵式的逻辑表示是在命题逻辑层面进行的，如果将对假设关系的识解深化到谓词逻辑层面，则可以对蕴涵式作进一步的解析。蕴涵式的命题逻辑表示和谓词逻辑表示之间的关系可以描写为"$(p \to q) \equiv \forall x [P(x) \to Q(x)]$"。该等式右边的部分读作"对于任何个体 x 来说，如

果 x 具有属性 P，那么它就具有属性 Q"。比如，对"（是）猫都爱吃鱼"这个命题进行逻辑刻画，则其既可以表示为"p→q"（其中，p 表示某动物是猫，q 表示该动物爱吃鱼），也可以表示为"∀x［C（x）→F（x）］"［其中，C（cat）代表"是猫"，F（fish）代表"爱吃鱼"］。蕴涵式的谓词逻辑表示表明，假设关系有时可以通过全称量词约束变元而形成的量词结构来表示。例如，现代汉语里"凡是"的原本义近于"所有是"，其中"凡"是全称量词。如"凡是老虎皆会咬人"原本表示"所有是老虎的动物都会咬人"，因而"凡是老虎"的后面可以插入"者"。后来，经过语境（义）吸收，"凡是"吸收了"凡是 X，则 Y"语境中潜隐的条件义"要是"，再与从"凡"固有的全称义派生出的限定义"只"组合，被重新分析出"只要"义。这样一来，"凡是老虎皆会咬人"可以理解为"只要是老虎，都会咬人"。当"凡是"演变成一个假设关系连词时，"是"的判断义已大大虚化，"凡是"原有的"所有是"义已变得不透明，因而"凡是"有时也可以说成"是凡"。[1] 这时，与"凡是、是凡"搭配的全称量词"都、皆"等可以不出现。例如：

（137）我们鲁镇的习惯，本来是凡有出嫁的女儿，倘自己还未当家，夏间便大抵回到母家去消夏。（鲁迅《社戏》）

（138）英国啊，还有好些那些我说不上来名儿的国家，凡是谁说得邪唬啊，我就听谁的。（《编辑部的故事》）

通过观察发现，在现代汉语里，当"凡是"后续体词（短语）而非小句时，"凡是"通常要跟全称量词"都、总"等共现。例如：

（139）凡是申涛的事，她都乐意去做。（礼平《小站的黄昏》）

---

[1] 在近现代北京话中，还可以直接用"是"来表示"所有，全部"义。例如：
要说他那一份虚假，真比是人都大。（松友梅《小额》）

(140) 凡是以后的事情，都可以想呀。(礼平《小站的黄昏》)

(141) 唉，凡是死囚都有这毛病，好写诗。(冯向光《三晋春秋》)

(142) 这几年，咱们的家底，凡是看得见的、摸得着的都抖落得差不多了。(邓友梅《话说陶然亭》)

这是因为这时"凡是"必须作"所有是"义短语解，而不能作"只要"义连词解。那么，为什么在现代汉语里当"凡是"作连词解时，它就不必与全称量词共现了呢？这是因为在"凡是"词汇化为假设关系连词的过程中，"凡"的"所有"义已大大虚化甚至消失了。

3.4.4 假设与限定

既然表示假设关系的蕴涵式的谓词逻辑表示中含有全称量词，而全称量词起总括作用，且总括作用和限定作用总是一起出现，那么限定义词语演变为假设关系连词就完全合乎逻辑。事实上确实如此。古汉语中"但"从限定副词用法引申出"只要"义连词用法，表示假设关系或充分条件关系。例如：

(143) 敌人但至，千丈之城，必郭迎之，主人利。(《墨子·号令》)

(144) 汝但妄奏事，会当斩汝！(《资治通鉴·后唐纪五》)

(145) 但出牌呼妾，妾便出来。(《警世通言》卷三十四)

(146) 世人但说是盗贼，便十分防备他。(《初刻拍案惊奇》卷十六)

日语中限定义副助词"だけ"和德语中限定义范围副词 erst 在有些场合中也可以表示假设关系或充分条件关系。例如：

(147) これ だけ あれば、 ほかに は 何 も いり
　　　 这　 只　 有—假定形　其他—关于—话题　什么 也 想要
ません。(杨诎人等,2005:123)
否定

"只要有了这个,其他什么都不需要。"

(148) Ist　　　der　　　Ruf　　　erst　　　ruiniert,
　　　 是　　定冠词　　名声　　只(要)　　毁掉—被动语态
lebt sich's　　gänzlich　　ungeniert. (Zaefferer,1991a:218)
活—祈使语气　完全地　　自由自在

"只要名声消失/不为名声所累,生活就会非常自由、非常自在。"

同理,含限定算子的短语容易演变为假设关系连词。比如,古汉语中"唯毋/无"义近于"只要、如果"。请看下面例句(转引自楚永安,1986:336):

(149) 今唯毋废一时,则百姓饥寒冻馁而死者,不可胜数。(《墨子·非攻中》)

(150) 贤人唯毋得明君而事之,竭四肢之力以任君之事,终身不倦。(《墨子·尚贤中》)

(151) 且楚唯毋强,六国复桡而从之,陛下焉得而臣之?(《汉书·张良传》)

(152) 今唯无以厚葬久丧者为政,国家必贫,人民必寡,刑政必乱。(《墨子·节葬下》)

上面几例中"毋、无"的出现完全是为了语义和谐,即为了与"唯"等限定算子达成语义和谐,体现限定的同时就意味着排除。

3.4.5　因果关系与"让步—转折"关系之间的肯否对应

众所周知,因果关系和假设关系存在密切联系,"因为p,所以q"单

向蕴涵"如果 p，那么 q"。正因为如此，我们把因果关系与"让步—转折"关系（以下简称"让转关系"）之间的逻辑关系也放在这里进行讨论。据 König（1991a）和 Talmy（2000）的研究，让转关系是对因果关系的否定。因果关系可以表示为"因为 p，所以 q"。对因果关系进行否定，则得到"不因为 p 就 q"，换言之，"尽管 p，但是 ¬q"，即"p∧¬q"。"p∧¬q"表示的是让转关系。让转关系与因果关系的上述语义对立可通过如下逻辑运算自然推导出来：

∵（p→q）≡（¬p∨q）

∴¬（p→q）≡¬（¬p∨q）≡（p∧¬q）

由于让转关系是对因果关系的否定，所以很多语言里表示让转关系的词语内部包含否定语素，用来否定 p 对 ¬q 的影响或者 p 与 ¬q 之间的因果关系。例如，英语 regardless（字面义：不管/顾）、nonetheless/nevertheless（字面义：不至于变小），法语 n'empêche que（字面义：不妨碍）、néanmoins（字面义：不妨碍），俄语 nesmotria na to što（字面义：不管/顾）、nezavisimo ot togo što（字面义：独立于/不受……影响），拉丁语 nihilo minus/secius（字面义：不至于变小）(König，1991a：202)。由于让转关系是对因果关系的否定，而因果关系又是对假设/条件关系的强化，所以英语里表示让步的 even if 也是在表示假设/条件关系的 if 的基础上形成的。在德语里 wenn 是兼表时间关系、条件关系和让转关系的连词。英语里的 while（古作 hwile）与德语里的 weil 在古代是一个词，但 while 现在只有表示时间关系和让转关系的用法〔其表示因果关系，犹 because 的用法在古英语中可见，详见 Hopper and Traugott（2003/1993：84—85）〕，而 weil 具有表示因果关系的用法，据此可以构拟出"时间关系＞因果关系＞让转关系"这样的语义演变路径。

第 4 节 结语

本章基于视角选择、［前景—背景］倒置、侧面转换（profile shift）、识解精细度变化等认知处理和一系列逻辑运算规律（如：限定算子与全称量词转换律、蕴涵定义律/蕴涵式与析取式转换律、蕴涵式对可能性认识模态或存在量化的单向蕴涵、让转关系与因果关系的正反对称等），对英语、荷兰语、德语、法语、意大利语、日语、汉语等语言中语言表达式的规则多义性、规律性语义演变、相关短语或跨层结构的词汇化、否定羡余结构的出现等现象作出了统一的理论解释，揭示了限定与排除、限定与总括、限定与转折、假设与选择、假设与可能、假设与存在量化之间的语义相关性或相通性，尤其是解决了汉语史上遗留的一些问题。比如，入矢义高（2004/1986：4）曾感叹道：

我所感到困惑的一个词是"但"，它是非常麻烦的词。六朝（唐代也一样）首先用"但是""但有""但凡"这些熟语表示"凡是""全部""所有"的意思。其次是在唐代较多用来表示"只要……就……"的意思。第三，用作表示"仅仅""仅此"等副词义，和"只"完全一样。可"只"

变成双音节词"只是"时还是很麻烦。"只是"有两层意思,即"一味"[1]和转折的"但是"义。到了晚唐时期,这两种意思同时使用。那么现在一般所说的"但是"义是从什么时候开始出现的呢?回答这个问题不容易。太田先生《中国语历史文法》里列举了后汉的例子,然而仔细斟酌一下,总觉得还有点疑问。虽然这只是一个词,但是从历史上来看,它的用法却在不断地发生变化。

关于入矢义高所说的"但"的各种用法的出现年代我们尚未考察,但本章的解释可以说明"但"有那么多种用法的原因。首先,通过限定算子和全称量词转换律,限定算子"但"在"但是、但有、但凡"等熟语里可以解读出"凡是,全部,所有"等总括义。其次,总括义"但"(即全称量词"但")可以演变出"只要"这样的假设义,因为蕴涵式的谓词逻辑表示离不开全称量词。通俗地说,"在 p 为真的所有情况下,q 为真"等同于"只要 p,那么 q"。[2] 最后,限定算子"但"在对比语境([整体肯

---

[1] 用限定义词语表示"一味"义(按:入矢义高所谓"一味"义即"只管,尽管"义,表示没有条件限制,可以放心去做。),还见于汉语中的"但""第"(参见杨伯峻、何乐士,1992: 316、319)。日语也是如此。日语中"だけ、ばかり(bakari)"都兼有限定义和"一味"义。下面以"だけ"为例。"だけ"本表示限定[如正文例(72)],后来引申出表示"尽管,一味"义的用法。例如:
(1)あの人 は　　　　お金 が ある　　ときには、　　ある だけ 使ってしまう
　　　那—连体形—人—话题 钱—主格 有 时候—在—提示标记 有 尽 用—完成体
くせが　　ある。(杨诎人等,2005: 124)
癖好—主格 有
"那个人有个怪毛病,有钱的时候有多少就花多少。"
(2)この　　　店 に あるかどうか、見る だけ 見てみよう!
　　　这—连体形 店—在 有 是否 看 尽 看—尝试—劝诱语气
(杨诎人等,2005: 124)
"这个店里有没有,我们看一看吧!"
该演变是基于如下推理:"只 x 管 P 这件事→x 尽管 P 这件事(即 x 全权管理 P 这件事)→x 可以随意 P"。
[2] 当然,也有另一种可能的解释,即在"只要"义中,"只"是"但"的初始意义,而"要是"则是"但"在假设关系复句中通过语境(义)吸收而来的。

定＋局部否定]或[整体否定＋局部肯定]语境)中通过语境(义)吸收发展出转折连词的用法。

我们知道,semantics(语义学)这个术语源于法语 semantique,semantique 在法语中指意义变化。可见,自语义学诞生之日(19世纪末)起,语义演变就是语义学研究的重要课题。但是,由于语义知识与百科知识之间的关系复杂,语义研究,尤其是语义演变研究,相较于语音研究、语法研究等是落后的。

语义研究以往多局限在词汇意义上,研究背景多是传统语义学的,而语法意义的跨语言共性比词汇意义的跨语言共性更多(Zaefferer,1991b:8)。传统语义演变研究有一个误区,即多认为词语的新义是从旧义演变而来的,忽视了词语的新义有可能是词语在表示旧义时通过吸收句法环境中其他词语的意义演变而来的(Fortson Ⅳ,2003)。而且,传统语义演变研究多借鉴逻辑学和修辞学研究,多局限在对语义演变结果的分类上,如理性意义的扩大、缩小和转移,以及感情色彩意义的扬升和贬抑,或局限在对有限的语义演变途径的列举上,如比喻、引申。Campbell(2008:266)等人认为,简单地将语义演变分为扩大、缩小、转移等类型,对解释语义演变的机制和动因(即语义演变是如何发生的、为什么会发生)没有多少帮助。很多学者(尤其是认知语义学家、语用学家)提出要大力探求语义演变的规律、机制和动因。他们认为不能在语言真空中解释语义演变,对语义演变的解释必须寻求与语法化研究、话语分析研究、语用学研究和社会历史研究的合作。因为语义演变起源于语义创新,而语义创新本质上是因文化而异的背景知识和普遍存在的认知原则互动的结果(Fritz,2012:2635)。虽然并不是所有的语义演变都有规律可循或可预测,但是多数语义演变都有规律可循、可作事后解释。[1] 历史语言学和认知语言学的合作使得学者们发现了类推、(交互)主观化、词语基于隐喻投射的跨概念域

---

[1] Bybee et al.(1994:17—18)甚至提出语义演变可以预测的观点。

扩散、[前景—背景]倒置等一系列新的语义演变机制。历史语言学和语用学的合作使得学者们发现了很多语义演变动因，比如，为提高表现力而使用夸张，为提高形象性而使用比喻，为表达委婉而使用他词代替禁忌词，等等。在当前形势下，历史语言学还可以与形式语言学合作。本章就是历史语义学研究和形式语义学研究相结合的一个示例。

　　本章的研究结果显示，把形式语义学的研究方法引入历史语义学领域，有助于提高语义演变现象分析的准确性、明晰性和系统性。形式语义学的研究有助于我们发现语义演变的跨语言共性。形式逻辑的推理系统的很多方面生动而直观地刻画了语言的语义演变模式。很多语言表达式为我们提供的信息不仅包括它们指谓的事件、状态、属性、个体的外延（和内涵），还包括计算出这些外延（和内涵）时所遵循的特定步骤（van Benthem，1991：27）。比如，"无非"除了告诉我们它起限定外延作用，还通过字面意义告诉我们它是通过排除干扰来起到限定外延的作用的。所以，我们部分赞同青年语法学派很多语言学家的观点，认为历史比较语言学过去忽略了对说话者个人的研究，而正是个人心理方面的类推作用促进了语言的历时演变。"语言学家的任务，不是去被动地描述语言自己进化的历程，而是要找出什么样的心理联想，促使历史上的语言中的成分发生了变化。"（陈松岑，1999：36）本章还从一个侧面展示了语言为什么具有可学性（learnability）和可计算性（computability），特别是多义表达式及其组合。我们认为，这是因为语言系统是一个动态更新的认知系统，其更新过程往往是语言使用的认知策略和语用策略的规约化。

第 2 章　汉语中序列到量化的语义演变模式

第 1 节　引言

在现代汉语中,"随时""随地""随处""逐一""逐个"等词具有量化特征,能够约束论域内的任何一个或每一个个体成员。例如:

(1) 我是队里最高的球员,所以当我们到达后,所有的镜头都<u>随时随地</u>地对准我。(姚明《我的世界我的梦》)

(2) 巴黎的街巷里,有关中国的灯箱广告<u>随处</u>可见。(新华社 2004 年新闻稿)

(3) 中方代表对文本中的<u>每一个字</u>都<u>逐一</u>推敲,据理力争。(《人民日报》1996 年)

(4) 尸骨被<u>逐一</u>编号鉴定。(《读书》第 203 期)

(5) 这也暗示出,他愿意开门见山的把来意说明,而且不希望<u>逐一</u>的见祁家<u>全家</u>的老幼。(老舍《四世同堂》)

(6) 商场内的疏散标志已全部粘贴到位,<u>112 个应急照明灯</u>也<u>逐个</u>检修完毕。(新华社 2004 年新闻稿)

(7) 刘主席在牡丹园里<u>逐个</u>品种仔细观看。(《人民日报》1993 年)

(8) 那些钻石和金银制品在灯光的照耀下闪烁着迷人的光芒,她<u>逐个逐个</u>地品评着,欣赏着。(白帆《那方方的博士帽》)

通过对以上几例的观察可以得出以下三个结论:第一,如果上述各个词语的内部结构为XY,量化意义的解读应该与X密切相关,X可被看作量化限定成分(如"随""逐"),[1] Y既可以是所约束的论域(如"时""地""处"),也可以是论域内的个体成员(如"一""个");第二,"逐一""逐个"所约束的论域既可以出现在其左侧〔如例(3)(4)(6)〕,也可以出现在其右侧〔如例(5)〕;第三,"逐个"可以重叠使用〔如例(8)〕,其后也可以出现名词性成分〔如例(7)〕,此名词性成分即所约束的论域。

在现代汉语方言中,"随""逐"作为构词语素构成的组合具有量化特征。例如:

(9) 随X:随项、随会儿。[2]
(10) 逐X:逐工、逐个、逐位、逐带、逐色、逐种、逐搭、逐一搭、逐所在。[3]

除"随""逐"外,现代汉语中的"列位"与近代汉语中的"排日"

---

[1] 虽然"随""逐"都可以被看作量化限定成分,但是二者实现量化意义的方式有所不同。"随"为任指限定成分,任意指称一定范围内的任何一个对象;"逐"为逐指限定成分,逐个指称一定范围内的全部对象(徐颂列,1998)。本章不区分二者之间的差异,只关注二者的相同点——具有量化限定功能。

[2] 方言词条、词性标注、释义与例句均见许宝华、宫田一郎(1999),下文同。"随项",副词,义为"逐一;逐个",闽语;"随会儿",副词,义为"随时",西南官话。

[3] "逐工",名词,义为"每天",闽语;"逐个",代词,义为"每个;各个",闽语;"逐位",名词义为"随处;各处",代词义为"各位",闽语;"逐带",名词,义为"随处;到处",闽语;"逐色",名词,义为"各色",闽语;"逐种",名词,义为"各式各样",闽语;"逐搭",名词,义为"到处",闽语;"逐一搭",名词,义为"到处",吴语;"逐所在",名词,义为"各处",闽语,例句如"我头谷顶有一个冕旒是灿烂辉煌,我的光线照到逐所在"。

也都具有量化功能。"列位"后可以不出现所约束的论域，如若出现，只能是名词性成分，义为"各位"，一般用在呼语中，最常出现在讲话、演说等的开头。例如：

(11) 列位办学堂，尽不必问教育部规程是什么，须先问这块地方上最需要的是什么。（胡适《归国杂感》）

(12) 列位先生，列位朋友，列位大人，列位弟兄，列位看官……

实际上，"列"的量化用法早在上古汉语中就已出现。例如：

(13) 吴将伐齐，越子率其众以朝焉，王及列士皆有馈赂。（《左传·哀公十一年》）

(14) 今学者之说人主也，不乘必胜之势，而务行仁义则可以王，是求人主之必及仲尼，而以世之凡民皆如列徒，此必不得之数也。（《韩非子·五蠹》）

(15) 吕后欲召，恐其党不就，乃与萧相国谋，诈令人从上所来，言豨已得死，列侯群臣皆贺。（《史记·淮阴侯列传》）

(16) 而管氏亦有三归，位在陪臣，富于列国之君。（《史记·货殖列传》）

此外，"列民""列邦""列臣""列都"等格式在上古汉语中也很常见。

近代汉语中的"排日"义为"每天"，例如：

(17) 排日醉过梅落后，通宵吟到雪残时。（陆游《小饮梅花下作》）

(18) 要饭钱排日支持，索赍发无时横取。（刘时中《端正好·上高监司》）

"排"与名词性成分构成具有量化义的"排X"格式,这在现代汉语方言中也能找到一些证据。例如:

(19) a. 排天:名词,义为"每天",湘语。

面胡自己参加了犁耙小组,<u>排天</u>耖田和耙田,忙得个不可开交。(周立波《山乡巨变》)

b. 排年:名词,义为"每年",湘语。

c. 排处儿:副词,义为"到处",中原官话。

你到哪儿去了?我<u>排处儿</u>找你找不着。

由上文所举的例子可知,汉语中"随""逐""列""排"都可以作为量化限定成分,与其所约束的论域或论域中的个体成员共同实现量化功能表达。它们的量化意义由何发展而来?量化功能的获得经历了怎样的发展演变过程?制约它们演变的动因是什么?目前尚未见到相关研究成果,本章尝试对这些问题进行解释与说明。

第2节 量化意义由何而来?

综合考察"随""逐""列""排"发现,它们具有共同的义项,这一义项与"顺序"或"次序"有关,本章概称为"序列"。既然它们四个都能够表达序列义,又都具有量化意义,那么按照语言演变规律,是否可以断定它们的量化意义由序列义发展而来,也就是说,汉语存在"序列>量化"的语义演变模式呢?这恐怕需要对它们的序列义用法和量化义用法进行考察之后才能确定。本节以"逐"为例，[1] 探讨序列义用法与量化义用法之间的关系。在开始探讨之前，先交代一下"逐"表序列义和量化义的用法。为易于理解，下面以现代汉语为例进行说明。

在现代汉语中，"逐"可用作介词，义为"挨着（次序）"，"逐"与其后出现的名词性成分组成介宾短语来修饰后面的谓词性成分VP，如"逐句翻译""逐条说明""逐次解决"等。此外，"逐"还可以作为构词语素出现在双音副词"逐一""逐个""逐年""逐日"中，它们在权威工具书中的释义均含有序列义。可见，不管是介宾短语还是双音副词，"逐X"均具有顺序义。我们发现，这种顺序隐含在指称集合内部不同个体成员的有序排列中。"逐"能够将同一个谓词性成分VP所表达的动作行为分配给有序集合内不同的个体成员，从而使得不同的个体成员均实施或参与这个谓词性成分VP所表达的动作行为，或者受到这个谓词性成分VP的支配，即通过对每一个个体的周延达成对整个集合的周延。"逐"具有分配性（distributivity）特征，这一特征在方式副词"逐一"的用法中体现得甚为明显。

副词"逐一"要求具有复数意义的名词性成分作为指称集合，这可从以下几个方面推断出来。

第一，"逐一"与"每""各""全""都""所有""全部"等量化成分连用。例如：

(20) 各部门主管都将与部属逐一交谈，讨论得失。[2]
(21) 海口交巡警支队已将所有特种号牌车辆的违章、违法情况逐一登记。

---

[1] 之所以选择"逐"，有如下几方面的考虑：第一，现代汉语中大量使用"逐"的序列义用法和量化义用法，对其进行研究，有助于发现和揭示二者之间的联系；第二，自发展出序列义用法开始，"逐"的使用频率不断增加；第三，汉语语言学术语"逐指"中的"逐"作量化意义解。

[2] 例（20）至例（33）均出自北京大学CCL语料库。

第二,"逐一"与"几""一些""许多""部分""一系列"等量化成分连用。例如:

(22) 出版社费时 7 个月,对几万片经板逐一清点登录,重新按《千字文》序号排列出来。

(23) 目前两国领导人确定的各项共识和双方达成的一系列协议正在逐一得到落实。

第三,上下文中出现并列格式。例如:

(24) 前进中道路上的困难和问题当然要逐一解决。

第四,上下文中出现具有复数意义的具体数目。例如:

(25) 全县对县直 75 个部、办、委、局领导班子的 310 名干部逐一考评。

第五,上下文中出现重叠格式。例如:

(26) 将大大小小的毛病一一列举在车间的黑板报上,逐一加以克服。

第六,上下文中出现具有复数意义的后缀"们"。例如:

(27) 李鹏总理逐一解答了代表们提出的问题。

有时,虽然上下文中缺乏表示复数意义的形式标志,但是指称集合依然需要作复数意义理解。例如:

(28) 中共中央办公厅、国务院办公厅和有关部门，对民主党派的建议逐一答复。

从指称集合与副词"逐一"所修饰的谓词性成分 VP 之间的语义关系来看，具有复数意义的名词性成分可以是施事、受事或与事。其中，受事既可以是受事宾语，也可以是受事主语，指称集合为谓词性成分的受事宾语最为常见，占全部用例的比例接近90%。请看以下例句：

Ⅰ. 受事宾语

(29) 胡锦涛夫妇和希拉克夫妇在奥赛博物馆馆长勒穆瓦纳的陪同下，逐一欣赏、品评着这些佳作。

Ⅱ. 受事主语

(30) 现在对许多都市家庭来说，彩电、冰箱、音响、录像机等家用电器都已逐一添置。

Ⅲ. 施事

(31) 唐翔千、唐骥千、倪少杰、丁午寿、罗肇强、格士德、朱祖涵、邵炎忠逐一走进人民大会堂，聆听邓小平讲香港前途问题。

Ⅳ. 与事

(32) 邓小平亲自走到门外迎接，与他们逐一握手。

副词"逐一"既可以左向指称，也可以右向指称，以前者最为常见（例见本章引言）。有时，"逐一"并不严格要求与其所指称的集合毗邻，但是要求与其他构成事件的谓词性成分处在同一个完整的语义框架中。例如：

（33）各有关部门和各地区要统一部署，在清理市场、控制流通的同时，对<u>违法侵权产品</u>穷根究底，查明来源，查明集散地，逐一予以重点整顿。

综上所述，"逐一"的分配性具有以下三个特点：第一，"逐一"所约束的指称集合是一个具有复数意义的名词性成分，指称集合内部的不同个体成员应该呈有序排列；第二，"逐一"所约束的名词性指称集合与其所修饰的谓词性成分应该出现在同一个语义框架中；第三，指称集合的复数意义是语义上的，而不是语法上的。从另一个角度来看，可以把"逐一"看作一个修饰符，它以事件中的多名参与者为目标，将一个事件分解为若干个有序子事件，并将多名参与者分配到这些子事件中。"逐"的分配性特征依托内部有序的复数集合而存在，序列性是"逐"表达量化的基础与前提，二者关系十分紧密。此外，"逐"作为量化限定成分参与构成的双音节副词与"逐"作为介词参与构成的顺序义介宾短语在现代汉语中广有用例，双音节副词应该由介宾短语词汇化而来。下面重点揭示"逐"由序列义演变出量化义的发展过程。

"逐"本义为"追逐、追赶"，在甲骨文中，动词"逐"的对象主要是动物；[1] 从西周金文开始，"逐"的对象不再受限于动物。"逐"和其他动词组成连动结构，始于春秋时期（黄成，2011）。例如：

---

[1] 杨树达（1986: 27）指出："盖追必用于人，逐必用于兽也。"

(34) 蔡昭侯将如吴。诸大夫恐其又迁也，承，公孙翩<u>逐而射</u>之，入于家人而卒。(《左传·哀公四年》)

在这样的句法环境中，"逐"逐渐引申出"随、跟随"义，依然用作动词。例如：

(35) 目随色而变易，眼<u>逐</u>貌而转移。(萧衍《净业赋》)
(36) <u>逐流</u>牵荇叶，缘岸摘芦苗。[储光羲《江南曲四首》(其二)]
(37) 白发<u>逐</u>梳落，朱颜辞镜去。(白居易《渐老》)

无论是"追逐、追赶"义还是"随、跟随"义，"X逐Y"的语义均可理解为X在Y后，X随Y而实施某种动作行为。当Y是一个具有复数意义、内部可离散为若干个个体成员的有序集合或有序集合内的某个个体成员时，X就可以按照有序集合Y内个体成员的顺序依次实施"逐Y"后谓词性成分VP所代表的动作行为，"逐"因此发展出介词用法，义为"依照/按照……次序/顺序"。[1] 例如：

(38) 种法，黄塥时，以楼耩，<u>逐垄</u>手下之。(《齐民要术》卷三)
(39) 大历六年二月，量定三等，<u>逐月</u>税钱，并充布绢进奉。(《通典》卷十一)
(40) 黄金燃桂尽，壮志<u>逐年</u>衰。(孟浩然《秦中寄远上人》)

例(38)中的"垄"应理解为由内部可离散为若干条在空间上有序排列的"垄"组成的复数集合；例(39)中的"月"和例(40)中的"年"

---

[1] 由"追逐"义发展出序列义的现象并不只在汉语中存在，而是在人类语言中普遍存在。张定(2016)运用语义图模型对29种语言或方言的50个"追逐"义动词进行取样，得出构成"追逐"义概念空间的27个节点，本章的序列义应对应其中的第8个节点——"挨序"。

应理解为由内部可离散为若干个在时间上有序排列的"月"和"年"组成的复数集合。此种用法中的复数集合 Y 具有如下几个特点。

Ⅰ. 有定性（definiteness）

一般而言，"逐"后具有复数意义的名词性成分，能够提供可供理解和确认的既定指称集合或范围，能够涵盖名词性成分所指称事物的总和。这是有定性的两个本质属性——可确认性（identifiability）和全括性（inclusiveness）的要求［Lyons（1999），术语翻译见王欣（2003）］。

Ⅱ. 离散性（discreteness）

如果对一个数量体形成的概念是在其构成整体中有分离或中断的情况，那么这个数量体内部就是离散的（Talmy，2000）。从"逐"后名词性成分所指称的集合或范围中能够离析出若干个可分离或中断的个体，如"垄"这一集合就由若干条在空间上彼此挨序但又各自分离的"垄"构成。

Ⅲ. 序列性（sequentiality）

"逐"后名词性成分所指称集合的内部个体成员在时间和空间上呈有序排列，不同个体成员的序列性存在使集合成为一个有序集合。

Ⅳ. 量增性（quantity increasement）

不同个体成员的序列性存在会对集合的内部容量产生影响，集合内的不同个体成员依序递增排列会对集合产生增量影响，使得集合可以无限增容。

有定性和离散性是"逐"后名词性成分所指称集合的整体属性，序列性和量增性则是从内部个体成员这一角度得出来的结论。

需要补充说明的是，从逻辑上来分析，指称集合 Y 中的个体成员出现于"逐 Y"格式时不能从最后一个个体成员开始。因为从最后一个个体成员开始无法保证其后续接个体成员，从而造成"逐 Y"格式的表达在逻辑上不成立。这说明指称集合 Y 中的个体成员不能落实为排序最后的一个个体成员，只能从与最后一个个体成员挨序邻接的前一个成员开始依序递增。这可概括为如下公式：

$\Omega = \{x_1, x_2, x_3, \cdots\cdots, x_n\}$

$A = \{x_m : x_{m+1} \in \Omega\}$

Ω表示一个集合，这一集合内有 N 个个体成员，m 表示与最后一个成员 n 挨序邻接的前一个成员，即 n－1。要保证"逐 Y"格式的表达在逻辑上成立，个体成员要从 m 开始依序递增。

复数集合及复数集合可离散为不同的个体成员，即有定性和离散性是"逐"获得量化义的首要语义前提。以指称集合为谓词性成分 VP 的施事为例，复数集合内部的不同个体成员按照排列次序一个接一个地实施谓词性成分 VP 所表示的动作行为，当最后一个个体成员实施谓词性成分 VP 所表示的动作行为时，我们便可以推导出排序在前的所有个体成员均已实施了谓词性成分 VP 所表示的动作行为，在此基础上可以进一步推导出集合所指称的全部个体成员即整个集合均已实施了谓词性成分 VP 所表示的动作行为。可以这样理解，"逐"在序列和量增两个维度上对集合内的不同个体成员施加影响并进而影响整个集合，个体成员的有序存在实现为量的累积，集合内个体成员的数量依序递增导致集合增容，序列和量增成正比关系。当依序行进到最后一个个体成员时，集合会封闭化和明确化为范围与界限都十分明晰的一个有定集合。集合内部成员的数量以累积的方式增长，使得集合的内部容量最终具体体现为具有复数意义的一个数值，该数值能够涵盖集合内所有的个体成员。这就满足了量化表达的语义要求——复数集合内所有的个体成员均依序实施相同的动作行为。这在语言上的表现就是，若"逐"参与构成的格式能够与其他量化表达形式连用或对举使用，这说明"逐"已能作量化义解读。[1] 例如：

（41）渚蒲随地有，村径<u>逐门</u>成。[杜甫《漫成二首》（其一）]

（42）终身拟作卧云伴，<u>逐月</u>须收烧药钱。（白居易《酬元郎中同制加朝散大夫书怀见赠》）

（43）问"致曲"。曰："曲是<u>逐事</u>上着力，<u>事事</u>上推致其极。……"（《朱子语类》卷六十四）

（44）<u>逐事</u>都如此理会，便<u>件件</u>知得个原头处。（《朱子语类》卷一百一十七）

（45）学者须是撒开心胸，<u>事事逐件</u>都与理会过。（《朱子语类》卷一百二十）

（46）首蹄肝肺心肠肚尾肾等，<u>每件逐位</u>皆均有。（《朱子语类》卷九十）

（47）<u>逐朝每日</u>醉醺醺，信着谗言坏好人。（关汉卿《邓夫人苦痛哭存孝》第二折）

（48）<u>逐朝</u>忍冻饿，<u>每日</u>在破窑中。（《越调·柳营曲》）

若"逐"参与构成的格式单独使用仍然具有量化功能，这说明"逐"的量化功能日益稳固，"逐"已将量化义内化其中。例如：

---

[1] 需要特别说明的有以下两点：第一，在宋代及明代文献中，偶然出现过"逐"与名词或量词的重叠形式连用的情况。例如：
（1）莫只悬空说个"一"字作大罩了，<u>逐事事</u>都未曾理会，却不济事。（《朱子语类》卷二十七）
（2）你看那新媳妇，口快如刀，一家大小，<u>逐个个</u>都伤过。（《快嘴李翠莲记》）
（3）那葛衣又<u>逐缕缕</u>开了，却与蓑衣相似。（《醒世恒言》卷三十）
第二，明代偶然出现过两个相同的"逐X"形式叠用的情况。例如：
（4）金生拿到书房里去，从头至尾，<u>逐封逐封</u>备审来意，一一回答停当，将稿来与将军看。（《二刻拍案惊奇》卷六）

(49) 某受命于冥曹,主给一城内户口逐日所用之水。(《太平广记》卷一百五十七)

这也可从《宋语言词典》所辑录的词条"逐处""逐次"和《元语言词典》所辑录的词条"逐日""逐朝"的义项及配例中看出,"逐处"被释为"随处,就地","逐次"被释为"屡次","逐日""逐朝"均被释为"天天"。[1] 例如:

(50) 诏:"河北缘边诸州军寨,今后应是先落北界来归僧人,取问如不愿出家者,其随身公凭并僧衣,逐处纳下。"(《宋会要辑稿·道释一》)
(51) 均州奏:为本州编管、前漳州军事判官练亨甫,逐次与兄练劼、弟练冲甫往女弟子鲁丽华家逾滥,后收养在宝林院郭和尚房下,令求食。(王明清《玉照新志》卷一)
(52) 不想老虔婆逐日嚷闹,百般啜哄。(马致远《江州司马青衫泪》第三折)
(53) 典房卖舍,弃子休妻。逐朝价密约幽期。(宋方壶《南吕·一枝花·妓女》)

由以上诸例可知,当"逐"参与构成的格式表达量化义时,它们主要出现在谓词性成分前作状语。此外,通过考察语料可知,它们有时也能出现在名词性成分前作定语,[2] 用例少见,这更能说明"逐"已完全将量化意义固化其中。例如:

(54) 右宜遍降敕三京诸道州府长吏,分明晓示逐处管界,各令遵守。

---

[1] 在近代汉语中,还存在一个与"逐日"表义相同、同素逆序的"日逐"。例如:
    (1) 你如今多大年纪?日逐柴米,是那个供给你?(《玎玎珰珰盆儿鬼》第三折)
    (2)(王冕)就买几本旧书,日逐把牛拴了,坐在柳阴树下看。(《儒林外史》第一回)
[2] 这种情况在现代汉语中仍偶有所见,如"逐个"可以用作定语,例句见本章引言里的例(7)。

(李亶《条流寺院僧尼敕》)

（55）皇帝车驾出城面会，上表称臣，宗社再造，惟候逐处州郡抚定了当，方欲敛军，仍要逐处官员血属质于军前，才候交割了当，便即放还。（《大金吊伐录》卷三）

前文论述了"逐"的量化义由序列义直接发展而来，而其序列义与本义又有着十分密切的关系。因而，我们可以推测[1]出，从本义到量化义，"逐"大概历经了如下几个发展阶段。

阶段一："逐"用作动词，义为"追逐、追赶"，在句子中作谓语，所在的句法格式为"（X）逐Y"，甲骨文中已见用例。

阶段二："逐"用作动词，义为"随、跟随"，在句子中作连动谓语的前项，所在的句法格式为"（X）逐Y+（而）VP"，春秋时期始见用例。

阶段三："逐"用作介词，与其后的体词性宾语构成介宾短语，作后面谓词性成分VP的状语，义为"依照/按照……次序/顺序"，所在的句法格式为"[逐+Y][2]+VP"，六朝以降直至现代汉语仍在使用这种格式。

阶段四："逐"获得了量化意义，"逐"和Y的意义可以解读为"每Y"、"逐Y"或"YY"，使用情况比前三个阶段复杂，可分为两类：第一类，"逐"用作介词，与Y构成介宾短语，所在的句法格式仍为"[逐+Y]+VP"，现代汉语仍在使用这种格式，如"逐字审读""逐句说明""逐行扫描"等；第二类，"逐"和Y的内部结构日益紧密，凝固性增强，已高度词汇化为一个副词，所在的句法格式为"[逐Y]+VP"，"逐"为量化限

---

[1] 之所以说"推测"，是因为汉语史上"逐"发展出量化义的演变过程和演变轨迹在文献用例中一直鲜见。"逐"的量化用法虽然早在上古汉语中即已出现（见下文），但是在其后的传世文献中一直少有用例。 不过这些少见的语言事实又可以揭示"逐"发展演变的蛛丝马迹，根据这些语言事实并结合语言演变的相关理论，我们还是能够推测和建构出"逐"的发展演变阶段的。

[2] "[逐+Y]"表示"逐"和Y的语义联系比较紧密，但还未词汇化为一个词，二者构成介宾短语。下文"[逐Y]"表示"逐"和Y的语义联系比"[逐+Y]"紧密得多，已词汇化为一个副词，"逐"和Y分别为双音副词的构词语素。

定成分,如"逐日""逐朝""逐处""逐次""逐一""逐个"。这两种类型中,"逐"与 Y 构成的组合均作谓词性成分 VP 的状语。

这四个阶段中"逐"的意义及用法可概括为下表:

表 1

阶段	阶段一	阶段二	阶段三	阶段四
意义	追逐、追赶	随、跟随	依照/按照……次序/顺序	每 Y、逐 Y、YY
所在句法格式	(X) 逐 Y	(X) 逐 Y+(而) VP	[逐+Y] +VP	[逐+Y] +VP [逐 Y] +VP
句法功能	谓语	连动谓语的前项	状语	状语
性质	动词	动词	介词	介词、构词语素

据此可概括出"逐"的语义演变连续统:"追逐、追赶＞随、跟随＞序列＞量化"。

伴随着连动谓语前项的语法化和介宾短语"逐 Y"的词汇化的发生,这一连续统日益虚化与抽象化。与此对应的是,"逐"由动词发展成介词,进而词汇化为副词的构词语素,起量化限定作用。需要补充说明以下四点:第一,"逐"的量化义由序列义直接发展而来,在最初获得量化义时,"逐"要求其后出现的成分常为内部有序的时间或空间义类名词性成分,以前者最为常见。在量化义渐趋稳固的过程中,"逐"后的成分日趋多样和丰富,包括数词、量词以及"数词＋量词"。其中,当"逐"后独用量词时,量词既可以是名量词,也可以是动量词。若上下文中出现数词或量词的指称集合,该集合同样为具有复数意义的名词性成分。例如:

(56)须是入去里面,<u>逐一</u>看过,是几多间架,几多窗棂。(《朱子语类》卷十)

(57)今请观察使、刺史到任一年,即悉具厘革制置诸色公事,<u>逐件</u>分

析闻奏，并申中书门下。(《唐会要》卷六十九)

(58) 只管恁地逐项穷教到极至处，渐渐多，自贯通。(《朱子语类》卷九)

(59) 大男小女，逐个出来为寿。(辛弃疾《感皇恩·庆婶母王恭人七十》)

(60) 得底固是好，不得底也逐番看得一般书子细。(《朱子语类》卷一百九)

(61) 滕爷把纸笔教他细开逐次借银数目。(《喻世明言》卷十)

(62) 一书不读，则阙了一书道理；一事不穷，则阙了一事道理；一物不格，则阙了一物道理。须着逐一件与他理会过。(《朱子语类》卷十五)

值得注意的是，数词和量词本身并不能构成内部有序的指称集合，不能形成"逐Y"格式语义表达的前提与基础，但客观的语言事实中又确实存在数词和量词出现在"逐"后的"逐Y"格式。这说明此种情况下的"逐Y"格式中"逐"的量化义已非常稳固，并不像量化义刚产生时那样一定要借助内部有序的名词性指称集合才能保证该格式可作量化意义的解读。

第二，"逐"参与构成的格式具有量化义，其量化义与序列义之间关系密切并非我们首先发现，清代李调元在《剿说》卷一中就曾说道："自宋以来，多用逐字为辞，如逐人、逐事、逐件、逐年、逐月、逐日、逐时之类，皆谓随其事物以为区处，无所脱漏，故云逐也。"这段话中包含三个重要信息：其一，"逐Y"格式在宋代产生；[1] 其二，指称集合内部具有顺序性（"随其事物以为区处"）；其三，表达量化义或全量义（"无所脱漏"）。

第三，除了参与构成的格式具有量化意义，单字"逐"独立出现在谓

---

[1] 实际上，"逐"构成的双音格式自唐代以来就已经被广泛使用了，比李调元所说的宋代要早。

词性成分前，也可作量化义解。这种现象早在西汉就已出现，但用例极少，在北京大学 CCL 语料库古代汉语库中只发现三例，如下所示：

（63）始皇闻之，遣御史逐问，莫服，尽取石旁居人诛之，因燔销其石。（《史记·秦始皇本纪》）

（64）大夫曰："巫祝不可与并祀，诸生不可与逐语，信往疑今，非人自是。"（《盐铁论·论灾》）

（65）前苏令发，欲遣大夫使逐问状，时见大夫无可使者。（《通典》卷十六）

第四，"随""逐""列""排"等虽然本义各不相同，却经常连用或对举使用，如组成"随逐""逐X随Y""随X逐Y""排列"等语言形式。它们都由本义发展出了序列义，并且都由序列义直接发展出了量化义，遵循"序列＞量化"的语义演变模式。以"排"为例，在近代汉语中，除了"排日"，"排"还可作为构词语素参与构成"排门""排年""排家""排头儿"等词。例如：

（66）a. 应是人家皆快活，排门比户散堆钱。（《敦煌变文校注》卷五《双恩记》）

b. 人皆欲得长年少，无那排门白发摧。（王建《岁晚自感》）

（67）今将各处排年未纳药物开坐前去，请催贡。（《元典章·礼部五·医药》）

（68）兴哥送了些人事。排家的治酒接风，一连半月二十日，不得空闲。（《喻世明言》卷一）

（69）无正事尊亲，着俺把各自姓排头儿问，则俺这叫爹娘的无气忿。（关汉卿《邓夫人苦痛哭存孝》第二折）

例（66）中的"排门"，《唐五代语言词典》释为"挨家挨户，引申为家家、人人"；例（67）中的"排年"，《汉语大词典》释为"连年、逐年"，《元语言词典》释为"历年"；例（68）中的"排家"，《汉语大词典》释为"挨家挨户"；例（69）中的"排头儿"，《元语言词典》释为"从头；逐一"。各个词典的释义揭示了序列义和量化义之间的发展演变关系。

通过上述现代汉语和汉语史的语言事实可知，在汉语中确实存在着"序列＞量化"的语义演变模式，量化义可由序列义发展而来，序列义是量化义的一个语义来源，由序列义发展而来的量化成分具有分配性特征。

第3节 序列义到量化义的演变动因

本节以"逐"为例探讨序列义到量化义的演变动因。如前文所述，"逐"由追逐义发展出量化义经历了四个阶段，其中，由追逐义动词发展为序列义介词即前三个阶段与量化意义的获得并不直接相关，本节不作讨论。此外，序列义到量化义的发展包含语法化和词汇化两个过程，在获得量化意义后，某些"逐X"格式又词汇化为一个副词，"逐"成为构词语素。关于词汇化的动因，本节也不作讨论，本节只讨论"逐"由序列义演变为量化义的语法化动因。

前文已述，当"逐"发展为介词，义为"依照/按照……次序/顺序"时，其后所出现的名词性成分具有有定性和离散性，这两个性质也是周遍的两个特性（董正存，2011）。而从本质上来看，周遍是量的表达，周遍除了强调某一集合或范围内的没有例外（朱德熙，1982；韩志刚，2002），还应具有"每一个成员"（石毓智，2001）这个义项。也就是说，"逐"在表达序列义与量化义时，均要求所指称的集合具有有定性和离散性，离散出的不同个体依序增量，这是二者共同具有的语义属性，是"逐"由序列义发展出量化义的语义前提。

当"逐"表达序列义时,指称集合内的不同个体成员依序渐次实施同一个谓词性成分 VP 所表达的动作行为,不同的个体成员对应相应的子事件,集合内部成员的依序增量造成子事件的持续量变,个体成员的数量与事件量变成正比关系,个体成员的数量在时间轴上依序递增,子事件的数量随之依序递增,集合容量的不断扩充最终导致事件总量的持续增加。从认知上来看,不同个体成员依序实施同一个谓词性成分 VP 所表达的动作行为,在认知上凸显渐进性事件的持续与发展进程,事件具有过程性与可重复性。这两个属性与指称集合的序列性、量增性有十分密切的关系。具有依赖关系的不同个体成员依序存在,它们与同一个谓词性成分形成若干个与个体成员数量相应的子事件,随着个体成员的依序增量,事件相应持续发生量变。当个体成员依序增量至最后一个个体成员,且它与谓词性成分也形成相应的子事件时,个体成员无法再进行依序增量,导致相对应的子事件无法发生。这说明渐进性事件已无法重复,整个事件的渐进性过程业已终结。简而言之,指称集合内排在最后的一个个体成员终结了事件的渐进性过程,使得事件的渐进性过程不再得到凸显。当排在最后的个体成员与谓词性成分形成了相应的子事件时,我们可知排在其前的其他所有个体成员都与同样的谓词性成分形成了相应的子事件。在此基础上,我们可进一步得出集合内的所有个体成员都与同一个谓词性成分形成了相应的子事件的结论。在事件的渐进性过程不能得到凸显的情况下,集合内的个体成员数量得到了凸显,这样"逐"就获得了量化意义,实现了序列义到量化义的质变。在序列义到量化义的演变过程中,集合内部不同个体成员的有序排列和事件的渐进性过程由认知的前景逐渐转移为认知的背景,而集合内部不同个体成员的依序增量与事件的持续量变则由认知的背景逐渐转变为认知的前景。也就是说,当"逐"表达序列义时,集合内部不同个体成员的有序排列及它们依序分别与谓词性成分形成子事件的渐进性过程为该集合或事件的前景信息;当"逐"表达量化义时,集合内部个体成员的数量及它们造成的事件容量为该集合或事件的前景信息。

　　Langacker（1987）指出，人类对事物及其运动的观察可以采取"渐次扫描"（sequential scanning）和"简括扫描"（summary scanning）两种扫描方式。渐次扫描是对事件在不同时间阶段的不同状态作连续性观察。"逐"表达序列义时，采取的是渐次扫描方式。渐次扫描注重事件在不同时间阶段的渐进性，关注事件在时间进程中的数量变化。陈忠（2008）指出，"V完了"采取的也是渐次扫描方式，强调事物在时间进程中数量由多到少的递减性变化。而具体到表达序列义的"逐"，"逐"强调事物依序在不同时间和事件进程中数量由少到多的递增性变化，相应地，子事件的数量或事件集合的容量也会呈现递增性变化。由于指称集合具有离散性，内部可离散为不同个体，不同个体与谓词性成分形成的子事件之间会产生一定的时间间隔，但这并不影响整个事件的连续性以及我们对整个事件作连续性观察。因而，"逐"的这种扫描方式可以被称为"离散性渐次扫描"（王世凯，2011）。

　　由上可知，"逐"获得量化义的前提是集合内排在最后的个体成员终结了事件的渐进性过程，使事件的终结状态得到凸显而事件的渐进性与连续性不再得到凸显，强调某种状态在某个时点上的顿变。因为是最后一个个体成员，其后不能再出现接续的其他成员，所以无法再强调事件的量变，这种扫描方式是简括扫描。简括扫描凸显单一状态而不凸显连续状态，因而会淡化或忽略时间上的渐变，对量变并不敏感。但是，它终结渐进性的事件过程，造成事件无法重复，凸显事件的最终状态，这样就使指称集合内排在最后的个体成员作为事件参与者得到凸显。排在最后的个体成员与谓词性成分形成了相应的子事件，终结了事件进程，它作为事件参与者得到了凸显。相应地，与其相同、位于其前的其他所有个体成员也都可以作为事件参与者得到凸显。也就是说，此时并不凸显事件或集合的有序化，而是凸显事件或集合的量化。

　　张敏（1999）在探讨重叠式语法意义的认知语义学模型时，提出了与

"渐次扫描"和"简括扫描"相类似的两个概念——"串行处理"（serial processing）和"并行处理"（parallel processing）。"逐"所指称集合内部的个体成员因具有共同的语义特征而聚合在一起形成一个指称集合，个体成员的依序出现可对应于张敏所提出的"类同物复现"，个体成员依序与同一个谓词性成分形成相应的子事件，子事件的相继出现可被视为类同物复现。类同物依序复现会导致子事件依序复现，此时得到凸显的是时间序列，而这正是串行处理的结果，因为串行处理强调凸显时空序列特征。当排在最后的个体成员与同一个谓词性成分形成相应的子事件时，所有类同物和类同事件都复现，此时可理解为复现的类同物和类同事件进行并行处理，这是因为"任何出现在现实时空环境或心智空间里的类同物，都可以并行处理的方式为个体所感知"（张敏，1999：21），"并行处理"的结果是意象无维向的叠加。当所有类同物和类同事件都复现时，类同物和类同事件作为意象简单叠加，凸显数量的增加，它们内部存在的维向明晰的时间序列不再得到凸显而只能作为背景出现。

综上所述，在序列义到量化义的演变过程中，起决定性作用的是完形认知。在表达序列义时，处在认知前景的位置上、得到凸显的是指称集合内部不同个体成员之间、子事件之间的序列性和事件的渐进性过程；而在表达量化义时，这些都不处在认知前景的位置上，而是作为背景出现，得到凸显的是指称集合内部个体成员的数量和事件的数量。指称集合内部的个体成员与事件成正比关系，事件随着个体成员的依序递增而发生渐进性过程和量变，指称集合是事件的基础。指称集合具有序列性和量增性，二者交替出现在认知前景和认知背景的位置上，互相影响、互相作用、互相制约、互相支撑，体现为一种此消彼长的互动关系。

第 4 节　结语

大量语言事实说明，在汉语中确实存在着"序列＞量化"的语义演变模式。除了"随""逐""列""排"外，现代汉语的"一个个""一个一个"也具有序列义用法和量化义用法。杨雪梅（2002）指出，"一个个"作状语时有时表示动作的次序性，有"依次""逐一"的意思，有时表示出现较多的一种情况，有"纷纷"的意思；作定语时有"数量多"的意思，有时含有"每"的意思。"一个一个"一般作状语，表示动作的次序性；作定语时只有"数量多"的意思。由此可知，不管是在词法层面还是在句法层面，汉语都存在着"序列＞量化"的语义演变。

在序列义向量化义发展演变的过程中，起关键作用的是完形认知。序列义对应渐次扫描的认知模式，而量化义的获得是经历简括扫描后数量得到凸显的最终结果。序列性和量增性交替出现在认知前景和认知背景的位置上。

另需说明以下两点：第一，"序列＞量化"这一语义演变在某些语言项目的发展过程中还未最终完成，现代汉语的"逐"就是这样。在现代汉语中，"逐"既有序列义，也有量化义，有时还会存在作序列义、量化义两种解读均可的情况。不过，通过上述分析可知，当强调事件的渐进性过程时，应认为"逐"表示序列义；当强调事件的渐进性过程终结后造成的最终状态或结果时，应认为"逐"表示量化义。例如：

(70) a. 问题正<u>逐一</u>得到解决。
　　　b. 问题<u>逐一</u>得到了解决。

例（70a）中时间副词"正"表明"解决问题"这一事件处于渐进性的过程中，应认为"逐一"表示序列义；例（70b）中动态助词"了"表明"问题"的解决过程已经结束，句子强调所有问题都得到解决之后的最终结果，应认为"逐一"表示量化义。

第二，关于"序列＞量化"的语义演变是否也适用于其他语言，是否为人类语言普遍具有的语义演变模式，还需要进一步考察与探讨。

第3章　汉语伴随格介词向工具格介词的演变

第1节　引言

伴随结构是一种特殊的语法结构，用来介引与主要参与者有着相同角色的非强制性参与者，不过两个参与者的句法地位并不相等，伴随结构在句法结构上属于附加语性质。此外，如 Alexandre（2009）所说，伴随格标记往往是高度多义词。从近几十年国内外语言学界的研究成果来看，与伴随格标记关系最密切的是并列标记和工具格标记。在 Haspelmath（2003，2004）的"工具语及相关角色的语义图"、张敏（2010）的"汉语方言主要间接题元的语义图"、潘秋平（2013）的"给予动词的语义图"及张定（2015）的"汉语方言'工具—伴随'介词概念空间"中，"伴随"与"并列""工具"直接相连："并列—伴随—工具"。如果将横线改为标示语义演变方向的箭头，则为"并列←伴随→工具"。

吴福祥（2003）在刘坚（1989）、Croft（1990）、Heine et al.（1991）、马贝加（1993）、Liu and Peyraube（1994）、于江（1996）等人研究的基础上，从语言类型学的角度探讨了 SVO 型语言中伴随介词的两种演化模式：①"伴随介词＞并列连词"；②"伴随介词＞工具介词＞方式介词"。吴福祥（2003：53）还作出了如下预测："如果一个语言的伴随结构前置于谓语动词，那么该语言中的伴随介词最有可能的语法化模式是'伴随介词＞并列连词'。反之，如果一个语言的伴随结构后置于谓语动词，那么该语言的伴随介词最有可能的语法化模式是'伴随介词＞工具介词＞方式介词'。"当且仅当该语言的伴随结构可以通过左向移位前置于谓语动词时，它才有可能同时拥有上述两类语法化模式。[1] Heine and Kuteva（2012：107—116）分别列举了"伴随格＞名词短语—和"（comitative＞NP-and）以及"伴随格＞工具格"（comitative＞instrument）两种路径，并提供了很多语言材料。其中，"伴随格＞工具格"路径所列不同语系的语言材料有一个共同特点——伴随结构后置于谓词；"伴随格＞名词短语—和"路径所列语言材料中前置型和后置型都有，后置型的如埃维语中的 kplé，不过其作并列连词时也已经移到谓词前面。

那么，句法位置是唯一的条件吗？或者说，伴随结构必须后置于谓词，伴随标记才有可能演变为工具格标记吗？从目前的材料来看，似乎并不完全如此。Haspelmath（2003，2004）列举的一些语言伴随标记可以分别语法化为并列标记和工具格标记，它们基本上都是可以进行左向移位的。吴福祥（2003）提到西非的加族语中 kὲ 兼有伴随、并列、工具三种功能，却是伴随结构前置型。再如前置型的 Nga 语，也用同一个格后缀"-hua（n）"

---

[1] 关于后置型伴随结构的左向移位及向并列结构的演变，比较典型的论述来自 Stassen（2000）。Stassen（2000）将人类语言分为 AND-language 和 WITH-language 两种类型，认为 AND-language 在结构上更协调，WITH-language 为了追求结构的协调，可能会改变句法结构的位置，即将伴随结构前移到主语后面（"NP_1 V with NP_2"变为"NP_1 with NP_2 V"）。而一旦伴随结构被允许与 NP_1 相邻，说话者可能会开始将字符串 NP_1 和 NP_2 重新分析为单一成分，伴随标记也就语法化为并列标记。不过这种句法变化会导致语言类型的改变，即从 WITH-language 变为 AND-language。Haspelmath（2004）则认为，很多 WITH-language 的伴随标记与并列标记相同，这有两种可能性：一种可能性是它们的功能相同，只不过英语这种 AND-language 用 and 和 with 两个标记来表达；另一种可能性是伴随标记与并列标记在语义和句法上都有差异，只是经历了从伴随标记到并列标记这一普遍的句法语义演变。WITH-language 有些属于前一种情况，有些属于后一种情况。

来标记伴随和工具两种功能；Sarcee 语的前置型 ihila 可以作并列连词，也可以标记伴随格和工具格。这启示我们，伴随介词演变为工具介词，虽然句法位置是一个很重要的因素，但是伴随格自身句法语义特征的作用同样不可低估。不同的句法语义特征可能会导致人们进行不同的重新分析，故而同一语言中不同的伴随介词，因为自身句法语义特征的细微差异，可能会出现不同的演变结果。当然，句法语义特征只是为演变提供了一种可能性，是否必然经历这一演变，还受制于使用频率、词汇语义系统等其他很多因素。故而具有同一句法语义特征的词（甚至同一个词），在同一语言的不同方言中都可能具有不同的演变路径。

　　汉语是附加语前置型语言，[1] 单从伴随结构的句法位置来看，伴随介词最可能的演变结果是并列连词，实际情况也是如此。不过从理论上来说，汉语的附加语属于前置型，伴随结构属于附加语的一种，因此伴随标记也存在语法化为介引其他附加语的标记（如工具格）的可能性。实际上，汉语史上及现代汉语方言中有不少词兼有伴随格及工具格的用法，如"以""将""拿""连""给"等，只是它们之间的语义关系鲜有学者讨论。《语法化的世界词库》（Heine and Kuteva，2012：115—116）一书的附注[2]里列举了上古汉语中的"以"及白龙江流域汉语方言中的"连"，认为虽然"以"兼有伴随格和工具格两种用法，但是目前并不清楚二者有无直接引申关系，对于"连"字的语义关系也没有进行说明。

　　Haspelmath 的语义图未参照汉语史及汉语方言材料，张敏、张定的语义图是依据吴福祥（2003）的研究，因此目前为止，真正讨论汉语"伴随＞工具"这一演变路径的只有金小栋、吴福祥（2016）。金小栋、吴福祥（2016：396）在讨论汉语方言"连"的语义演变时，列举了白龙江流域汉语方言中"连"的伴随格及工具格用法，同时认为"伴随格"与"工具

---

[1] 依据 WALS-Online [*The World Atlas of Language Structures*（《世界语言结构地图集》）] 对 SVO 型语言的调查，SVO 型语言的附加语基本上都属于后置型，汉语是一个例外。

[2] 该书附注为洪波、谷峰所加。

格"在概念上有密切关联:"伴随对象是与施事一起参与动作行为的参与者,工具是施事完成某一动作行为的'伴随物'。"值得注意的是,金小栋、吴福祥(2016)还列举了汉语史上的"以"和"将"、湖南临武(大冲)土话中的"拿"、山西阳曲方言中的"和",认为它们也经历了"伴随>工具"这一演变路径。此外,汉语史上的"与"(张玉金,1996:894),浙江金华岩下方言中的"同"(许宝华、宫田一郎,1999:1958—1959),山东枣庄方言中的"叫"、江苏宿迁方言中的"给"(黄伯荣,1996:535)也有工具格用法。

基于以往研究,我们认为尚有三个问题值得进一步探讨。第一,汉语史上的"以""将""与"和现代汉语方言中的"拿""和""同""给""连""叫"等是否真的都具有工具格用法?如果是,工具格与其伴随格用法是什么关系?第二,如果汉语这种伴随结构前置于谓词型语言存在"伴随格>工具格"这一演变路径,那么句法语义特征在其中起到了什么作用?第三,相较于那些伴随结构后置于谓词型语言,汉语"伴随格>工具格"这一演变的过程和机制是否存在差异?

第 2 节　现代汉语方言中的"拿""给""连"

2.1　方言中存疑的"同""叫""和"

黄伯荣(1996:535)提到山东枣庄方言中的"叫"有工具格用法,语料出自王希文《鲁南枣庄方言介词"叫"的用法》。例如:

(1) 他<u>叫</u>嘴咬俺。/俺<u>叫</u>圆珠笔写字。

不过王先生已仙逝多年，而据我们的调查，现在的枣庄方言中的"叫"没有工具格用法，甚至60岁上下的老人都不知道有这种用法，[1]因此枣庄方言中的"叫"是否具有工具格用法还无法确定。如果以前"叫"确实存在工具格用法，那么我们认为最可能的演化路径为"叫喊＞伴随格＞工具格"。如此构拟的原因在于汉语很多方言中存在"呼喊＞伴随格"这一演化路径，如南京方言中的"告"（李荣，2002：1797）、江苏江阴方言中的"喊"（许宝华、宫田一郎，1999：2716、6064）、北京话中的"唤"（江蓝生，2012）等。从语义演变上来看，"A呼喊B＋VP"往往意味着B是A的伴随者，两人一起VP。如"我叫他一起走"本指"我喊他一起走"，后可重新分析为"我跟他一起走"，这样动词"叫"便可能语法化为伴随格介词。至于伴随格向工具格的演变，正是本章要讨论的问题。

许宝华、宫田一郎（1999：1958—1959）提到浙江金华岩下方言中的"同"有工具格用法，例如：

(2) 同墨笔写/同锄头掘

不过，地图上显示金华市周边有好几个岩下村，语料具体出自哪个地方尚不清楚。我们调查了金华周边会说当地方言的近30位学生，[2]发现他们使用的工具格介词都是"用"，没有1例"同"。因此，"同"是否具有工具格用法还有待进一步调查。金小栋、吴福祥（2016）提到山西阳曲方言中的"和"具有工具格用法，材料出自孟庆海（1991：129、95）。例如：

(3) 他正和一个相好的叨啦呢。——伴随格
(4) 你和钢笔写字，他和铅笔写。——工具格

---

[1] 感谢枣庄学院张凯博士惠赠调查材料。 本章例句凡未标注出处的都为调查所得。
[2] 感谢史文磊、殷晓杰、荣丽华三位博士的帮助。

不过，孟庆海（1991：95）认为"和"可能是记音字。虽然从语义关联的角度来看，金小栋、吴福祥认为本字很可能就是"和"，我们也持这一观点，但是既然存在争议，本章也暂不涉及。这样一来，本章需要讨论的主要是"拿""给""连"。

2.2 湖南临武（大冲）土话中的"拿"

据王泽芳（2007：125—128）的研究，湖南临武（大冲）土话中的"拿"主要有如下功能：

(5) 有事要<u>拿</u>爸爸商量。有事情要和/跟爸爸商量。——伴随格[1]

(6) （我）<u>拿</u>飞飞笑格笑。我对飞飞笑了笑。——有生方向

(7) （这）本书（你）<u>拿</u>（谁）借格？这本书你跟谁借的？——有生来源

(8) （你）格望法<u>拿</u>（我）格差不多。你的看法跟我的差不多。——比较格

(9) （你）<u>拿</u>大爷里送几条鱼去。你给大伯家送几条鱼去。——与格（接受者）

(10) （这）块毛索衣是（她）<u>拿</u>（她）男朋友打格。这件毛衣是她给她男朋友织的。——受益格

(11) <u>拿</u>衣袖挎起来。把袖子挽起来。——处置（受事格）

(12) <u>拿</u>/得/挨调羹舀汤吸。拿/用调羹舀汤喝。——工具格

此外，临武方言中的"拿"还有动词及并列连词功能，不过王泽芳没有举例，只是说动词用法如普通话。从理论上来说，"拿"的工具格用法可能有两个来源：一是直接源于"执拿"义动词（"执拿＞工具"），二是源于伴随格介词（完整的语法化链为"执拿＞给予＞受益＞方向＞伴随＞

---

[1] 这一组例句出自王泽芳（2007: 125—128），不过关于各功能的认定，本章与王文有一定差异。

工具")。我们认为应该直接源于"执拿"义动词，作如此分析的理由主要有三点。第一，"执拿"义动词与工具格介词之间具有天然的语义联系，执拿的物品往往也是施行具体动作时凭借的工具，因而在连动结构中表"执拿"义的前一动词很容易虚化为工具格介词，如"拿笔写字"最初为连动结构"拿着笔写字"，后被重新分析为状中结构"用笔写字"。这一语法化路径在汉语史上及现代汉语方言中非常普遍，其他的例子如"持""把""捉""担"等。第二，汉语史上及绝大部分现代汉语方言中的"拿"都没有受益格、有生方向、伴随格等介词用法及并列连词用法，但有工具格用法。这说明汉语史上及其他现代汉语方言中的"拿"是从"执拿"义动词直接演变为工具格介词的，而不是经历了第二条可能的演变路径。第三，伴随格演变为工具格的前提条件是介引成分从指人名词扩展到指物名词，而动词"拿"起初所带的宾语就是指物名词。因此，虽然临武方言中"拿"的各种用法在张敏（2010）、潘秋平（2013）、张定（2015）等构建的语义图上都能找到位置，[1]且伴随格与工具格是相邻节点，但是我们很难相信临武方言中的"拿"需要从带指物名词宾语扩展到带指人名词宾语，再扩展到带指物名词宾语才能发展出工具格用法，而不是直接从带指物名词宾语发展出工具格用法。

2.3 江苏宿迁方言中的"给"和白龙江流域汉语方言中的"连"

江苏宿迁方言中"给"的工具格用法如下：

（13）给那个杯子喝水，这个不干净。
（14）我们都给微信联系了。

---

[1] 排除那些与本章讨论内容无关的功能，临武方言中的"拿"应该是从"执拿"义引申出"给予"义，而后发展为受益格介词，并进一步经方向介词演变为伴随格介词，即"执拿＞给予＞受益＞方向＞伴随"。这一语法化链在汉语史上及现代汉语方言中可以找到很多例证。此外需要提到的是，汉语"受益—有生方向—伴随"的演变具有双向性，具体可参见刘丹青（2003）、曹茜蕾（2008）的研究。

(15) 最好<u>给</u>钢笔写，别<u>给</u>铅笔写。

宿迁方言中"给"的其他用法如下：

(16) 我<u>给</u>他两块钱买糖。——给予动词
(17) 衣服我<u>给</u>你洗干净了。——受益格
(18) 你借<u>给</u>我一百块钱行吗？——与格（接受者）
(19) <u>给</u>他说了很久好话，他都不听。——有生方向
(20) 你别<u>给</u>我吵架，我想静一会儿。——伴随格
(21) 你<u>给</u>哪儿来的？——处所格（相当于"从"）
(22) 你<u>给</u>这儿看看书吧，我等会来找你。——处所格（相当于"在"）
(23) 你<u>给</u>哪儿去啊？——处所格（相当于"到"）

不过，宿迁方言中"给"的受益格及伴随格用法目前有被"跟"取代的迹象，年轻人一般用"跟"而不用"给"（受益格还可以用"帮"）。值得注意的是，与宿迁方言同属中原官话徐州片的徐州方言中的"给"虽然没有工具格用法，[1] 但是其整体用法比宿迁方言中的"给"还要多。据李荣（2002：4641）研究，徐州方言中的"给"有给予动词、使役、被动（施事格）、处所格（相当于"在"或"从"）、处置（受事格）、致使、伴随格、有生方向、受益格、比较（比拟）等用法。

宿迁方言中"给"的工具格用法是怎么发展出来的呢？从目前已经构建的语义图来看，只有伴随格这一个来源。不仅宿迁方言中的"给"是这种情况，白龙江流域汉语方言中的"连"也是如此。下面先来看看"连"的各种用法（转引自莫超，2004：64—65）：

---

[1] 还有一种可能，就是工具格用法已经消失，被其他词取代了。

(24) 你连前头过，要连后头走。你从前面过，不要从后面过。——处所格（相当于"从"）
(25) 我跟前没这本书，我连别处给你找。——处所格（相当于"到"）
(26) 你连他两该到青海去。你跟他两个到青海去。——伴随格
(27) 我连他没比哎！我比不过他呀！——比较
(28) 你连铅笔写，要连水笔写。你拿铅笔写，别拿钢笔写。——工具格
(29) 我连桶提水，你连盆端水。——工具格
(30) 吃连住是一辈子的大事情。——并列连词

此外，金小栋、吴福祥（2016：389）又补充了白龙江流域汉语方言中"连"的其他几个用法（有些与本章无关的用法没有列举）。例如：

(31) 手指头连心着呢，伤不起。——"连接"义动词
(32) 你连你爷说去。——有生方向
(33) 他连我要钱呢。——有生来源

"给"与"连"的源义差异很大，"给"是给予动词，"连"是"连接、连带"义动词，但是它们所具有的介词功能种类差不多。"连"的伴随功能直接源于其动词义，"连带"本身就带有"伴随"义。如在诗句"紫芽连白蕊，初向岭头生"（张籍《茶岭》）中，将"连"解读为"连带"义动词或伴随格介词甚或并列连词皆可。与宿迁方言中的"给"相同的是，"连"的工具格用法也只有伴随格这一个可能的来源，"连"字伴随结构也只能前置于谓词。这表明，汉语这种伴随结构前置于谓词型语言有两种可能的演化路径：一是并列连词，二是工具格介词。

不同的演变路径源于对伴随结构不同的重新分析。何以伴随结构中的"给""连"存在两种不同的重新分析？我们认为这与它们的语义特征具有直接的关系。在讨论它们的语义特征之前，有必要先来看看汉语史上的

"以""将""与"。

第3节 汉语史上的"以""将""与"

3.1 "以"

裘锡圭(1992)认为"以"的字形为"人手提一物",本义为"提挈、携带"。陈年福(2002)却认为"以"的本义为"送物给人",也即"给予"。不过在商代甲骨卜辞中,如罗端(2009)所说,动词"以"或表祭祀,或表"引导、率领"义。这两个语义之间到底是词义引申关系,还是非同源关系,目前不太清楚。在甲骨卜辞中,"以"表"率领"义时后面一般只接表人名词,且率领的对象与后面动词所指的行为动作不构成工具关系。例如:

(34) 师般<u>以</u>人于北奠次?(《甲骨文合集》32277)

(35) <u>以</u>小女田于田。(《甲骨文合集》20742)

(36) 贞:……<u>以</u>三十马,允其执羌?(《甲骨文合集》500 正)(马:骑兵)

在殷周金文中,这种情况开始出现变化。例如:

(37) <u>以</u>王令(命)曰:余令女(汝)史(使)小大邦。/伯买父乃<u>以</u>厥人戍汉、中、州。(《殷周金文集成》,3.949[1])

---

[1] 此处的 3.949 指《殷周金文集成》第 3 册第 949 号器,下同。

（38）大以厥友守。/以厥友入捍。（《殷周金文集成》，5.2807）

（39）凡以公车折首二百又□又五人。（《殷周金文集成》，5.2835）

（40）女（汝）以我车宕伐玁允（猃狁）于高陶。/女（汝）休弗以我车陷于艰。（《殷周金文集成》，8.4328）

这种变化主要表现在两个方面：一是很多率领的对象开始带有工具意味。如例（37）中的"厥人"是伯买父率领的对象，但是从另一个角度来说，"厥人"是用来伐汉、中、州的，因此又可以将"厥人"理解为"伐"这一动作的广义工具，这时的"以"就带有抽象的"携持"义了。例（38）中的"厥友"也是如此，可以将其看作"守"和"入捍"的广义工具。二是率领的对象开始不限于指人名词。虽然可以将例（39）中的"公车"理解为战车上的士兵，因为后面"折首二百又□又五人"显然是需要人去执行的，车上有人驾驶，且有士兵，但是"公车"毕竟是非指人名词（物品），例（40）中的"车"也是如此，因此这两例都带有明显的"携持"义，属于伴随物。

为什么"以"所带宾语会发生这种变化呢？原因在于"以"的词性及功能的变化。在商朝甲骨卜辞中"以"属于动词，故而还可以单独作谓语，如"雀不其以象"（《甲骨文合集》08984）。但是在西周甲骨及金文中，"以"已经不能单独作谓语。罗端（2009）认为西周早期表"率领"义的"以"已经发展为伴随格介词，同时认为这种重新分析并没有造成结构上的简化，所引起的唯一变化就是修饰词组本身语法性质的改变，这进而导致"以＋NP"功能的多元化。我们认为罗端的分析是对的，西周早期一些"以"的"率领"义已经不明显，伴随功能却很显著。例如（转引自罗端，2009：4—5）：

（41）王以侯纳于寝。（麦方尊）

（42）命其永以多友殷飤。（命毁）（殷飤：给神灵上供）

(43) 大以厥友守王乡醴。(大鼎)（大：人名）

如果说因为王与侯存在上下级关系，所以可将"以"理解为"率领"义动词的话，那么朋友之间显然不存在上下级关系，双方地位平等，将"以"理解为伴随格介词更合适。我们认为在西周早中期"以"已经具有伴随格介词用法的一个更直接的证据是，在西周晚期金文中"以"还发展出了受益格介词、并列连词的用法。例如（转引自罗端，2009：5—6）：

(44) 虢仲以王南征。(虢仲盨盖)——受益格介词
(45) 走父以其子子孙孙宝用。(食仲走父盨)——并列连词

"以王南征"即"为王南征"，"以"为受益格介词；走父不可能永远活着率领子子孙孙，故而"走父以其子子孙孙"当理解为"走父和子子孙孙"，"以"为并列连词。"率领"义动词"以"显然不可能直接发展出受益格介词、并列连词的用法，它们唯一的来源就是伴随格介词。

在春秋战国时期的《左传》中，这一情况就更为明显，不仅大量的指人名词可以被看作行为动作的广义工具，还出现了典型的物品名词（伴随物）。例如：

(46) 四年，春，齐侯以诸侯之师侵蔡。(《左传·僖公四年》)
(47) 以此众战，谁能御之？以此攻城，何城不克？（《左传·僖公四年》)
(48) 冬，晋人使以币如郑，问驷乞之立故。(《左传·昭公十九年》)
(49) 为叔孙故，申丰以货如晋。(《左传·昭公二十三年》)
(50) 昔赵衰以壶飧从径，馁而弗食。(《左传·僖公二十五年》)
(51) 公知之，尽以宝行。(《左传·文公十六年》)

例(46)(47)中的"以"的宾语都是指人名词,都可以被看作后面动作的广义工具;例(48)至例(51)中的"币""货""壶飧""宝"都属于典型的无生名词,都是事件中行为主体的伴随物。关于《左传》中"以"的性质,学界曾有一些讨论。胡安顺(2001)在讨论"以""帅"表"带领"义的区别时指出以下三点:①"以"可以涉及个体的人或动物,"帅"则不能;②"以"的"带领"义有时是强制性的,或特指"押着","帅"没有这种用法;③"以"涉及的对象可以是物品(置于运载工具之上),"帅"一般不涉及物品。赵大明(2005)系统回顾了以往的讨论,进而依据句法环境、语法功能及其出现的频率以及词义和搭配对象两条标准,对《左传》中表"率领"义的"以"进行了全面考察,发现《左传》中含"率领"义的 255 例"以",除了 1 例充当"曰"的宾语,其他全部出现于"(NP_1)+以+NP_2+VP"格式中,没有 1 例是谓语动词;"以"搭配的对象已经泛化,甚至可以是抽象的无生命事物。例如:

(52)戊申,入蔡,<u>以</u>城下之盟而还。(《左传·文公十五年》)
(53)齐人取而杀之于夷,<u>以</u>其尸归,僖公请而葬之。(《左传·闵公二年》)

"城下之盟"属于抽象事物,"以其尸归"显然不能作"率领他的尸体归来"解。赵大明(2005:230)得出的结论是:"《左传》中率领义的'以'已经由动词语法化为介词,其功能是'引进施事进行某种活动时所带领或携带的对象'。"赵大明(2005)、罗端(2009)两人的论文材料丰富,结论的可信度很高。

《左传》中"以"已经有了典型的工具格用法。例如:

(54)醒,<u>以</u>戈逐子犯。(《左传·僖公二十三年》)
(55)三月,公会郑伯于垂,郑伯<u>以</u>璧假许田。(《左传·桓公元年》)

(56) 夫人闻之，泣曰："先君以是舞也，习戎备也。"(《左传·庄公二十八年》)

(57) 丑父寝于轏中，蛇出于其下，以肱击之，伤而匿之，故不能推车而及。(《左传·成公二年》)

上面四个例句中，"戈""璧"属于典型的物品，"舞"属于动作，"肱"属于人体部位，它们在句中都是动作所凭借的工具。由此可见，《左传》中"以"的工具格用法已经非常成熟，"以"甚至从工具介词进一步发展出了方式介词用法，例如："平国以礼，不以乱。"(《左传·宣公四年》)关于这一步演变，本章暂不讨论。

从上面的讨论可以看出，从甲骨卜辞到殷周金文再到《左传》，"以"的语义变化构成了一个很清晰的连续统："伴随动词（'率领'义）＞伴随介词（介引指人名词，'率领、引导'义）＞伴随介词（介引事物，'携持'义）＞工具介词＞方式介词"。从指人名词扩展到具体的事物名词，进而扩展到抽象的事物名词，这正是语法化程度越来越高的体现。"以"的这一演变链的产生，与它具有"率领"义这一语义特征存在直接的关系。在"NP$_1$＋以＋NP$_2$＋VP"格式中，NP$_1$处于主导者地位，NP$_2$处于从属者地位，经过句法扩展，NP$_2$可能从从属者（指人名词）扩展到伴随物（指物名词），进而扩展到行为的工具、方式。关于这一语义特征，下节还会进行更具体的讨论。《左传》中有些"以"所带的宾语可以作两解，当是"伴随格＞工具格"这一演变路径的中间状态。例如：

(58) 八年春，齐侯将平宋、卫，有会期。宋公以币请于卫，请先相见，卫侯许之，故遇于犬丘。(《左传·隐公八年》)

(59) 其少也，周史有以《周易》见陈侯者，陈侯使筮之，遇观之否。曰："是谓'观国之光，利用宾于王'。"(《左传·庄公二十二年》)

例（58）中的"币"既是携持的物品，也是请求相见所仰仗的工具，可能正因为这些工具，卫侯才同意接见宋公。例（59）中的"《周易》"也是如此，它既是携持的物品，也是觐见陈侯所凭借的工具。

3.2 "将"

"将"的本义为"奉献、扶持"，《诗经》中存在多个例句，如：

（60）乐只君子，福履将之！（《诗经·周南·樛木》）
（61）或剥或亨，或肆或将。（《诗经·小雅·楚茨》）（郑玄笺："有肆其骨体于俎者，或奉持而进之者。"）

在《左传》中"将"已经被大量用来表示"率领"义了。吴福祥（2003）认为"率领"义是从"扶持"义引申而来的。表"率领"义时，"将"亦可出现于连动结构中。例如：

（62）夏，同伐王城。郑伯将王自圉门入。（《左传·庄公二十一年》）
（63）楚子使道朔将巴客以聘于邓。（《左传·桓公九年》）

与"以"相同，起初"将"亦只能带指人名词，如上面两例中的"王"和"巴客"。大约在战国时期，"将"逐渐向伴随介词演变。这个时期，一方面"将"多见于"（NP_1）＋将＋NP_2＋VP"格式中，另一方面NP_2扩展到了指物名词。例如：

（64）宁戚欲干齐桓公，穷困无以自进，于是为商旅将任车以至齐，暮宿于郭门之外。（《吕氏春秋·离俗览·举难》）
（65）封城将三十里地，为关内侯。（《墨子·号令》）
（66）及三晋分知氏，赵襄子最怨知伯，而将（漆）其头以为饮器。

(《战国策·赵策一》)

上面三个例句中的"任车""三十里地""头"都属于无生命的事物,当是行为主体的伴随之物。与"以"相同,有些例句中"将"的宾语即使是指人名词,也可以被看作广义的工具。例如:

(67)昌国君将五国之兵以攻齐。(《吕氏春秋·慎大览·权勋》)
(68)将兵击却吴楚,吴楚以故兵不敢西。(《史记·韩长孺列传》)
(69)平原君既归赵,楚使春申君将兵救赵,魏信陵君亦矫夺晋鄙军往救赵。(《说苑·复恩》)

上面三个例句中"将"的宾语虽然都是指人名词,但是与后面动词所指动作已经构成了工具关系:"五国之兵"是"将"的对象,同时又是攻齐所凭借的工具(广义工具);后两例中的"兵"也是如此。直到东汉,在王充的《论衡》中才出现一例典型的工具格用法:

(70)楚熊渠子出,见寝石,以为伏虎,将弓射之,矢没其卫。(《论衡·儒增》)

"将弓射之"即"用弓射之","弓"属于射箭的工具。魏晋以来"将"的工具格用法逐渐增多,工具类型也逐渐多样化。例如:

(71)我今所问现世之报,乃将生死来相答。(瞿昙僧伽提婆译《增壹阿含经》卷三十九)
(72)妻临去,将刀截岩发而走。(《洛阳伽蓝记》卷四)
(73)唯将角枕卧,自影啼妆久。(江总《妇病行》)

例（71）中的"生死"属于抽象事物，例（72）（73）中的"刀""角枕"属于具体物品。由上可知，"将"的语法化过程、机制与"以"大致相同，只是语法化的时间稍晚一些。因此，"将"的语法化路径也可以表示如下："伴随动词（'率领'义）＞伴随介词（介引指人名词，'率领、引导'义）＞伴随介词（介引事物，'携持'义）＞工具介词"。

3.3 "与"

张玉金（1996：894）罗列了"与"的"引介动作行为的凭借"用法，例句如下：

（74）是故四营而成《易》，十有八变而成卦，八卦而小成。引而伸之，触类而长之，天下之能事毕矣。显道神德行，是故可<u>与</u>酬酢，可<u>与</u>佑神矣。（《周易·系辞上》）

（75）汤之客田甲，虽贾人，有贤操。始汤为小吏时，<u>与</u>钱通，及汤为大吏，甲所以责汤行义过失，亦有烈士风。（《史记·酷吏列传》）

（76）前行百步，逢锄人语曰："我等二人见金一段，相让不取，今与君。"其人往看，唯见一死蛇在地，遂即<u>与</u>锄琢之两段。（句道兴本《搜神记》）

上面三个例句原引文较短，标注波浪线的文字为笔者所加。例（74）亦见于《汉语大词典》，"与"释作"以"。这三个例句值得进一步分析。例（74）中的"与"解读为给予动词更好，"与酬酢""与佑神"即"给（你）酬酢""给（你）佑神"，类似于现代汉语的"钱给你买菜"。例（75）中"与钱通"里的"与"亦是给予动词，"与钱通"即"给钱打通关系"。例（74）中的"《易》"和例（75）中的"钱"都是后面动作的凭借，但是"与"本身不是凭借介词，而是给予动词，所以这两例都属于连动结构。例（76）中的"与锄琢之两段"则属于典型的工具式，锄头一直在锄人手上,"与"显然不是"给予"义,句子只能解读为"用锄头砍(之)为两段"。《汉语大词典》另列举了两例"与",不过它们更像是处置式,而非工具式。例如:

(77) 大夫有所往,必与公士为宾也。(《礼记·玉藻》)(王引之《经传释词》卷一云:"言必以公士为摈也。")

(78) 昆弟三人俱传父祖业,从进士举,君独不与俗为事。(韩愈《唐故监察御史卫府君墓志铭》)

此外,"与"还有受益格、伴随格、处所格、比较格、与格、处置(受事格)、使役、被动(施事格)等各种用法,具体可参看《汉语大词典》"与"词条、《古今汉语虚词大辞典》(张玉金,1996:894—896)。关于"与"的本义,周生亚(1989)、于江(1996)都认为是"给予",张玉金(2014)却认为是"伴随"。如果"与"的本义是"给予",那么依据张敏(2010)、潘秋平(2013)、张定(2015)构建的语义图,"与"的"给予"义与"伴随"义的关系就应该是"给予>受益>方向>伴随"。如果"与"的本义是"伴随",那么依据语义图,演变路径就应该是"伴随>方向>受益"。但如此一来,"与"的"给予"义从何而来就难以解释了。因此,从已有文献材料来看,"与"的本义为"给予"的可能性更大。

虽然"与"的大部分用法都与"以""将"相同,但是"与"表伴随时与"以""将"有一个本质的区别,那就是只能引介指人名词。这种现象从《左传》开始一直没有发生变化。此外,前面说到"以""将"引介的指人名词有些可以被看作动作的广义工具,但是"与"引介的指人名词没有一例可以被这样理解,而只能被解读为动作共同参与的对象。例如:

(79) 寡人若朝于薛,不敢与诸任齿。(《左传·隐公十一年》)

(80) 公孙阏与颍考叔争车,颍考叔挟辀以走,子都拔棘以逐之。(《左

传·隐公十一年》）

"与"的这种句法特性决定了其后续演变只能是并列连词，而不能是工具格介词，具体原因下节再作讨论。因此，从《左传》开始"与"的并列连词用法就很普遍，并一直延续到现代汉语中。那么，例（76）中"与锄琢之两段"这种工具格用法是从何而来的呢？目前只能说尚不清楚，文献中这种例证罕见，不排除讹误所致。如果遵循黎锦熙（1992/1924）提出的"例不十，不立法"的原则，似乎可以忽略"与"的工具格介词用法。

第 4 节　几类不同语义特征的伴随格介词

前文分别讨论了现代汉语方言中的"拿""给""连"，以及汉语史上的"以""将""与"。除了"与"的工具格介词用法存在疑义，其他几个词都兼有伴随格介词、并列连词和工具格介词的用法。不过，"拿"的伴随格用法与工具格用法没有直接的衍生关系，此处不再讨论。前文已经分别列举了"连"的各种用法，"给""以""将"的并列连词用法如下：

（81）今天的活儿就落你给小王两个没干完了。（徐州方言，转引自李荣，2002：4641）

（82）得妾以其子，无咎。（《周易·鼎》）

（83）寸心将夜鹊，相逐向南飞。（何妥《门有车马客行》）

如果将考察范围进一步扩大，我们就会发现，汉语史上及现代汉语方言中还有一些词兼有伴随格介词和并列连词的用法，但是没有工具格介词用法，如"及""跟""共""同""搭""合"等［更多材料可以参阅吴福祥（2003）]。从句法位置来看，无论是汉语史上还是现代汉语方言中，伴随结构所处的句法格式都是"NP_1＋伴随格＋NP_2＋VP"，属于前置于谓词型，何以最后的演变结果却差异很大？有些以工具格介词用法为主，如"以""将"；有些以并列连词用法为主，如"给""连"；有些只有并列连词用法，如"跟""共"等。依据句法位置显然无法得到充分的解释。

我们认为，这些词自身的句法语义特征在其中起到了重要作用。影响一个语言成分是否语法化、语法化的进程及结果的因素有很多，但自身的句法语义特征无疑是一个非常关键的因素，甚至很大程度上决定了演变结果。更具体地说，自身的句法语义特征为演变提供了一种可能性，具有某一特征的词就可能发生某一演变。比如本章讨论的工具格，无论是实词还是虚词，只要能出现于"（　）＋$NP_{物品}$＋VP"格式中，就有可能衍生出工具格介词用法。这是因为人们往往会将前面的物品视为后面动作所依仗的工具。那些具有"执拿、携带"义的词是最容易进入这一格式的，因而也是最容易演变为工具格介词的；而那些起初不具有这一特征或者不能进入这一格式的词，如果在使用过程中其语法功能发生变化（如经历其他演变、句法扩展等）后能进入这一格式，那么它们也有可能发展出工具格用法。从前文的考察可知，"给""连""将""以"等源义差异很大，但是它们都具有工具格用法。

之所以说自身的句法语义特征只是为演变提供了可能性，是因为某一步演变是否必然发生还受制于其他因素，比如使用频率[1]、词汇语义系统等。因此，我们常常可以看到这一现象——同一个词在不同方言中的功能并不完全相同，比如前文讨论的"给""连"，在绝大部分汉语方言中并没有伴随格介词、工具格介词的用法。

本节不展开讨论其他因素对语法化演变的具体影响，只重点关注句法语义特征。汉语史上及现代汉语方言中的伴随格介词大概有二十几个，它

---

[1] 严格来说应该是临界频率，相关论述可以参阅彭睿（2011）。

们的源义有些差异很大，不过如果只关注最小路径，则只有两类主要来源：一类是从伴随动词（"跟随、偕同、率领"等）演变为伴随介词，一类是从有生方向介词演变为伴随介词。前一类演变如罗端（2009）所说，并没有造成结构上的简化，只是造成修饰词组本身语法性质的改变；后一类演变则体现为事件参与者 NP_1 与 NP_2 关系的改变。

源于伴随动词的伴随介词，依据语义特征的不同又可以细分为以下三小类。

第一小类是具有"率领/携持"义特征的词（以下简称 a 类），典型的如"以"。在甲骨卜辞中"以"多表"率领"义，前文已举有用例。率领某人或某一群体往往具有目的性，故而"以"多处于连动结构"（NP_1）＋以＋NP_2＋VP"中，后面的 VP 是句子的核心动词成分，前一动词"以"的句法作用就是将行为事件的两个参与者 NP_1 与 NP_2 组合为一个整体。因此，句法位置及功能已经决定了"以"向伴随介词的语法化。在语法化过程中"以"的一个语义特征［＋率领/携持］不容忽视，如果说作为动词时"率领"义是显性的，那么作为伴随介词时"率领/携持"义就是隐性的（带指人名词时为"率领"，带指物名词时为"携持"）。正因为具有这一语义特征，在"NP_1＋以＋NP_2"格式中，NP_1 属于领导者，处于主导地位，NP_2 往往被视为 NP_1 的辅助者、从属者。如前文所举例（46）中的"齐侯以诸侯之师侵蔡"，很显然在这个句子中"齐侯"属于主导者，而"诸侯之师"属于从属者。

即使"以"演变为伴随介词，"率领/携持"这一语义特征仍然存在。"以"的语义特征决定了伴随结构"NP_1＋以＋NP_2"中两个名词的句法地位，"NP_1＋以＋NP_2"更容易被切分为"NP_1＋以·NP_2"。一旦 NP_2 从指人名词扩展到指物名词，伴随结构就可能被重新分析为工具结构，"以"就从伴随介词演变为工具介词。如在《左传》中，从"齐侯以诸侯之师侵蔡"发展到"赵衰以壶飧从径"，进而发展到"（重耳）以戈逐子犯"。

"以"虽然也有并列连词用法，但是从语义特征来看，演变为工具介词显然比演变为并列连词更容易。这是因为并列结构中 NP_1 与 NP_2 在行为事件中处于平等地位，没有所谓主导者和从属者之分，所以，只有"携持"义彻底消失，"以"才有可能被重新分析为并列连词。"以"在西周晚期就有并列连词用法，但是用例并不多，这种用法在后世逐渐消失，而工具介词用法却有非常多的用例，原因就在于此。

第二小类是不具有"率领/携持"义，但是具有"跟随"义特征的词（以下简称 b 类），典型的如"跟"。关于"跟"的语法化过程，吴福祥（2003：46）曾作过一些讨论。他指出"跟"的本义是"脚后跟"，宋元时期引申出"跟随、跟从"义，如"诸军且跟着明皇入蜀"（《大宋宣和遗事·元集》）；明代语法化为伴随介词，如"我跟你爹在他家吃酒"（《金瓶梅词话》第五十八回）；清代晚期发展出了并列连词用法，如"俺们的胭脂花粉，跟身上穿的小衣裳，都是自己钱买"（《老残游记》第十三回）。

作为动词时，"跟"的语义特征与"以"正好相反：在"NP_1＋以＋NP_2＋VP"结构中，NP_1 是行为事件的主导者；而在"NP_1＋跟＋NP_2＋VP"结构中，NP_2 是行为事件的主导者。如前例"诸军且跟着明皇入蜀"，很显然在这个句子中唐明皇是领导者，处于主导地位，其他人则处于从属地位。这种语义特征决定了 NP_2 往往限于指人名词，而很难扩展到指物名词。因此，伴随结构"NP_1＋跟＋NP_2"的后续演变结果往往是并列结构（作并列连词时"跟"的语义抽象化，可以连接事物和事物），而不是工具结构，"跟"类词自然也就难以发展出工具介词用法了。

第三小类是具有"偕同/会合"义特征的词（以下简称 c 类），典型的如"同""和""连"等。"同"是从"偕同"义动词发展为伴随介词的，其"偕同"义用法如"同我妇子，馌彼南亩"（《诗经·豳风·七月》），其伴随介词用法如"梅熟许同朱老吃，松高拟对阮生论"〔杜甫《绝句四首》（其一）〕。"连"是从"连带"义动词语法化为伴随介词的，前面已有讨论，此处不赘。"和"如吴福祥（2003：45）所说，是从"拌和"义动词语法化为"连带、连同"义介词，而后发展为伴随介词的。"拌和"义动词用法如"以肉汁和饭饲之"(《南史·孝义列传》),"连带"义介词用法如"老去和头全换却,少年眼也拟捥将"(《敦煌变文校注》卷六《譬喻经变文》),伴随介词用法如"和他共鸳衾,效学秦晋"(《董解元西厢记》卷七)。

c类词既不具有a类词的"率领/携持"义,也不具有b类词的"跟随"义,在"NP_1+同/和/连+NP_2+VP"结构中,凸显的是两个参与者一起VP,故而NP_1与NP_2在行为事件中处于平等地位,没有所谓主导者和从属者之分,它们是共同参与者。这一语义特征决定了c类词最常见的后续演变结果是并列连词。不过,有别于b类词的是,共同参与者并不一定只能是指人名词,事物也可以作为参与者。例如:

(84)每候山樱发,时同海燕归。(王维《送钱少府还蓝田》)

(85)才始送春归,又送君归去。若到江南赶上春,千万和春住。(王观《卜算子·送鲍浩然之浙东》)

(86)有三个徒弟,名唤孙悟空、猪悟能、沙悟净,连马五口,欲上西天拜佛取经。(《西游记》第五十四回)

"同海燕归""和春住""连马五口",在阅读理解上毫无障碍。伴随成分可以扩展到指物名词,这为c类词发展为工具介词提供了可能性。一旦后面的名词进一步扩展到物品(工具)名词,伴随结构就可能被重新分析为工具结构。换言之,从语义特征来看,c类词最典型的后续演变结果是并列连词,但是也存在演变为工具介词的可能性。正缘于此,前文所举山西阳曲方言中的工具介词"和",我们认为就是本字;浙江金华岩下方言中的工具介词"同"也有存在的可能性。

以上三类源于伴随动词的伴随介词,因为各自的语义特征存在差异,演变为工具介词和并列连词的可能性也随之不同。a类词可以分别演变为工具介词和并列连词,演变为工具介词更容易;b类词典型的后续演变结果是并列连词，很难演变为工具介词；c类词可以分别演变为工具介词和并列连词，演变为并列连词更容易。因此，这三类词大致构成如下演变难易度序列（">"表示"难度大于"，"<"表示"难度小于"）。

并列连词："a类词>b类词>c类词"

工具介词："a类词<c类词<b类词（演变可能性极低）"

再来看第二大类——从有生方向介词演变为伴随介词的词（以下简称d类）。存在这一演变路径的词源义差异很大，如"叫""帮""给""代""拿"等，不过它们都经历了"受益格>有生方向>伴随格"的演变。有生方向介词所接名词起初都是指人名词，其演变为伴随介词后，所接名词起初也都是指人名词。一旦两个参与者被视为行为事件的共同参与者，伴随介词就可能被重新分析为并列连词。因此，d类词最典型的后续演变结果是并列连词。但是，与c类词一样，d类词后面的名词同样存在扩展为非指人名词的可能性。如徐州方言中的"给"（转引自李荣，2002：4641）：

（87）这事儿得<u>给</u>他家长打个招呼。
（88）你不答应我的要求，我<u>给</u>你没完。
（89）小二儿孩儿头摇得<u>给</u>货郎鼓样。

例（89）中的"货郎鼓"就属于物品名词。在"NP$_1$＋给＋NP$_2$＋VP"结构中，如果NP$_2$为物品名词，如"我给毛笔写字"，"给"就可能被重新分析为工具介词。因此，d类伴随介词与c类伴随介词虽然来源完全不同，但是所带名词同样存在扩展为物品名词的可能性，自然也就可能演变为工具介词。不仅是"给"，前文所举山东枣庄方言中的"叫"，例句如"俺叫圆珠笔写字"，如果这一用法确实存在，也并不会令人感到意外。

如果不考虑语义来源，只考虑后续演变的可能性，则前述演变难易度序列就可以作如下修改。

并列连词："a类词>b类词/c类词/d类词"

工具介词："a类词＜c类词/d类词＜b类词（演变可能性极低）"

下面简单讨论一下演变机制。如果只关注演变结果，即只关注源域（source domain）和目标域（target domain）的关系，那么汉语伴随格向工具格的演变确实如 Lakoff and Johnson（1980：134）所说，"an instrument is a companion"（工具就是伴随者）。这是一个典型的概念隐喻。但是如果关注演变过程就会发现，每一步演变其实都是转喻（重新分析）在起作用。换言之，汉语伴随格向工具格的演变，从结果来看属于隐喻，但是过程是转喻性的，隐喻只是转喻的共时表现形式。关于语义演变与语法化中隐喻和转喻的这种辩证关系，近些年的相关研究也多有讨论（具体可参阅 Hopper and Traugott，2003/1993；Brinton and Traugott，2005；等等）。

下面以"以"为例进行具体讨论。起初"以"所带宾语为指人名词，在"NP_1＋以＋NP_2＋VP"格式中，如"郑人以王师、虢师伐卫南鄙"（《左传·隐公元年》），虽然 NP_2（王师、虢师）处于从属地位（伴随者），但是 NP_1（郑人）与 NP_2（王师、虢师）是一起 VP 的主体（双施事结构），故而依据语义关系可以将句子分解为"郑人伐卫南鄙"，"王师、虢师伐卫南鄙"。随着指物名词进入这一格式，语义关系发生了变化。如"宋公以币请于卫"（《左传·隐公八年》），作为指物名词的"币"是无生命的事物，故而只能是行为主体"宋公"所携带之物，句子为单主体事件（单施事结构）。换言之，随着"NP_1＋以＋NP_2＋VP"格式中的 NP_2 从指人名词扩展到指物名词，句子从双施事结构变为单施事结构。在"（献）公以戈击之"（《左传·襄公十八年》）中，虽然"戈"也是指物名词，似乎与"币"没有差异，所在句子也是单施事结构，但是"戈"是动作"击"所凭借的工具，在"以戈击之"这一动作中，"戈"直接作用于受体"之"（指"中行献子"）。而在"以币请于卫"中，"币"不是"请"所凭借的工具，"币"也不直接作用于受体"卫（侯）"。换言之，工具是行为事件的一个语义角色,[1] 携带的物品却不是。

由上可知,随着"以"后所接名词属性的变化,"NP$_1$+以+NP$_2$+VP"格式中 NP$_1$ 与 NP$_2$ 的语义关系、NP$_2$ 与 VP 的语义关系都在发生变化,每一步变化都会导致对句子的重新分析,而重新分析的结果就是"以"从伴随介词演变为工具介词。存在这一演变路径的其他词的演变过程也与此相同。

第 5 节 结语

本章主要讨论了现代汉语方言中的"拿""给""连"及汉语史上的"以""将""与"工具格的来源及形成过程。"伴随>工具"这一演变路径在世界语言中较为常见,不过从目前搜集到的材料来看,其主要发生在伴随结构后置于谓词型语言中。像汉语这种伴随结构前置于谓词型语言,其主要演变路径如吴福祥(2003)所说应该是"伴随>并列"。确实,"伴随>并列"这一演变路径在汉语中是最典型的,那些经历了"伴随>工具"演变过程的词,往往兼有并列连词用法。

但在汉语这种附加语前置型语言中,伴随介词也存在演变为工具介词的可能性,因为具备演变的句法环境——都属于附加语,都前置于谓词。其实吴福祥(2003)所举西非加族语,与汉语属于同一种情况。换言之,汉语"NP$_1$+伴随+NP$_2$+VP"格式中的伴随介词拥有两种演化模式:一种是"伴随格>并列",一种是"伴随格>工具格"。同一结构中的某类词具有多元演化模式这一现象在人类语言中非常普遍,而伴随介词之所以能经历多元演化,是因为它自身的句法语义特征差异。这种差异导致人们对

---

[1] 配价语法往往把"我用刀切菜"中的"切"处理为三价动词。

"NP₁＋伴随＋NP₂＋VP"格式中 NP₁ 和 NP₂ 的关系进行了不同的重新分析：一种是将 NP₁ 和 NP₂ 看作一个整体，它们共同 VP，伴随介词的后续演变结果必然是并列连词；一种是 NP₁ 属于主导者，NP₂ 属于从属者，伴随对象 NP₂ 被视为 NP₁ 支配的事物或广义工具，伴随介词的后续演变结果就是工具格。

本章通过考察发现，汉语中的伴随格介词主要有两大来源，分别是伴随动词（"跟随、偕同、率领"等）和有生方向介词。而依据语义特征，从伴随动词发展而来的伴随介词又可以细分为三个小类，分别是具有"率领/携持"义特征的 a 类词、具有"跟随"义特征的 b 类词、具有"偕同/会合"义特征的 c 类词。从有生方向介词发展而来的 d 类词的语义特征与 c 类词接近。语义特征的差异，导致"NP₁＋伴随格＋NP₂"格式中指人名词 NP₂ 向指物名词扩展的能力存在差异。a 类词的宾语 NP₂ 最容易向指物名词扩展，故 a 类词最容易演变为工具介词；c 类词和 d 类词所处格式"NP₁＋伴随格＋NP₂"中的 NP₁、NP₂ 最容易被重新分析为行为事件的整体参与者，故 c 类词、d 类词典型的后续演变结果是并列连词，但 NP₂ 同样存在向指物名词扩展的可能性；b 类词所带宾语 NP₂ 很难向指物名词扩展，故 b 类词不大可能演变为工具介词，只能演变为并列连词。因此，依据语义特征，伴随介词向工具介词演变的难易度序列为"a 类词＜c 类词/d 类词＜b 类词"（"＜"表示"难度小于"）。

当然，如前所述，句法语义特征只是为演变提供了可能性，是否必然发生演变，还受制于使用频率、词汇语义系统等其他因素，故而同一个伴随介词在有些方言中可能发展出工具介词用法，在有些方言中却不会发生这种演变。

b 类词只有并列连词用法；c 类词和 d 类词的并列连词用法很典型、很常见，工具介词用法则不常见；a 类词的工具介词用法常见，它兼有并列连词用法。如果不考虑语义特征，只看演变结果和词汇数量，那么我们可以说，汉语史上及现代汉语方言中，伴随介词最典型的演变结果是并列连词，工具介词属于非典型的演变结果。从认知语言学的角度来看，汉语的伴随结构中 NP_1 与 NP_2 往往是同类，故而伴随结构被重新分析为并列结构更容易。伴随介词演变为工具介词，意味着 NP_2 经过了一系列句法扩展。

关于演变机制，在伴随结构后置型语言中，一般认为伴随格向工具格的演变属于概念隐喻。西方语言学界对此有不少研究，吴福祥（2003）已经作了详细介绍，可以参看。Heine et al.（1991）认为隐喻关系的等级序列为"人＞物＞活动＞空间＞时间＞性质"，演变路径"伴随＞工具＞方式"亦即从人范畴到物范畴再到性质范畴。而在汉语这种伴随结构前置型语言中，伴随格向工具格的演变，从结果来看也属于隐喻。不过如果关注具体演变过程可以发现，这一演变其实是转喻（重新分析）在起作用。隐喻只是转喻的共时表现，或者说作为结果的隐喻其实是多个转喻过程的组合。

第 4 章　汉语人体/物体部位词语的空—时语义演变

第 1 节　引言

吴福祥（2007：495）曾指出："国外有关方所词语来源和演变的跨语言研究很少涉及汉语的事实；而在汉语学界，系统讨论方所词语语源模式和语义演变的成果也不多见。因此，汉语方所词语的来源和演变无疑是一个值得深入研究的课题。"张敏（2010）亦曾指出，汉语方言既是汉语的空间变体，也是汉语的时间变体，将汉语的空间变体和时间变体的差异进行比较，其实已无异于跨语言比较。本章拟从汉语史上及现代汉语方言中的语言现象出发，结合跨语言对比，考察汉语人体/物体部位词语的方所义和时间义的语义演变路径，并就相关问题进行探讨。[1]

---

[1]《汉语大词典》《汉语大字典》本身就可被视为语料库，本章的部分例句即来自这两部辞书；方言材料主要来自《现代汉语方言大词典》《汉语方言大词典》。以下不再特别注明。

第 2 节 汉语史上人体/物体部位词语的空—时表义考察

据考察，在汉语史上下列词语除表示人体/物体部位外，还有表达空间方所和时间意义的用法。

2.1 首、头

2.1.1 表示人或动物的头部、空间方所

王凤阳（2011：126）认为，在表示人的脑袋这一意义上大致经历了"元→首→头"的更替。"元"未见有空间方所的用法，故我们这里只讨论"首"和"头"的使用情况。

2.1.1.1 首

"首"的本义指"头"，如《诗经·邶风·静女》云："爱而不见，搔首踟蹰。"头处于上部，"首"据此发展出事物顶端的意义。例如：

（1）颎追之，且斗且行……四十余日，遂至河首积石山。（《后汉书·段颎传》）

魏晋时期，"首"可表示方所，相当于"面、边"。这种用法在后代一直存在。例如：

（2）有顷，更转东首，以帛巾结两足，帻冠之，密拔剑解带。（《搜神记》卷十八）

2.1.1.2 头

"头"在先秦时指人或动物的头部。西汉时"头"开始出现在非生命名词的后面,表示物体最前面的部分。东汉时这类用例很多。例如:

(3) 三月生天枪,长数丈,两头兑。(《史记·天官书》)
(4) 天,豫司兖冀以舌腹言之……青徐以舌头言之,天,垣也,垣然高而远也。(《释名·释天》)

"头"又可表示物象的一端,例如:

(5) 若数脉见于关上,上下无头尾,如豆大,厥厥动摇者,名曰动也。(《伤寒论·辨脉法》)
(6) 汝南汝阳彭氏墓路头立一石人,在石兽后。(《风俗通义·怪神》)

东汉时"头"的组合范围扩大了,"头"可出现在方位词"东、南、西、北、前"等的后面,表示"边",成为表示位置的方所词。例如:

(7) 从河西西北行,至西山南头,乃折东,与东山相属。(《汉书·沟洫志》)
(8) 不可数百千弟子,共会在中央坐说经,与比丘僧相随,最在前头。(支娄迦谶译《道行般若经》卷七)

"头前"本指在头的前面、前头,如鲁迅《古小说钩沉·述异记》云:"梦见一女,语之曰:'近在汝头前,目中有刺,烦为拔之,当有厚报。'"

到了元代,"头"可以出现在方位成分"里"的前面,表示"前面"。例如:

(9)你看那山儿,俺在头里走,他可在后面。俺在后面走,他可在前面。(康进之《李逵负荆》第三折)

2.1.2 表示时间

2.1.2.1 首

早在先秦时"首"就发展出开端、首先的意思了。"时间名词+首"表示该时段的开始阶段,如"岁首""年首"指一年开始的时候,"春首"指初春。例句如下:

(10)夏,汉改历,以正月为岁首。(《史记·封禅书》)
(11)去岁冬间,雨雪颇少;今年春首,宿麦未滋。(韩愈《为宰相贺雪表》)

"首+时间名词"表示某时段的起始阶段。汉魏六朝时期,"首"与季节名组合,表示初春、初夏、初秋等。例如:

(12)伊暮春之既替,即首夏之初期。[曹丕《槐赋(有序)》]

又如,"首时"指四季中每季的第一个月,"首祚"表示一年的开头,"首岁"指正月。此外,"首末""首先""首端"等都是"首"表时间的例子。

2.1.2.2 头

I. "头"在"×头"的结构中表示开始或次序在前。

唐代常见到"头"跟在时间名词"年""月"后,表示一年或一月的开始。宋元之后,"头"出现在其他时间词语的后面的例子有很多。例如:

(13) 今之举明经者,主司不详其述作之意,每至帖试,必取年头月尾,孤经绝句。(杨玚《请定帖经奏》)

(14) 开尝腊尾蒸来酒,点数春头接过花。(范成大《闰月四日石湖众芳烂漫》)

II. "头"在"头×"格式中表示前、时间在先。

"头前""头上"原来指头的前方、头顶。元明时期,"头前"表示过去的时间。例如:

(15) 那太监道:"我头前见个白面胖和尚,径奔朝门而去,想就是你师父?"(《西游记》第六十八回)

"头上"指"……时候",即时间的某一点。例如:

(16) 巫娘子取一块来吃,又软又甜,况是饥饿头上,不觉一连吃了几块。(《初刻拍案惊奇》卷六)

元代有"头里"的用法,表示先前。例如:

(17) 头里未曾闹时,还是午时。方才闹了,他可早交酉时了。(吴昌龄《张天师断风花雪月》第二折)

"头里"在清代表示在一定的时间范围之内,相当于"里"。例如:

(18) 这山上俩月头里出了一个山猫儿,几天儿的工夫伤了两三个人了。(《儿女英雄传》第五回)

"头"可放在数量结构前,如清代出现"头几年""头一晚"这样的表达形式。例句如下:

(19) 直到第二日要发童生案,头一晚才想起来。(《儒林外史》第七回)

"头年""头天"出现较晚,例如:

(20) 我自头年里进的晁家门来,头顶的就是这天,脚踏的就是这地,守着的就是这个汉子!(《醒世姻缘传》第三回)

2.2 末、杪、梢、尾[1]

2.2.1 表示事物的部位、空间方所

2.2.1.1 末

《说文解字·木部》云"木上曰末","末"是树梢,后也指其他植物的梢端。例如:

---

[1] "标"指树木最高枝条的顶端,但"标"未见方所义或时间义,故不讨论。

(21) 夫风生于地,起于青𬞟之末。(宋玉《风赋》)

后来词义发生扩展,"末"出现在其他名词后,表示事物的端、尾。例如:

(22) 泉源安首流,川末澄远波。(鲍照《还都至三山望石头城》)

事物的端、尾实际上处于边缘,"末"又进一步泛化表示边际。例如:

(23) 左瞰旸谷,右睨玄圃。眇天末以远期,规万世而大摹。(张衡《东京赋》)

"末"又指下部、下面,例如:

(24) 御绝顶之长风,眇天地于目末。(郝经《泰山赋》)

2.2.1.2 杪、梢

杪,《一切经音义》云"树锋曰杪",司马相如《上林赋》云"夭蟜枝格,偃蹇杪颠"。

"梢"亦作"稍",王凤阳(2011:84)认为"梢"其实就是"杪",二者的差异只是方言音变。如庾信《枯树赋》云:"森梢百顷,槎枿千年。"

"梢"指事物的尾部、末端,后来词义发生扩展,也可指其他长形物体的前端。例如:

(25) 平肝脉来,软弱招招,如揭长竿末梢,曰肝平,春以胃气为本。(《黄帝内经·素问·平人气象论篇》)

2.2.1.3 尾

"尾"指动物躯干末端突出的部分,如《周易·履》云:"履虎尾,不咥人。亨。"后来词义发生扩展,"尾"指物体的末端、末梢。例如:

(26) 乃令工人作为金斗,长其尾,令可以击人。(《史记·张仪列传》)

"尾"的词义又由末端进一步泛化为边、边缘,例如:

(27) 遂率子孙荷担者三夫,叩石垦壤,箕畚运于渤海之尾。(《列子·汤问》)

2.2.2 表示时间

2.2.2.1 末

在时间概念中,"末"指终、最后。"时间名词+末"表示该时段的最后阶段,如"岁末""秋末""十月末"等。例句如下:

(28) 自岁末以来,太阳不照。(《后汉书·王允传》)

"季末"指末世,如桓宽《盐铁论·忧边》云:"周之季末,天子微弱,诸侯力政。"

"末+时间名词"表示某时段的末尾阶段,如"末世、末季、末代₁、末造"指一个朝代衰亡的时期,"末秋"指秋末,"末冬"指冬末,"末伏"

指终伏、三伏，"末岁"指岁末，[1]"末日"指最后一天。例如：

(29) 今将军受钱于暮春，收功于末冬。(《后汉书·皇甫嵩传》)

"末"的末端义，使得"末"表达相对后时的概念，如"末代₂"表示后世、后代，"末后"表示后来、最后。例句如下：

(30) 其褒贬杂居，固末代之讹体也。(《文心雕龙·颂赞》)
(31) 良久，出藏果，分与诸子。末后作一分，置此人前。(《搜神后记》卷九)

2.2.2.2　杪、梢

"杪"指某时段的结尾，如"岁杪、月杪、秋杪"。"杪秋"指秋尽之时。例句如下：

(32) 冢宰制国用，必于岁之杪。五谷皆入，然后制国用。(《礼记·王制》)
(33) 靓杪秋之遥夜兮，心缭悷而有哀。(宋玉《九辩》)

在宋代"梢"有表示一段时间的结尾的用例，如杨万里《月下果饮七首》(其三)云："一年遇暑一番愁，六月梢时七月头。"

2.2.2.3　尾

早在秦汉之际"尾"就表示终了、末了，例如：

---

[1]　"末年"指老年、晚年，或指一个君主在位的最后一段时期，或指一个朝代的最后一段时期。

（34）王若能为此尾，则三王不足四，五伯不足六。(《战国策·秦策五》)

唐代开始，"尾"跟在时间名词"年""月"后，表示一年或一月快结束的时间。如前文例（13）（14）中的"年头月尾""腊尾"。

2.3 脚、跟/根

2.3.1 表示人体/物体部位、空间方所

2.3.1.1 脚[1]

"脚"指人或动物的腿的下端，接触地面、支持身体和行走的部分，例如：

（35）羊起而触之，折其脚。(《墨子·明鬼下》)

后来词义扩大，"脚"指器具的支撑、东西的下端。例如：

（36）巴州城西古楼脚柏柱数百年，忽生花。(《南齐书·五行志》)

"脚"的词义后又进一步泛化，它指物体的底部或尾部。例如：

（37）床头屋漏无干处，雨脚如麻未断绝。（杜甫《茅屋为秋风所

---

[1] 汪维辉（2017：57—58）指出，东汉魏晋南北朝时期，"脚"泛指人体及动物的下肢的用法得到空前的发展，"脚"取代了相应的文言词"足"；"脚"进一步发展为专指脚掌是唐以后的事，但并不是所有的方言都已完成这一转变。虽然"足"在汉语史上有表示空间方所的用法，但是在汉语史上及现代汉语方言中均未见其表示时间概念，故我们只讨论"脚""跟/根"。

破歌》）

又如，"山脚"指山接近平地的部分，"云脚"指远处暗云垂下的雨幕。

"脚下"本指脚底下，后又指物体接近地面的部分。例如：

（38）草茫茫，土苍苍，苍苍茫茫在何处，骊山脚下秦皇墓。（白居易《草茫茫》）

2.3.1.2 跟/根

"跟"，《说文解字·足部》云"足踵也"，指脚的后部。例如：

（39）头痒搔跟，无益于疾。（《易林·寒》"革"条）

"跟"又指物体的底部或后部，例如：

（40）为我作一量鞋，鞋跟向前，鞋头向后，若寻迹者，无人知我去处。（义净译《根本说一切有部毗奈耶破僧事》卷十九）

南宋时期出现"跟前"的用法，它表示面前、身边、近旁。例如：

（41）后面两个赶到跟前，见了小娘子与那后生，不容分说，一家扯了一个。（《错斩崔宁》）

"根"原指植物生长于土中或水中吸收营养的部分，后来指物体的下部、基部。例如：

（42）山根东有涌泉成溪，即丹水所发也。(《水经注·夷水》)

下部、基部往往与边缘有关，故"根"又指物体的前边、边沿。例如：

（43）西园高树后庭根，处处寻芳有折痕。[薛能《柳枝词五首》（其四）]

"根前"表示身边、附近，例如：

（44）少年做事，大抵多失心麓。手撩衣袂，大踏步走至根前。(《董解元西厢记》卷一)

2.3.2　表示时间

"脚下"指现在、马上，例如：

（45）子瞻若能脚下承当，把一二十年富贵功名，贱如泥土，努力向前，珍重！珍重！(钱惟《钱氏私志》)

2.4　心、口、背

"心"本指心脏，《说文解字·心部》云"心，人心"，后引申指事物的中心、中央。例如：

（46）菜不食心，以其有生意，唯食老叶而已。(《南史·孝义列传》)

"口"本指人或动物用来发声和进饮食的器官,后来引申指物体内外相通的地方或出入的通道。例如:

(47) 必令明习橐事者,勿令离灶口。(《墨子·备穴》)

"背",《说文解字·肉部》云"脊也",本指脊背。例如:

(48) 其生色也睟然,见于面,盎于背,施于四体。(《孟子·尽心上》)

脊背在人体的背面,"背"因此具有"后面"或"反面"的意义。《广雅·释诂四》云:"背,后也。"又如:

(49) 别敕段晖率兖州之军,缘山东下。腹背击之。(《晋书·慕容超载记》)

"背后"本指身体的后面,例如:

(50) 公怒曰:"贼在背后,乃白!"(《三国志·魏书·武帝纪》)

它后来指事物的后面,例如:

(51) 在土街背后居住。(《杀狗劝夫》楔子)

由于历史语言材料的局限性,我们没能找到"心""口""背"表达时间的用例,但是它们在现代汉语方言中有不少表示时间的用例。

第3节　现代汉语方言中人体/物体部位词语的空—时表达现象[1]

现代汉语方言中的一些人体/物体部位词语，兼有表示空间方所和时间的功能。

3.1　头[2]

3.1.1　表示人体/物体部位、空间方所

"头"在现代汉语方言中除表示人或动物的头部外，还可表示空间方所，如下所示。

Ⅰ.表示里、里面。如：锅头有了，碗头也就有了（四川成都）。

Ⅱ.表示某物的附近，相当于"前、边"。如：胸口头（上海），耳朵头、坟头（浙江苍南金乡）。

Ⅲ.表示某物的表面，相当于"上"。如：边厢头、马桶头（浙江苍南金乡）。

3.1.2　表示时间

现代汉语方言中"头"表示时间有"头×"和"×头"两种形式。

---

[1] 方言资料主要来自《汉语方言大词典》《现代汉语方言大词典》等各类方言论著，各方言点的名称依据原材料，不加改动。例如，"浙江嵊县"不改为"浙江嵊州"。

[2] "首"在现代汉语方言中未见独立表示空间方所的用法，只是作为后缀，表示一定的方位或时间。这可能是因为"头"很早就取代了"首"。例如：前首前头、内首内部（云南昆明）；顶首上位、过首过后、后首后头、后来、尾首末了（福建厦门）。

3.1.2.1 头×

Ⅰ. 表示一个时间段中顺序在前的。如表示上午：头晌（山东烟台、辽宁丹东、江苏连云港）、头晌午（北京通县，河北沧州、景县，山东利津、济南、平邑、梁山）、头晌火（河北保定、昌黎）、头午（黑龙江林口，山东济南、牟平、诸城、济宁、菏泽）、头晌儿（黑龙江哈尔滨，吉林长春、通化，山东寿光、桓台、潍坊、牟平、烟台、临朐、平度、荣成、安丘、蓬莱、费县）。

与此类似的词语还包括以下这些：头半月儿（上半月。山东牟平）、头半年（上半年。山东济南、牟平）、头半夜儿（上半夜。山东牟平）、头九（冬至后的第一个"九天"。山西忻州）、头十工（上旬。福建建瓯）、头十天（上旬。河北承德、沧州、邯郸，新疆吐鲁番、乌鲁木齐，江苏南京，湖北武汉，云南昭通）、头十日（上旬。广东梅县）、头初十（上旬。河北承德）、头伏（初伏。山西忻州）。

Ⅱ. 表示说话时间之前的某个时间。"头天、头日"指说话时的前一天，"头年"指说话时的前一年，"头个月"指说话时的前一个月。如：尔头日来，我第两日去（浙江金华岩下）。

与此类似的词语还包括以下这些：头朝（上一天。安徽绩溪）、头日哺（前一天。福建连城庙前）、头日暗（前天或大前天晚上。福建漳平）、头一工（上一天，第一天。江西萍乡、于都）、头一天（前一天。江苏扬州）、头一日（上一天。江西萍乡、广东梅县）、头些日子儿（前些日子。山东牟平）、头两天（前几天。江苏南京）、头几年（往年。河北承德、唐山、衡水、沧州、邯郸，山东济宁，江苏南京，黑龙江黑河）、头一年（上一年。河南民权，江西于都）、头一个月（前边的一个月。湖北武汉，江西临川、高安老屋周家）、头个月（上月。四川自贡、仁寿，福建永定下洋）、头月（前个月。福建漳平）、头番（前一阵子。浙江苍南金乡）、头墟（前一个集市日。福建漳平）、头年个（去年。河北唐山、沧州、衡水）、头年子（去年。安徽怀远、四川自贡）、头年来（去年。河北井陉）、头年里（去年。河北保定、沧州、衡水、邯郸，山东淄博）、头些年（往年。河北沧州）、头世（前生。江西南昌）。

Ⅲ. 表示刚才、以前，如"头下、头前、头来、头成、头先"等。例句如下：

(52) 电风扇头下刚才还转动的,才个下这会儿不动了。(浙江苍南金乡)

(53) 你头来早先怎么说的,为啥又变了!(江苏徐州)

(54) 他头成起先;刚才吃的鱼,后首吃呃点菜汤。(江苏东台)

"头前"的使用范围广泛,在晋语、湘语、赣语、闽语、吴语中都有分布。"头先"的使用范围也很广泛,在黑龙江哈尔滨,河南商丘、沈丘,广西柳州,安徽绩溪,上海,浙江温州、平阳,广东梅县、惠州、广州、信宜、增城、江门白沙、开平、宝安、阳江,福建永定下洋、厦门、东山、福州等地的方言中都有分布。

与此类似的词语还包括以下这些:头前儿(黑龙江哈尔滨)、头里(山西临汾、江苏南京、上海)、头里个(山西曲沃、襄汾)、头儿(河北石家庄,山东青岛、牟平,山西忻州、浙江温州、余姚)、头仔(福建永春)、头初(广东增城)、头冒(浙江杭州、绍兴)、头起(福建厦门、仙游,浙江黄岩)、头翘(浙江宁波)、头嘞(山西灵石)、头儿啦(辽宁沈阳)、头毛子(浙江宁波)、头刚儿(黑龙江哈尔滨)、头先早(福建福州)、头挂仔(福建厦门)、头前仔(福建南部)、头前先(福建厦门)、头起头(上海、江苏江阴、浙江宁波)、头起家(浙江宁波)、头滑时(浙江嵊县)、头歇冒(浙江绍兴)、头慢兴(浙江嵊县崇仁)、头下码儿(山东长岛)、头初里(上海)。

Ⅳ. 进一步虚化为一种表时标志,用在动词前或句首,表示"在……以前,之前"。例如:

(55) 头下雨,先闷热。(辽宁丹东、山东牟平)

河北昌黎、石家庄,陕西宝鸡,河南洛阳等地的方言中都有类似用法。

3.1.2.2 ×头

"×头"表示一个具有跨度的时点的开始部分。"年/月"加"头"表示年初、月初,如:年头浪要出去白相相玩玩(上海)。又如:年头头(湖南沅陵)、年头里(山西临汾、河南商丘、江苏丹阳)、年头景(江苏南京)、月头(宁夏银川,上海,江西新余,福建建宁、崇安、光泽)、月头里(河南洛阳、孟津,新疆吐鲁番、乌鲁木齐)、月头浪(上海,江苏苏州、溧阳、丹阳、吴江,浙江湖州双林、嘉兴)。

具体的时点加上"头",表示这个时点开始的部分。如:正月头(浙江丽水、广东潮阳)、正月正头(浙江温州、福建福州)、新年头(广东广州)、新年头里(江苏丹阳)、新年头头(江苏扬州)、春头子(黑龙江林口)、春头1(初春。福建莆田、仙游、厦门、广东潮阳、海康)、秋头子(黑龙江哈尔滨)、冬头(福建厦门)、晚头(傍晚。江苏海门、启东)、暝头(上半夜。福建福州、厦门)。

"初头"中,"初"本身已有开始的意思,"头"的意义虚化了。如:初头(月初或年初。天津,河北沧州、张家口,山东枣庄,山西离石,江苏邳县、南通,上海,浙江宁波、金华,福建福州、建瓯、光泽,湖南娄底)、初头哩(月初。江苏丹阳)、初头上(江苏淮阴、江阴、如皋、苏州、常州、海门,浙江杭州,上海、上海崇明)、初头子(山东荣成、湖南长沙、江西南昌)、初头号(山西临县)。

下面两类"头"的词义已经泛化,接近于词缀。

Ⅰ."头"相当于"里"。如:夜头＝夜里头/夜里向(江苏丹阳、扬州,浙江金华)。试比较:春头2(春天。湖北武汉、福建漳平、江苏丹阳)—春里(春天。山东寿光、淄博、桓台,河北石家庄、衡水、沧州,陕西西安,山西万荣,上海崇明,福建厦门)—春间(春天。江西玉山);秋头(秋天。河北沧州、邯郸)—秋里(秋天。河北石家庄、沧州、衡水、阳原、张家口、邯郸,山东平邑,山西汾西、万荣,陕西西安,甘肃兰州,上海崇明,浙江温州);夜头(晚上。江苏南京、扬州,云南玉溪、昭通,上海、上海崇明,江苏苏州、丹阳、南通、江阴、昆山、宜兴、金坛,浙江绍兴、诸暨,湖南吉首,江西高安老屋周家,福建建宁、清流,广东海康,海南海口)—夜里(黑龙江哈尔滨,山东济南,广西柳州、南宁平话,浙江温州、金华,江西南昌);晚晨头(晚上。广东惠州)—晚晨间(晚上。贵州赫章)。

Ⅱ."头"相当于"上"。试比较:早头(早晨。海南海口,广东雷州、潮阳、海康,福建建瓯、福州、福清)—早上(江苏扬州、南京,江西南昌);晚头(夜间。江苏溧水、南通,浙江宁波、仙居、黄岩,广东东莞、宝安沙井)—晚上(黑龙江哈尔滨,江苏扬州、南京,湖北武汉,山东济南,四川成都,贵州贵阳,新疆乌鲁木齐,浙江杭州);暗头(夜里。安徽泾县,福建明溪、厦门、邵武、将乐、龙岩,海南海口,广东潮阳)—暗上(海南琼山)。

以上各组词语意义相同，中心语素相同，但选用了不同的方所成分。

3.2 心

"心"在现代汉语方言中除指心脏外，还指物体的中心、中央部分。如江西彭泽方言中的"树心"指树干的中心。在时间表达中，"×＋心/心里"表示某一时间段的中心时间。如：夜心_{半夜三更还在外面跑}（江苏连云港）。又如：夜心里（半夜里。江苏高邮、南通、海门、启东）、大伏心里（中伏期间，夏天最热的一段时间。江苏丹阳）、腊月心（极冷的四九天。江苏扬州）、日中心（中午。上海、浙江金华）、中昼心里（中午。江苏苏州）、昼心头（正午。江苏江阴）、晏昼心（中午十二点。广东广州）、晌心（中午十二点左右。江苏连云港）、晚心（晚上。云南玉溪）、黑心（晚上。天津）。

3.3 口

3.3.1 表示人体/物体部位、空间方所

"口"在现代汉语方言中除本义用法外，还引申指物体内外相通的地方、出入的通道。如：他家住在街口口上（云南昆明）。

在某些方言中，"口"相当于"边、面"。如：外口_{外面}、内口_{里面}、口外_{外边}（福建厦门）。

在某些方言中，"口"指器物靠近外边的部分、外边。如：（坛子）口边_{外边}（湖南平江），口头儿_{出口处}（浙江温州、金华岩下）。

"口头"表示外边的空间位置。如：你到口头望望人来没来（江苏盐城）。东西就勒拉抽斗口头（上海）。又如：茶杯口头、酒瓶口头、巷口头（浙江杭州、苍南金乡）。

3.3.2 表示时间

在时间域内，现代汉语方言中的"口"指事情发生或进行的时候。如：当口（儿/上）（事情发生或进行的时候。安徽绩溪，江苏丹阳、扬州，上海）、忙口（大

忙季节。甘肃西和、礼县）、**麦口**（割麦季节。山东平邑、郯城、枣庄）、**麦口儿**（麦子将熟未熟或正在收割的时候。山东牟平、江苏徐州、河南洛阳）、**饭口**（吃饭的时间。天津）。

3.4 背

3.4.1 表示人体/物体部位、空间方所

"背/后背"在现代汉语方言中普遍指人体的背部区域，又可指物体后方区域，如：**刀背儿**（河南洛阳）、**门背**（广东梅县）、**屋背**（江西黎川、广东梅县）、**山背**（广东梅县、浙江温州）。

一些方言中由"背"参与构成的复合词可以用作方所标记，如：**后背**（后面。湖南安仁）、**背哩**（后面。福建长汀）、**背底**（后面、后边。广东信宜、阳江，湖南宁远）、**背边**（左边。福建建宁、光泽、三明）。

3.4.2 表示时间

在时间域内，"背"构成的词语表示后来、以后。例如：

（56）原先说得好好的，<u>后背</u>变卦了。（陕西北部。湖南长沙、娄底、安仁以及浙江宁波也有这样的用法）

（57）我本想告诉你，<u>背后</u>又忘记哒。（湖南长沙。山西岚县，福建浦城、泰宁、邵武以及江西瑞金也有这样的用法）

又如：**后背仔**（江西萍乡）、**打背**（福建邵武）、**落背**（江西宜春、新余）、**背哩**（福建长汀）。

3.5 脚

3.5.1 表示人体/物体部位、空间方所

"脚"在现代汉语方言中除指人或动物的腿的下端部位外，还引申指

器具的支撑，又可指物体的底部或下端。如湖南衡山方言中的"车脚酣"，"脚酣"表示下面、低处；上海方言中的"屋脚边、灶头脚边、台子脚跟、墙脚跟"，"脚边""脚跟"表示旁边。

3.5.2　表示时间

现代汉语方言中的"脚、脚下、脚边、脚跟"指临近某个特定时点的一段时间。如：夜饭脚跟（傍晚。浙江嵊县太平）、冬至脚下（临近冬至的时候。上海）、年脚（年底。上海）、年脚下（新疆乌鲁木齐、安徽绩溪）、年脚边（江苏苏州、浙江杭州）、年夜脚边/年夜脚跟（年底近除夕时。上海）。

如果以说话时间为参照点，那么"脚"可以表示目前、现在。如：脚底下（山东郯城、枣庄、四川西昌）、脚下（北京）。例句如下：

（58）脚下还没有那么多钱，等过俩月把经费筹集够喽，再开始吧。（东北、北京）

3.6　跟/根

3.6.1　表示人体/物体部位、空间方所

现代汉语方言中"跟"常表示脚或鞋袜的后部，如"脚后跟、鞋跟儿"。"跟近"表示某处或某物的近旁，或身体的近旁，如：俺家就住户部山跟近（江苏徐州）。

"根"除指植物长在土里或水中吸收营养的部分外，还指物体的底部或下部，如：耳朵根子（山东牟平）、舌头根子（山东济南）、墙根（广西南宁平话、江苏扬州）、城根（新疆乌鲁木齐）。

"根"又有"边"的意思，或表示大致的方位。如：床根、家根、田根（安徽绩溪）。

3.6.2 表示时间

现代汉语方言中的"根（跟）/跟前/跟头/跟近"指临近某一特定时刻的一段时间。如：年跟儿/年跟近（阴历年底。江苏徐州）、年跟前/年根根子上（新疆乌鲁木齐）、年跟头（过年的前后时间。江苏丹阳）、年根儿下（一年的最后几天。山西万荣、黑龙江哈尔滨）、年根儿个儿（河南洛阳）、上昼根/昼根头哩（中午前后。江苏丹阳）、下昼夜根（傍晚。安徽绩溪）、昼饭根（午饭前后。安徽绩溪）、夜根（傍晚前后的一段时间。安徽绩溪）、半夜根（半夜时分。安徽绩溪）。例句如下：

(59) 春节<u>跟近</u>咱到北京去。（江苏徐州）

3.7 尾、杪、梢[1]

3.7.1 表示人体/物体部位、空间方所

现代汉语方言中的"尾"除指动物的尾巴外，还指某些物体的后部，如：衫尾（广东梅县）、床头床尾（广西南宁平话）。"尾"又可指梢头、终端，如：树尾、竹尾、屋尾、蔗尾（广东广州）、手指尾指尖（福建福州）。

"杪"除其本义用法如"树杪"（湖北武汉、江西彭泽）外，又指条状物较细一头的顶端，如：笤帚杪、鞭子杪、头发杪（湖北武汉），个管针断了杪（江西南昌）。

"梢"在现代汉语方言中既可指树枝或条状物较细的一端，如：车梢车把（江西萍乡、宜春）、秤梢、头毛梢浪头发末端（上海崇明），又可指镇市的顶端，如：南市梢（上海崇明）。

---

[1] 在现代汉语方言中"末"表示物体部位及空间方所的用法较为罕见，其常见时间义为"最后"，因此我们不予讨论。

3.7.2 表示时间

现代汉语方言中的"杪、梢"表示时间的情况比较罕见。"尾+×"指顺序靠后的,以后、后来。如:尾十工(下旬。福建建瓯)、尾日(某一时期的最后一天。福建福州)、尾阵(最后。福建南安诗山)、尾面(在过去某一时间之后的时间。福建厦门)、尾首/尾手(后来。福建厦门、永泰)、尾滚(后来。福建永春)、尾尾子(最后。福建建阳)、尾后(后来。四川成都,福建厦门、漳平永福、福鼎、福州,广东广州)。

"时间性词语+尾"指一个有跨度的时间里快要结束的阶段,如:初里尾(每月上旬的后几天。广东雷州)、二里尾(月底。广东雷州)、月尾(月底。江苏南京,广西柳州、南宁平话,贵州贵阳,江西黎川,安徽绩溪,广东梅县、东莞、雷州,福建建瓯、福州、厦门,海南海口)、月尾十天(下旬。广西柳州)、月尾尾子(月末。宁夏银川)、年尾(年底。江苏扬州、南京,广西柳州、南宁平话,湖北武汉,湖南长沙、娄底,江西南昌、萍乡、黎川,广东梅县、东莞、雷州,福建福州、厦门、建瓯,海南海口)、年尾巴(年尾。湖南沅陵)、年尾尾(年底。四川仪陇)、春尾天(青黄不接的时候。福建永春)、夏尾天(夏末。广东潮阳)、秋尾(晚秋。福建崇安、厦门,广东潮阳)、暝尾(下半夜、将近天亮的时辰。福建福州、厦门、福清)、世尾(末后。福建厦门)、朝代尾(一个世纪或一个朝代的最后一段时期。福建厦门)。

表示后来、最后的词语还包括以下这些:收尾(广东广州、东莞)、楼尾(广东广州)、后尾(广东广州、雷州,福建福州、建瓯、仙游、莆田、福清,广西柳州、南宁平话)、临尾(河南郑州)、杀尾(海南琼山)、落尾(江西赣州蟠龙、瑞金、上犹社溪,福建厦门)、遘尾(福建福安、寿宁)、遘中尾/遘终尾(福建长乐)。

第4节 汉语人体/物体部位词语的空—时语义演变路径

综上所述,我们认为汉语史上及现代汉语方言中部分表示人体/物体部位的词语有着共同的语义演变路径,即"人体/物体部位＞方位概念＞时间概念"。

首先，从历史语言材料看，这些词语都是先有表示人体/物体部位的用法，然后词义发生扩展，可以表示空间位置，再出现表示时间概念的用法。空间方所概念与时间概念之间大体存在平行对应关系。

我们以"头"为例来看看这一语义发展的过程。阶段一，"头"表示部位、空间概念。"头"在先秦时多指人或动物的头部；"×头"结构在汉代表示某物体最前面或最上面的部分，进而表示物象的一端；东汉时"头"出现在方位词后面，相当于"边、面"；"头前"本指头部的前面；在元代"头里"表示"前面"。阶段二，"头"表示时间概念。东汉开始，"头"在"×头"结构中表示开始、顺序在前；宋元之后多有"头"出现在时间词语后面的用例；元代出现"头×"表示时间的结构（如"头前"），意为以前、先前；明清时期出现"头几年、头天"等词语，它们表示说话时间之前的时间。"头"的空间义、时间义不仅在出现的年代上大体前后相承，而且存在明显的对应关系。

当然，不同的人体/物体部位词语在语义演变上是不均衡的。多数词语经历了"部位名称＞空间方所概念＞时间概念"的空—时语义演变，有的词语则止步于空间方所概念（如"足"）。这可能是因为有些词语还没来得及进一步发展就被其他同义词代替，从而失去了经历从空间到时间的演变的机会。

其次，这些人体/物体部位词语在现代汉语方言中表示空间概念、时间概念的用法也大体具有平行对应性。如"头"在现代汉语方言中除表示人或动物的头部外，还具有以下空间方所义：①里、里面；②表示某物的附近，相当于"边、前"；③表示某物的表面，相当于"上"。在表示时间概念方面，"头"具有以下用法：①表示一个时间段的几个部分中顺序在前的，或一个时点的开始部分；②表示在说话时间之前的时间，或表示刚才、以前；③出现在动词前或句首，表示"在……以前，之前"；④表示在一定范围内，相当于"里"；⑤泛化，相当于"上"。

在现代汉语方言中"头"的各种用法属于共时的语言现象，我们无法清楚地看到词义的演化过程。但若将现代汉语方言与汉语史相结合，我们就能清晰地勾勒出这些词语从表示人体/物体部位到表示空间方所再到表示时间的语义发展脉络。对比"头"的各种用法，我们能清楚地看到它们在汉语史上和现代汉语方言中、在空间域和时间域内的用法大致是对应的。

"人体/物体部位＞方位概念＞时间概念"的语义演变的机制是什么？人体/物体部位词语为什么能表示多种空间方所义？Croft（1993）利用域凸显来阐释概念转喻；Goossens（1990）指出隐喻和转喻是相互联系融合的；Panther（2006）认为概念隐喻具有象似关系（iconic relation），而概念转喻具有指示关系（indexical relation），是一种意义的扩展（李福印，2008：147、152）。由此看来，在人体/物体部位词语从表示具体部位到表示其他物体的相对部位，乃至表示抽象的空间方所的语义演变过程中，隐喻和转喻同时在起作用。在空间域内部这些词语的表义功能的扩展，则是由转喻引起的。从空间域到时间域的语义变化的演变机制是概念隐喻。

以部位词"头"为例，"头"由表示人或动物的头部扩展到表示非生命体的顶端、前面，既有隐喻的因素，也是转喻的结果。"头"位于人体的上端、前面，而上端、前面实际上是事物的边沿，同时还具有范围特征。"头"隐含的边沿、范围的内涵被人们认识后在一定的条件下会为人们所凸显。因此，在认知心理上"头"与"边""上""里"有共通之处，能够扩展出与之相似的用法，这其实也是转喻的结果。由于汉语方所词语逐渐发展成熟，需要在名词性词语后面添加方位成分以构成方所范畴，[1]于是"头"和"边""上""里"一样成为候选成员，都能表达相应的空间方所关系。

以空间概念建构时间概念是人类认知的共性。"头"在空间域和时间域内的用法大致具有平行性，这体现了空—时隐喻。有学者（李福印，

---

[1] 储泽祥（2006：220）指出，从西汉开始，汉语处所词逐渐发展，方位词使"N+方"的范畴方所化。在方位短语里，方位词造就了一个实体空间，并把它的具体维向表现出来。

2008：137）认为，概念隐喻理论缺乏对两个概念域映射的历时研究，难以回答跨域映射先在概念层产生还是先在语言表达层产生这一问题。从汉语史上人体/物体部位词语的空—时语义的发展情况看，显然是先有对空间关系的认识，然后才有对与此相似的时间关系的认识。因此，我们认为，跨域映射先在概念层产生，但空—时映射的具体内容是随着人们的认识发展而不断发展的。跨域映射在概念层产生之后随即在语言表达层体现，而随着人们对空间和时间性质的认识的不断深入，其表达形式也处在不断的发展演变之中。

第5节 人体/物体部位词语语义演变的跨语言考察

其实这种"人体部位＞空间关系＞时间关系"的语义演变现象并非汉语特有。Heine and Kuteva（2012：57—59）指出，某些身体部位名词由于蕴含相对位置义，建立起了表达直指方所的结构平台。从人体部位到空间关系这一语法化路径，是许多语言中都曾存在的现象。例如，在许多语言中，"脚""头""心""背"就经历了这一语法化过程。下面罗列部分语言中的例子（Heine and Kuteva，2012：189、227、231—232）。

西拉卡约班语 sàʔà："脚"＞"……的底部"。基西语 bèngú："脚、腿，名词＞"在……下面"，后置词。Bowden（1992：36）发现10种大洋洲语言中的名词"脚"或"腿"有向方所格标记"（向）下"（DOWN）演变的倾向。

马塞语 ɛn-dukúya："头"，名词＞dukúya："在前面、在前头"，副词。阿兰布拉克语 mɛ̀fha："头"＞"前面"，用于舟船类名词的位置词。Heine（1997：126）调查了46种非洲语言中名词"头"向空间语法语素演化的情况，其中6种语言中的名词"头"演变为空间标记"前面"（FRONT）。

阿兹特克语 yōllòtli："心">"中心""在……内"。阿卡底亚语 libbu(m)："心">"内部"。Bowden（1992：36）发现6种大洋洲语言中的名词"心"有演变为"在……内"（IN）标记的倾向。

许多语言中的人体部位词"背"语法化为空间方所词，有的还进一步虚化表示时间关系。例如（Heine and Kuteva，2012：56—61）：

泰语 lǎŋ："背"，名词>lǎŋ-càag："在……之后"，状语从属连词。冰岛语 bak："背"，身体部位词>(að) bak(i)："在……后面""在……之后"。哈利亚语 muri："背">后方区域。佐齐尔语 pat(il)："背""树皮""壳">"在……外面""在……后面"，方所标记。殖民地基切语 ih："背"，身体部位名词>-ih："在……后面"，方所标记。阿兰达语 ingkerne："背"，名词>附置词，"在……后面"。此外，莫雷语、克培列语、科诺语、班巴拉语、巴卡语、威尔士语、伊蒙达语、吉米拉语等语言中都有这样的用法。

基库尤语 thutha："背""在……后面""尾部">"后来"。埃及语 r-sɜ："朝……的背部">"在……之后"，时间从属连词。埃维语 megbé："背"；é-megbé："他的/它的背">émegbé："然后""从此以后"，副词，连词。莫雷语 pōré："背""反面">"然后""从那以后"。

综上所述，"人体/物体部位名词>空间方所词"的演变显然是许多语言共有的现象，具有普遍性。吴福祥（2007：494）指出："方所词语特别是源自身体部位的方所词语，其形态句法和语义的演变通常是沿着一种可预测的路径进行的，因而呈现跨语言的共性倾向。"Svorou（1993：90）将此语义演变连续统概括如下：

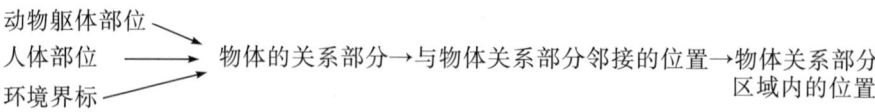

图1

"人体部位>空间方所词>时间概念词"的连续语义演变，从本质上说也具有一定的普遍性，但汉语拥有更多的具体表现（如"'尾、梢、杪、根'等物体部位＞空间概念＞时间概念"的连续演化在其他语言中比较少见）。汉语这种特殊现象产生的原因值得进一步探讨。

第6节 结语

本章主要对汉语人体/物体部位词语由表示空间概念到表示时间概念的空—时语义演变进行考察。历时与共时的考察表明"人体/物体部位＞方位概念＞时间概念"的语义演变的机制是概念隐喻。值得注意的是，汉语人体/物体部位词语除演变为表示方所或时间的成分外，往往还会进一步发生其他的语义演变，例如有的人体/物体部位词语还进一步演变为词缀。这些语义演变现象值得进一步研究。

第 5 章　概念范畴的动态识解及其历时演变
——以｛鸣叫｝的演变为例

第 1 节　引言

认知语言学坚信语义的语境动态性和语用灵活性,认为意义是一种超越词语层面的认知现象。语言使用导致语义变化,意义的动态变化可能在范畴结构中表现出来（Geeraerts,2013/2010：205）。Croft and Cruse（2004：16—21）提出对概念的动态研究视角,涉及概念范畴化的层次、动态的构建及其扩展性、意义的动态构建过程等问题。他们所区分的"凸现—框架"（profile-frame）,与 Langacker（1987：147—153）对"凸现—域"（profile-domain）的区分是相通的,也与 Fillmore（1985：222—254）对"框架"的定义相一致,即框架是一个概念体系,要理解一个概念,必须理解包含此概念的整个结构。语言单位的意义必须由"凸现"和"框架"共同决定,但交流双方可将注意力仅集中在整个框架的某一部分,不必给出整个框架的结构。本章从语义的动态识解视角,历时描写和分析｛鸣叫｝概念的"凸现—框架"变化,揭示汉语单音词所表征的概念在概念边界、概念域和概念层级等方面的历时变化。

"鸣叫"义动词所表征的｛动物的发音器官发出声音｝这一语义结构,

可称之为｛鸣叫｝概念域[1]。本章借鉴蒋绍愚（2007）的"概念要素分析法"[2]，从四个方面来描写、分析不同时期"鸣叫"义动词所表征的概念结构：发声主体、发声动作、发声响度和伴随情状。在描写概念结构时，只列举较为凸显、体现概念本质的若干属性（Cruse，2002：15），并用加黑的方式标示其中凸显度最高的属性。概念属性主要通过语料中的实际用例进行归纳，并结合故训材料及字典辞书的释义进行提取。

第2节 上古汉语｛鸣叫｝概念域的表征形式

上古汉语用来表征｛鸣叫｝概念域的单音词有鸣、啼、吠、雏、嗥、咆、虖、号、啸、吟。[3]｛鸣叫｝概念域可分为三个子概念域：①｛叫a｝，主体是猛兽之外的动物，侧重凸显［动作］这一核心属性，不强调［声响］［情状］等属性，用以表征｛叫a｝的词有鸣、啼、吠、雏；②｛叫b｝，主体仅为猛兽，凸显［动作］属性外，还强调［声响］［情状］等属性，用以表征｛叫b｝的词有嗥、咆、虖；③｛叫c｝，行为主体不区分猛兽与否，但历史来源与｛叫a｝｛叫b｝不同，是由〈人类喊叫〉域转入〈动物鸣叫〉域，［动作］及［情状］均为凸显属性，用以表征｛叫c｝的词有号、啸、吟。

2.1 ｛叫a｝：鸣、啼、吠、雏

《说文解字·鸟部》："鸣，鸟声也。"〈鸟叫〉是上古｛鸣叫｝中最典

---

[1] 蒋绍愚（2007：392）认为，某个概念的概念要素就是这个相应的词的词义要素，类似观点也见于Evans and Green（2006），本章采纳了这一观点。本章用"｛ ｝"表示概念域，用"〈 〉"表示概念，用"［ ］"表示概念属性，需特别交代的情况下，加双引号表示词形。
[2] 我们认为用概念属性更准确，故下文均用概念属性来表达。
[3] 王凤阳（2011：543）对"吠、嘶、吼、嗥、鸣、叫"这组词作了辨析。贾燕子（2018）讨论了"叫"的上位化，对｛叫｝概念域的历时演变有较详细的论述，本章多有参考。

型的概念，词化为"鸣₁"，其概念属性是从各类鸟的鸣叫动作中抽取出来的。在上古文献中，与"鸣₁"组合的名词多为"鸟"的下位名词，如鹳、鸿雁、脊令、鹤、鸧鹒、黄鸟、鴂、鹍、鸲、雄鸠、鹈鸪、枭鸮、鸳鸯、鸲鸽、鹖鸡、鸡、凤皇等，如《诗经·小雅·小宛》："题彼脊令，载飞载鸣。"又，《诗经·大雅·卷阿》："凤皇鸣矣，于彼高冈。"上古"鸣₁"所表征的概念结构可描述为（1）。

（1）［＋主体：鸟禽］［＋动作：发声］［±声响：高］＝〈鸣₁〉

上古"鸣"已发生上位化，少量"鸣"可表示兽类（均非猛兽，如马、牛、羊和鹿等），昆虫（如蜩、蝉、螳蛄、蟋蟀），以及虾蟆等鸣叫（记作"鸣₂"），如《诗经·小雅·鹿鸣》："呦呦鹿鸣，食野之苹。"又，《诗经·豳风·七月》："四月秀葽，五月鸣蜩。"类名（如鸟、鸟兽等）与"鸣₂"搭配的用例不多见。

"鸣₂"所表征的概念结构最为凸显的是［发声］，各类动物鸣叫时的声音特质、响度大小、伴随情状等属性是作为百科知识储存在人的认知系统中，在具体语境中可通过联想来激活。如果要强调声响大小，需要通过特定的形式来表达，如《诗经·小雅·鹤鸣》："鹤鸣于九皋，声闻于野。"此言鹤的鸣声之大。鸣叫的情状也可以运用拟声词、副词等词汇形式形象地描摹出来，如《诗经》中出现的"鸟鸣嘤嘤""雍雍鸣雁""萧萧马鸣""呦呦鹿鸣""哀鸣嗷嗷"等。上古"鸣₂"表征的概念结构可描述为（2）。

（2）［＋主体：鸟禽虫兽非猛兽］［＋动作：发声］［±声响：高］＝〈鸣₂〉[1]

---

[1] "＋"表示凸显某一概念属性，"－"表示不凸显某一概念属性，"±"表示某一概念属性的凸显度不高。

"啼"在先秦表示兽类（非猛兽）叫，用例极少。《左传·庄公八年》："豕人立而啼。"《韩非子·说林上》："孟孙猎得麑，使秦西巴持之归，其母随之而啼……"《尔雅·释兽》："猩猩，小而好啼。""啼"所表征的概念结构见（3）。

（3）［十主体：兽_{非猛兽}］［十动作：发声］［±声响：高］＝〈啼〉

"吠"专指犬（狗）叫[1]，用例不多。如《诗经·召南·野有死麕》："舒而脱脱兮，无感我帨兮，无使尨也吠。"《战国策·韩策三》："夫宵行者能无为奸，而不能令狗无吠己。"〈吠〉最核心的属性是［发声］，发声主体局限于［犬（狗）］。"吠"表征的概念结构见（4）。

（4）［十主体：犬（狗）］［十动作：发声］＝〈吠〉

"雊"，字或作"鸲""呴"，指雉（野鸡）鸣叫，用例少见。《尚书·高宗肜日》："高宗肜日，越有雊雉。"伪孔安国传："雊，鸣也。"《诗经·小雅·小弁》："雉之朝雊，尚求其雌。"郑玄笺："雊，雉鸣也。"马瑞辰传笺通释："雉鸣通得称雊，不别雌雄是也。"我们认同马氏的观点。〈雊〉的概念结构不凸显响度大小及伴随情状等属性，可描述为（5）。

（5）［十主体：雉（野鸡）］［十动作：发声］＝〈雊〉

---

[1] 王力（2004/1980）指出：上古人们用"鸣"来表示鸟的"叫"，用"雊"专指雉的叫，用"吠"专指犬的叫，用"虓"（也写作"哮"）专指老虎的叫。中古时期，又用"唳"专指鹤的叫，用"嘶"专指马的叫。我们理解的"专指"是指某一动物叫只能用某一特定的动词指称，这个动词不能用于指称其他动物叫。这种理解对于上古的"吠""虓"来说是正确的，但对于其他"鸣叫"义动词来说就不准确了，因为〈雉鸣叫〉在上古并非只用"雊"来表达，也可用"鷕"和"鸣"来表达，如《诗经·邶风·匏有苦叶》："有弥济盈，有鷕雉鸣。济盈不濡轨，雉鸣求其牡。"毛传："鷕，雌雉声也。"马瑞辰："鷕本雉声，不必定为雌雉声。"中古的"唳""嘶""吼"也非专指用法，详见下文。

2.2　{叫 b}：嗥、咆、虢

上古"嗥"用例不多见，指猛兽吼叫。《说文解字·口部》："嗥，咆也。"徐锴《系传》解："其声高大也。"可用于虎、豹、兕、熊、罴、豺狼等。《左传·襄公十四年》："赐我南鄙之田，狐狸所居，豺狼所嗥。""咆"也指猛兽吼叫，《说文解字·口部》："咆，嗥也。"始见于《楚辞·招隐士》："虎豹斗兮熊罴咆，禽兽骇兮亡其曹。"洪兴祖补注："咆，嗥也。"又《淮南子·览冥训》："虎豹袭穴而不敢咆，猿狖颠蹶而失木枝。"高诱注："咆，嗥。"

"嗥""咆"在《说文解字》中互训，训释词不用"鸣"，而"吠""雊"等的训释词都是"鸣"，这说明"嗥""咆"与"鸣""吠""雊"所表征的概念在上古人们的观念中应处于不同子域。"嗥""咆"是同义词，在其所表征的概念结构中，［主体］［动作］［声响］都是较为凸显的属性，可描述为（6）。

（6）［＋主体：猛兽］［＋动作：发声］［＋声响：高］＝〈嗥〉/〈咆〉

"虢"先秦仅 1 例，《诗经·大雅·常武》："进厥虎臣，阚如虢虎。"毛传："虎之自怒虢然。"《说文解字·虍部》："虢，虎鸣也。"可将"虢"的概念结构分析为（7）。

（7）［＋主体：虎］［＋动作：发声］［＋情状：发怒］＝〈虢〉

2.3　{叫 c}：号、啸、吟

"号""啸""吟"原本表示｛人类通过叫喊表达情感的发声｝（可称作

{叫喊}概念域），在西汉发展出表示动物鸣叫的用法。〈号〉〈啸〉〈吟〉由人类{叫喊}概念域进入动物{鸣叫}概念域，是由于这两个概念域在[发声][情状]属性方面具有共通性，是转喻机制将两个概念域连通了起来。

《尔雅》："号，呼也。""呼"即人大声呼叫。《诗经·魏风·硕鼠》："乐郊乐郊，谁之永号？"从战国后期起，"号"可表示动物引声长鸣，但用例非常少。宋玉《高唐赋》："越香掩掩，众雀嗷嗷，雌雄相失，哀鸣相号。"《楚辞·七谏·自悲》："鹍鹤孤而夜号兮，哀居者之诚贞。""号"所表征的概念结构可分析为（8）。

(8) [＋主体：禽兽（虫）][＋动作：发声][＋声响：高、持续时间长] =〈号〉[1]

"啸"最初指人撮口吹出声音，《说文解字·口部》："啸，吹声也。"《诗经·召南·江有汜》："不我过，不我过，其啸也歌。"郑玄笺："啸，蹙口而出声。"西汉时"啸"引申出兽类（多用于虎）长声鸣叫义。《楚辞·招隐士》："猿狖群啸兮虎豹嗥，攀援桂枝兮聊淹留。"又东方朔《七谏·谬谏》："虎啸而谷风至兮，龙举而景云往。""啸"所表征的概念结构可分析为（9）。

(9) [＋主体：兽][＋动作：发声][＋情状：蹙口] =〈啸〉

《说文解字·口部》："吟，呻也。"徐锴《系传》："吟，申气之声也。"段玉裁注："呻者吟之舒，吟者呻之急，浑言则不别也。""吟"本指拖长声音吟咏、诵读。《庄子·德充符》："今子外乎子之神，劳乎子之精，倚

---

[1] "号"有"声长"的特点，参王凤阳（2011: 757）"叫、号、呼、唤"条的辨析。

树而吟,据槁梧而瞑。"[1]西汉时"吟"有了鸣叫义,可指禽兽昆虫的鸣叫,如猿、鸡、蟋蟀、秋蜩等鸣叫,用例不多。如司马相如《长门赋》:"孔雀集而相存兮,玄猿啸而长吟。"《汉书·王褒传》:"蟋蟀俟秋吟,蜉蝣出以阴。"从概念结构来看,表征{叫 c}的动词都凸显[动作][声响]属性。"吟"所表征的概念结构可描述为(10)。

(10)[＋主体:禽兽昆虫][＋动作:发声][＋声响:持续时间长]＝〈吟〉

2.4 上古 {鸣叫} 域的概念层级

上古语料显示,"鸣"既可与上位词"鸟"组合,又可与"鸟"的下位词鸧鹒、黄鸟等组合,还可与"鸟"的同位词牛、羊、鹿、蜩等组合。"鸣"所表征的是同一个概念还是多个不同层级的概念?此类问题,以往的研究观点不一,有词义扩大、词义泛化、上位化、浑言—析言等说法。认知语言学认为范畴在分类等级上的上下移动是对范畴进行不同识解的结果,在不同的语境下对词语含义的识解可导致范畴边界的变化。边界所作的区分是明确的,但有时边界所放置的位置带有不确定性。因为一个概念的建立要受历史、实时心理活动、实时背景等因素的影响,概念框架可被实时建构。对范畴等级的确定依赖于对代表范畴成员的词项的不同识解,有些人眼中的基本范畴在另一些人看来是上位范畴。造成这种差异的原因是,同一概念在不同人的认知系统中的熟悉度(包括知识、记忆、联系)是不同的(Croft and Cruse,2004:97)。我们据此认为上古"鸣"表征了处于不同层级的两个概念:一是"鸣"的本义(记作〈鸣$_1$〉),指称各类鸟的鸣叫;二是表示鸟禽虫兽_{非猛兽}的鸣叫(记作〈鸣$_2$〉),这是个上位

---

[1] 王凤阳(2011:759)"呻、吟"条认为"吟"有"拖长声音"的特点。

义。当"鸣"与鸟禽类名词组合时,该语境激活的是〈鸣₁〉这一概念;当"鸣"与马、牛、鹿、蜩等组合时,激活的是〈鸣₂〉这一上位概念[1]。从〈鸣₁〉到〈鸣₂〉,概念层级发生了上位化[2],突出的表现是〈鸣₁〉〈鸣₂〉所关联的行为主体发生了变化,由鸟类扩大到各种鸟禽虫兽非猛兽,〈鸣₂〉概念结构中所涵括的鸣叫动作及伴随情状更为多样,概念的外延扩大了。上古没有形成表示动物鸣叫的上位概念,上古汉语的{鸣叫}概念层级图示如下:

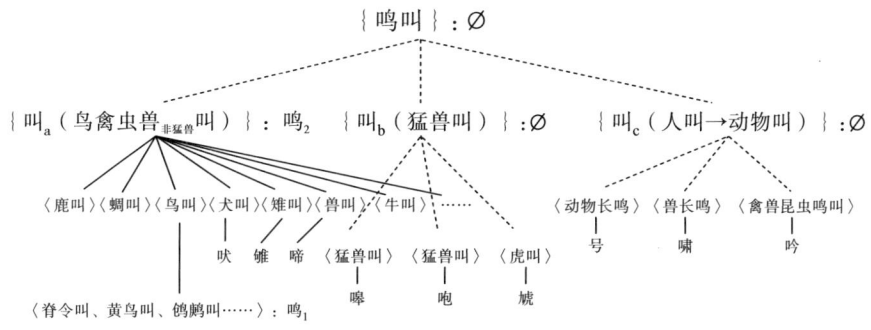

图 1 上古汉语{鸣叫}的概念层级[3]

"吠""雊"是两个特异化的词,所表征的〈犬叫〉〈雉叫〉应是上古汉语需要凸显的两个概念。至于为何〈犬叫〉〈雉叫〉要独立词化为"吠""雊",而〈鸡叫〉〈牛叫〉〈鹿叫〉等没有独立词化?目前尚不知晓。

---

[1] Croft and Cruse(2004:97)讨论了英语中的画眉鸟(thrush),它既处于基本范畴层次,又处于下位范畴层次。同一词形兼表上义、下义两个义位,在古今汉语中多见,对词义的理解要据语境来确定。

[2] 贾燕子(2018)把从概念域中的弱势下位词或同位词演化为强势上位词的过程称为上位化。

[3] 虚线表示该概念不存在;∅表示该概念没有词化,即没有用来表征这一个概念的词形。

第3节　中古汉语〔鸣叫〕概念域的表征形式及其变化

中古用来表征〔鸣叫〕概念域的词主要有四个方面的变化：第一，新词的产生；第二，旧词的衰退；第三，旧词用法的扩展；第四，上位词的衍生。这些变化都涉及概念子域的边界变化，区别性属性逐渐模糊，最终形成上位概念，衍生出上位词。

3.1　新词的产生

新词的产生是由于需要凸显某一概念节点，促使形成新的义元[1]。中古表征〔鸣叫〕的新词有唳、嘶、唤、叫、吼。

表征〔叫a〕的新词是"唳"和"嘶"。〈鹤鸣叫〉上古用"鸣"表示，《诗经·小雅·鹤鸣》："鹤鸣于九皋，声闻于天。"中古〈鹤鸣叫〉词化为新词"唳"，与"鸣"并用。首见于《论衡·变动》："夜及半而鹤唳，晨将旦而鸡鸣。"南北朝时期"唳"用例增多。《世说新语·尤悔》："欲闻华亭鹤唳，可复得乎！"鲍照《舞鹤赋》："唳清响于丹墀，舞飞容于金阁。""唳""鸣"不同之处有二：一是"唳"的动作主体仅限于鹤；二是"唳"比"鸣"更加凸显声响属性，这或许就是〈鹤鸣叫〉在中古独立词化为"唳"的原因。"唳"所表征的概念结构可描述为（11）。

（11）［＋主体：鹤］［＋动作：发声］［＋声响：清脆］＝〈唳〉

"嘶"本义为沙哑。《汉书·王莽传》："莽为人侈口蹷顄，露眼赤精，

---

[1] 蒋绍愚（2007：399）将处在某一个概念场的多维网络结构的某一个交会点上的、在某一个语言系统中可以有词汇表现的语义单位称为义元。

大声而嘶。"颜师古注："嘶，声破也。"三国以后，"嘶"可指动物鸣叫，〈声音沙哑〉的情状是其最为显著的特点，用于表示马鸣叫的用例最多。《玉台新咏·古诗为焦仲卿妻作》："其日马牛嘶，新妇入青庐。"吴兆宜注引《正字通·口部》："嘶，声长而杀也。凡马鸣、蝉鸣，声多嘶。"也用于鸿（雁）、蝉、蜩、蟋蟀、牛、龙等动物的鸣叫。南朝梁萧纲《夜望单飞雁》："天霜河白夜星稀，一雁声嘶何处归。"北周庾信《小园赋》："聚空仓而雀噪，惊懒妇而蝉嘶。""嘶"所表征的概念结构如（12）。

（12）[＋主体：马/其他动物][＋动作：发声][＋声响：长、沙哑][＋情状：凄切幽咽] ＝ 〈嘶〉

表征{叫 b}的新词有"吼"[1]。"吼"中古出现，指兽类大声叫，多指狮子、老虎、野牛、象等大型动物吼叫，如东汉竺大力共康孟详译《修行本起经》卷上《菩萨降身品》："花中自然生，师子王堕地，便行七步，举头而吼。""吼"的概念结构突出声响大的特点，《慧琳音义》卷十八"吼声"注引《考声》云："吼，鸣之声大者。"《小学钩沉·埤仓》："吼，大嚇怒也。""吼"所表征的概念结构可描述为（13）。

（13）[＋主体：狮子等大型动物][＋动作：发声][＋声响：高][＋情状：嚇怒] ＝ 〈吼〉

---

[1]《玉篇·口部》："吽，牛鸣也。"牛鸣亦作"吽""呴"，《广韵·厚韵》："吼，牛鸣。"作"吼"只是因为同音，所以本章不讨论"牛吼"（参见王凤阳，2011：543）。

表征〈叫c〉的新词有"唤""叫"[1]。"唤"大约西汉末期出现，较多见于东汉佛经。"唤"单用表示动物鸣叫的用例不多，可用来表示猿、猫、狸、雀、莺、凤、鸡等的鸣叫。如汉诗《鸡鸣歌》："东方欲明星烂烂，汝南晨鸡登坛唤。"魏诗《邺人金凤旧歌》："凤阳门南天一半，上有金凤相飞唤"。《列异传》："尝有一狸食，明日见狸唤于沙州之上，如见系缚。""唤"所表征的概念结构描述为（14）。

（14）［＋主体：动物猿、猫、狸、雀、莺、凤、鸡等］［＋动作：发声］［＋声响：高］＝〈唤〉

"叫"在东汉开始出现动物鸣叫的用法，如马融《长笛赋》："猿蜼昼吟，鼯鼠夜叫。"安世高译《道地经》："譬如牛为屠家所杀，余牛见死牛恐自及，跳场惊怖走入山树间叫。"南北朝时"叫"表动物鸣叫的用例增多，主要是禽类，如黄鸟、鹤、田鹄、候雁等，也有寒虫、秋虫等鸣叫的例子，如南朝梁王僧孺《从子永宁令谦诔》："秋虫相叫，暮羽来拚，宿草行没，宰树方攒。"中古"叫"还用来表示犹、狐、猿等的鸣叫，如南朝梁谢朓《游山诗》："崩壁带苔藓，鼯狖叫层嶰。"没有出现单用"叫"表示猛兽叫的用例，都是"叫"与其他"鸣叫"义动词连用才可与表猛兽的名词搭配，如《贤愚经》卷六："虎豹豺狼，禽兽之属，自投自掷，跳踉

---

[1] "呼"只在与其他鸣叫义动词连用的语境中才可以理解为鸣叫义，且用例不多。如二十卷本《搜神记》卷六："魏齐王嘉平初，白马河出妖马，夜过官牧边鸣呼，众马皆应。"《水经注》卷十四"大辽水"：《博物志》曰：魏武于马上逢狮子，使格之，杀伤甚众，王乃自率常从健儿数百人击之。狮子吼呼奋越，左右咸惊。""呼"是否可单用作动物鸣叫义，有几个用例存疑，如《贤愚经》卷三："尔时毒蛇见有一人顺道而过，蛇便呼之。人闻唤声，左右顾望，不见有人，但闻其声，复道而行。蛇复现形，唤言：'咄，人，可来近我。'"《水经注》卷二十九"沔水"："后二十年，子安死，山下有黄鹤栖其冢树，鸣常呼子安，故县取名焉。"这两例都采用了拟人化的手法，将蛇和黄鹤人格化，能像人一样呼叫，故用"呼"。若据此断定"呼"有鸣叫义的单用例，我们认为不太可靠。

鸣叫。""叫"所表征的概念结构可描述为（15）。

（15）［＋**主体**：鸟兽_非猛兽昆虫_］［＋**动作**：发声］［＋**声响**：高］＝〈叫〉

3.2 旧词的衰退

旧词的衰亡表现在两方面：一方面是该义元逐渐丧失交际功能，如中古"雊"仅出现在典故词语"雊雉升鼎"及类似表达中，表示有变异之兆。《论衡·异虚》："高宗祭成汤之庙，有蜚雉升鼎〔耳〕而雊。"[1] 语料中未出现"雊"用典之外的例句，说明"［主体：雉（野鸡）］＋［动作：发声］"作为一个义元几近消亡，"雊"在文献中的使用是由于典故的传承而保留下来的。另一方面可能是该概念节点有了新的词汇表征形式，导致原单音词的使用渐趋消亡，如"噑""咆"在中古几近语素化了，单用例极少，多出现在诗歌或对文格式中。如东汉蔡邕《广连珠》："臣闻目瞤耳鸣，近夫小戒也；狐鸣犬噑，家人小祅也。"曹丕《陌上桑》："虎豹噑动，鸡惊禽失，群鸣相索。"晋石崇《奴券》："山阴青规，鸟噑柘桑。""噑"用于犬、鸟，尤应注意，原本只用于猛兽高声鸣吼的"噑"，也可用于小型动物的高声鸣叫，说明〈噑〉的［声响：高大］这一属性逐渐磨蚀。不过，中古"［主体：猛兽］＋［动作：发声］＋［声响：高］"这一义元依然存在，有两种表达方式：一种是单音词"吼"，取代了上古的"噑""咆"；另一种是双音形式，如"鸣噑""咆哮""噑叫"等。

顺带说一下"吠"。至中古，"吠"的用法基本未变，依然是专用动词。"鸡鸣"与"狗吠"常连用或对举，语篇中更多用于描绘情境，或化用"吠"的典故。仅见一例"吠"单用于豺狼，且与其他动词并列使用，

---

[1] 值得注意的是，《论衡·指瑞》中出现了"高宗祭成汤之庙，有雉升鼎耳而鸣"的用例，"鸣"取代了"雊"。

即《后汉书·列女传》:"出门无人声,豺狼号且吠。"

3.3 旧词用法的扩展

中古一部分"鸣叫"义动词所表征的概念发生了变化,一是概念结构中的行为主体范围扩大;二是概念结构中区别性特征逐渐消隐,多个概念的结构特征逐渐同化。

中古"鸣"可用来指称各类动物的鸣叫,如布谷、大苍鹅、雄鸽、鹦鹉、枭、驴、羊、蜻蜓、蝼蛄、蝉、蚇虱等。最大变化在于"鸣"可用来指称大型动物(包括猛兽)的鸣叫,如野牛、驼、龙、象、师子、虎豹、麒麟等。如东汉支娄迦谶译《道行般若经》卷八:"欲得如师子独鸣者。"这说明〈鸣〉上古概念结构中的[非猛兽]这一限制性属性已基本消失。

中古"虩"的字形又作"哮",《慧琳音义》卷十四"虩吼"注:"哮,俗字也,正体作虩。"中古〈虎叫〉可用"啸"和"吼"来表达,取代了先秦传承下来的单音词"虩(哮)"。"虩(哮)"在中古语料中只出现在双音组合中,如哮吼、哮呷、哮阚等,不专表虎鸣,而是指野兽吼叫或声响大。

中古"啼"不限于指非猛兽的鸣叫,各种鸟兽昆虫的鸣叫都可用"啼"来表达,如虎、豹、杜鹃、莺、鹦、鸡、鸭、猩猩、猿、白马、寒蛩等。曹操《苦寒行》:"熊罴对我蹲,虎豹夹路啼。"左思《蜀都赋》:"白雉朝雊,猩猩夜啼。"《吴声歌曲·孟珠》:"杜鹃绕林啼,思从心下起。"南朝梁江洪《和新浦侯斋前竹诗》:"篚紫春莺思,筠绿寒蛩啼。"

魏晋起,"号"表"鸣叫"义的搭配范围扩大,以鸟类为主,也有兽类和昆虫,如悲鸿、鹈鹕、燕雀、鸡、豺狼、猿、蟋蟀、寒蝉等。《晋书·律历志》:"冰冻始泮,蛰虫始发,鸡始三号。"三国魏阮籍《首阳山赋》:"蟋蟀鸣乎东房兮,鹍鸠号乎西林,时将暮而无俦兮,虑凄怆而感心。"

东汉"吟"的变化在于可用来指白虎、猿、龙等大型动物的鸣叫,如蔡邕撰集《琴操·辟历引》:"玄鹤翔其前,白虎吟其后。"张衡《归田赋》:"尔乃龙吟方泽,虎啸山丘。"魏晋起,"吟"可搭配的动物名词更多,有鸧鹒、玄鸟、野鸟、鸱枭、鸳鸯、鸿、灵鹤、孤鹄、凤、蜻蛚、蟋蟀、螅蛄、秋蜩、蝉、寒蜩、草虫、寒虫、猿、龙、彭蚌、猛虎、胡马、鼯等。

3.4 中古｛鸣叫｝子域的融合及上位词的衍生

中古｛鸣叫｝各子域的概念逐渐融合,形成了表示各种动物鸣叫的上位概念,产生上位词"鸣₃",〈鸣₃〉的概念结构可描述为(16)。

(16) [＋*主体：动物*][＋*动作：发声*] ＝〈鸣₃〉。

｛鸣叫｝概念子域的融合过程在中古并未完成,这一过程持续到唐宋时期。中古｛鸣叫｝概念域的层级关系变化参见图2。

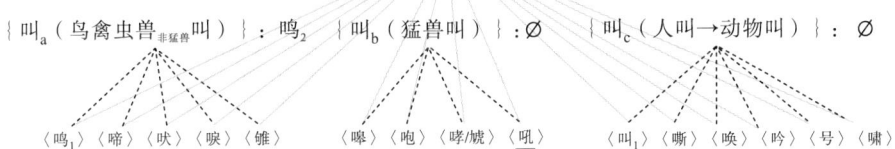

图2 中古汉语｛鸣叫｝的概念层级[1]

｛鸣叫｝的概念融合过程反映在语言使用层面,主要体现为"鸣叫"义动词与动物名词之间的多元选择:一是同一个鸣叫动词可用来表示多种动物的鸣叫,前文已详述;二是同一种动物的鸣叫可用多个鸣叫动词来表达,参见表1中11个动物名词与"鸣叫"义动词搭配的情况。名动之间的

---

[1] 横线表示该词是中古出现的新词。为了表述简洁及排版方便,图2中的"〈吠〉"相当于图1中的"〈犬叫〉:吠",其余类推。

优先选择序列，反映出中古时期"鸣叫"义动词的使用情况。

表 1　中古时期动物名词与"鸣叫"义动词搭配情况[1]

鸟	鸣＞叫＞唤＞啼＞吟＞号＞噪	猿	啼＞鸣＞叫＞唤＞吟＞号
鸡	鸣＞唤＞啼＞号	蝉	鸣＞嘶＞吟＞号
鹤	鸣＞唳＞叫＞唤＞吟	龙	吟＞鸣＞嘶
雁	鸣＞叫＞嘶＞号	虎	啸＞吼＞鸣＞咆＞噪＞吟
犬	吠＞噪	狮	吼＞鸣
马	鸣＞嘶＞啼＞吟		

异文材料也可证明中古｛鸣叫｝域的概念融合，说明中古同一概念可用两个词项来表征，如"叫"和"鸣"，南朝梁张缵《南征赋》："听寡鹤之偏鸣，闻孤鸿之慕侣。"其中的"偏鸣"，《艺文类聚》作"偏叫"。又如"啼"和"鸣"，南朝梁萧纲《蜀道难》："巫山七百里，巴水三回曲。笛声下复高，猿啼断还续。"《文苑》中"啼"作"鸣"。

第 4 节　近代汉语｛鸣叫｝上位词的更替与概念域的二次融合

近代汉语时期，"鸣叫"义动词发生功能分化，"吠""唳""嘶""虓""啼""咆"等词在元明以前已经语素化[2]了，口语中基本不单用，仅出

---

[1]　统计语料包括《论衡》《汉书》《风俗通义》《素问》《灵枢经》《僮约》《太平经》《修行本起经》《道行般若经》《古诗十九首》《宋书》《后汉书》《三国志注》《世说新语》《洛阳伽蓝记》《周氏冥通记》《齐民要术》《列子》《抱朴子》《水经注》《搜神后记》《古小说钩沉》《贤愚经》《杂宝藏经》《百喻经》《生经》《颜氏家训》《陶渊明集》《殷芸小说》《西京杂记》。"＞"表示该动词与名词的搭配频率高于另一动词。

[2]　本章所说的语素化，指上古能独立充当语法功能的单音词后来不能单用，只作为黏着性语素参与构词或出现在固定搭配中。

现在书面语体中的各类构式中，具体情况需专文讨论。

唐宋较为活跃的"鸣叫"义动词主要是"鸣₃""啼""叫₂"，表示鸟叫的典型动词应是"啼"而非"鸣"，诗词中尤其如此，原因有待探讨。{鸣叫}概念域的上位词"鸣₃"在中古后期产生之后，唐宋时与同义的"叫₂"产生竞争。"鸣₃""叫₂"表达的是同一概念节点的交会处，该概念结构可描述为（17）。

(17) ［**主体：动物**］＋［**动作：发声**］＝〈鸣₃〉/〈叫₂〉

同一义元出现两个词汇表达形式，在语义上可以说是等值的，但在语言选择方面却存在着首选项的前后次序以及使用频率的差异，即规约化（conventionalization）的程度不一样。那么"鸣₃"与"叫₂"的词汇更替是什么时候实现的？大致在宋元之际。如果仅从词频统计来说，并不支持这一观点。对比二者出现在口语性语料和典型句法结构中的情况，可以说这种看法是成立的。

首先是语料问题。自中古后期起，"鸣叫"义动词的语域开始出现分化，很多"鸣叫"义动词的陈述功能降低，多出现在描写性语段中，用来写景抒情（唐宋诗词中尤其如此），且多为"V鸣叫 N动物"式偏正结构（如鸣鸟、吠犬、唳鹤等）。而在叙述性语篇中（如宋笔记、宋元话本等），"鸣叫"义动词出现频次较少，但仅从词频统计难以说明"鸣叫"义动词的演变状态。其次，"鸣叫"义动词是自动动词，在近代汉语中能出现的典型句法结构包括"N动物 V鸣叫""V鸣叫 C"或"V鸣叫＋Num＋CL"等。"叫"在宋元语料中出现了上述用法，《朱子语类》卷四十九："横解竖解，更解不行，又被杜鹃叫不住声。"《快嘴李翠莲记》："我家鸡儿叫得准，送亲从头再去请。"《原本老乞大》："伴当每起来。鸡儿叫第三遍也，待明去也。"而"鸣"仅有"N动物 V鸣叫"的用法，且多出现在四字格或韵文的对举格式中。这都说明在口语性文献中，"叫"的使用情况更符合汉语史的演变趋势，更能反映语言事实，而"鸣"的使用是语言传承的结果。

"叫₂"对"鸣₃"的替换反映了相关概念域的二次融合（见图3）。

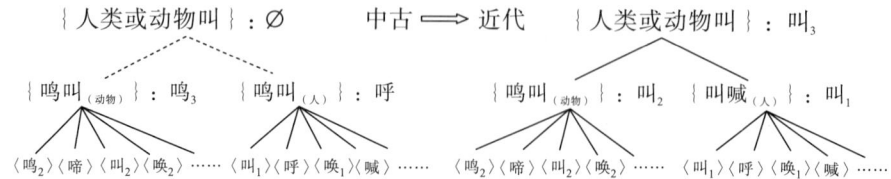

图3　由中古汉语到近代汉语〈鸣叫〉的概念层级变化

〈叫₁〉本是表征{叫喊人}的词，中古时期用来表征{鸣叫动物}。唐宋时期，"叫₁"发展成为{叫喊人}概念域的上位词，同时"叫₂"在{鸣叫}概念域中的使用范围扩大，使用频率提高，取代"鸣₃"成为{鸣叫}概念域的上位词。{叫喊人}和{鸣叫动物}原本是并立的两个概念域，元明以来融合成更高层级的概念域，词化为"叫₃"，用来表征人类叫喊或动物鸣叫的行为。〈叫₃〉的概念结构可描述为（18）。

（18）[＋**主体：人类或动物**]＋[**动作：发声**]＝〈叫₃〉。

近代汉语时期，很多"鸣叫"义动词语素化，形成了各类固定搭配，如双音组合、四字格（成语）等。最常见的是"N动物V鸣叫"式或"V鸣叫N动物"式，如犬吠、雉雊、鹤唳、马嘶、鸡鸣、猿啼、虎啸、狮吼、龙吟等，大约形成于宋元时期，例多不赘举。我们调查了晚唐至元代约250万字节的语料，结果反映出近代汉语时期人们对"鸣叫"义动词的选择次序，这种情况延续至今。比较表1和表2，可以看出"鸣叫"义动词与动物名词的搭配变化。

表 2　宋元时期动物名词与"鸣叫"义动词搭配情况[1]

鸟	啼 10＞叫 5＞鸣 2＞吟 1	马	嘶 15＞鸣 1/叫 1
鸡	鸣 16＞啼 8＞叫 3	猿	啼 23＞叫 4＞鸣 1
鹤	唳 6＞鸣 1	蝉	鸣 1
莺	啼 13＞叫 1/鸣 1	龙	吟 21＞叫 2
雁	叫 1	虎	啸 8＞叫 1
犬	吠 15	狮	吼 28

第 5 节　结语

词汇的历时演变与不同时期人们对词汇的选择和使用有关。语言使用中，人们因语境不同，对同一个词所表征的概念的识解会发生变异，最终概念结构发生变化。本章以"鸣叫"义动词为例，着眼于概念结构的变化，描写和分析了汉语单音词的历时演变。个案研究表明，很多自古传承至今的单音词，在不同时期表征的是不同层级的多个概念。如何描写和分析汉语词汇历时演变中的语用和语义因素，还需要作更深入的探讨。

---

[1]　统计语料包括:《祖堂集》《朱子语类辑略》《东京梦华录》《三朝北盟会编》《五灯会元》《张协状元》《刘知远诸宫调》《错斩崔宁》《简帖和尚》《快嘴李翠莲记》《碾玉观音》《宋四公大闹禁魂张》《万秀娘仇报山亭儿》，数字表示该动词与名词搭配出现的频次。

第6章　语用推理及相关问题

第1节　引言

在讨论语义的时候，我们发现有的论述似曾相识。比如在讨论语境义与理性意义时，Leech（1987：97）说：

我们不是把整体意义（笔者注：指一个词的整体意义）看作是从语境派生而来的意义的聚合。相反地，我们认为语境意义依赖于以前已经确定的一系列潜在的意义。这和我们已经知道的语境如何帮助对意义的理解这种观点并不矛盾。

词的理性意义是在具体语境中归纳出来的，也就是说，理性意义源于语境义；但是，另一方面，具体语境下该词的正确理解，又依赖于人们对该词的理性意义具备一定的"先见"。词义问题，涉及一个"循环"：既须依文句而定词义，又须知词义而通文句。

语境义与理性意义孰先孰后，这好像是一个鸡生蛋还是蛋生鸡、先有种子后有树木还是先有树木后有种子的问题。

这很容易让人联想到哲学中阐释学所说的"阐释的循环"。正如钱锺书先生所论述的：

> 乾嘉"朴学"教人，必知字之诂，而后识句之意，识句之意，而后通全篇之义，进而窥全书之旨。虽然，是特一边耳，亦只初桄耳。复须解全篇之义乃至全书之指（"志"），庶得以定某句之意（"词"），解全句之意，庶得以定某字之诂（"文"）；或并须晓会作者立言之宗尚、当时流行之文风、以及修词异宜之著述体裁，方概知全篇或全书之指归。积小以明大，而又举大以贯小；推末以至本，而又探本以穷末；交互往复，庶几乎义解圆足而免于偏枯，所谓"阐释之循环"（der hermeneutische Zirkel）者是矣。[1]

整个有关"人类如何理解"的问题，可能都涉及这样的一个循环。

可见，语用学与语义学是密不可分的。本章将从语用推理的角度来讨论语义的演变。

第2节　基于"足量原则"与"不过量原则"的语用推理

Horn（1984）归纳出语用推理的两条原则："足量原则"（Q-Principle）与"不过量原则"（R-Principle）。（下文简称 Q 原则和 R 原则）"我吃了两个苹果"，根据 Q 原则，听话人会推出仅仅两个的意思，否则，如果吃了不止两个，说话人说出的量就不充足了；根据 R 原则，听话人又会推出两个都吃完了的意思，因为通常情况如此。可这个通常的情况，说话人没必

---

[1] 钱锺书：《管锥编》第一册，中华书局，1986 年，第 171 页。关于"阐释之循环"的阐述，影响最大的是伽达默尔（Gadamer）（可参见伽达默尔《真理与方法》，洪汉鼎译，商务印书馆，2007 年）。

要说出来。所谓的"足量",指说话人说的量不能少,至少说多少,可听话人会推出至多怎么样、仅仅怎么样甚至否定的意思;所谓的"不过量",指说话人说的量不能多,至多说多少,可听话人会作出至少怎么样、还有其他未尽之义的推理。

下面再举一个使用第二人称代词的例子。

a. 人与人在亲近、熟悉的情况下,通常会不隐讳、畅所欲言、言无不尽,也就是:想什么说什么,说话的量会充足。也就是符合 Q 原则。

b. 但在不熟悉的情况下,通常会含蓄、委婉、节制、有保留,也就是:不说多话,让听话人推理出未尽之义。也就是符合 R 原则。

对熟悉的人用"你"称呼,符合 a,即遵守 Q 原则。但对不熟悉的人用"你"称呼,则不符合 b,即违背 R 原则,因此不礼貌。

对不熟悉的人用"您"称呼,符合 b,即遵守 R 原则。但对亲近的人用"您"称呼,则不符合 a,即违背 Q 原则,因此有时显得疏远。

由此笔者想到古人的"名"和"字"。"名"只一个字而"字"是两个字,这是常见的;"名"是两个字而"字"是一个字,这不合常规。[1]比如李白字太白,杜甫字子美。因为"名"用于自称,自称可以简单一点,也就是量不必大,即"不过量"(R);但"字"是供他称用的,为显庄敬,不能简慢,也就是要"足量"(Q)。因此,"字"的量大于"名"的量,是可以理解的。古代的封号、谥号等可能很长,也是这个道理。比如唐高宗乾封元年(666 年)封老子为"太上玄元皇帝"(《旧唐书·本纪五》);唐玄宗天宝二年(743 年),又追封老子为"大圣祖玄元皇帝",天宝八年(749 年)又加封为"圣祖大道玄元皇帝",天宝十三年(754 年)又加封为"大圣祖高上大广道金阙玄元天皇大帝"(《旧唐书·本纪九》)。[2]

---

[1] 这当然有反例,比如方一新先生见告:颜之推字介、颜师古字籀。关于颜师古,《旧唐书·颜师古传》:颜籀,字师古;但《新唐书·颜师古传》:颜师古,字籀。(此经朱冠明先生提示)

[2] 《古汉语研究》审稿人见示:元陶宗仪《南村辍耕录》卷二"权臣擅政"条:"中书右丞相伯颜所署官衔计二百四十六字,曰……"这是一个极端的例子。

第3节 副词"本来"的两种用法

下面再以副词"本来"的两种用法来说明 Q 原则和 R 原则:

(a) 女排怎么输了?

——女排本来很强(现在不行了)。

(b) 女排怎么赢了?

——女排本来就很强。

"本来很强"怎么能回答两个意义相反的问题呢?〔暂不考虑(b)中"就"这个副词〕(a) 中,"本来很强"意味着:过去强,但只是过去强,现在不同了。这是典型的基于"足量原则"(Q 原则)的推理:说 p 意味着仅限于 p。(b) 中,"本来就很强"意味着:不仅过去强,一直都强。这是典型的基于"不过量原则"(R 原则)的推理:说 p 不仅仅只意味着 p。

"本"本是"原先、起初"的意思,一开始并没有上述两种用法。比如:

(1) 灌婴在荥阳,闻魏勃本教齐王反,既诛吕氏,罢齐兵,使使召责问魏勃。(《史记·齐悼惠王世家》)

(2) 复经数日,王转平复。其师请辞,欲还本国。……适至本国,见有群象。……小复前行,见其本舍,高堂重阁,殊异本宅。……从见象马及入舍内,皆知是治王病功报所得。便自追恨:本治王病,功夫少也。(《杂譬喻经·第16喻》)

例(2)有 5 个"本",前 4 个修饰 NP,最后一个修饰 VP,但都是"原先、起初"的意思。

不过，在特定的语境中，就会发展出这两种用法：

(3) <u>本</u>欲辱衡，衡反辱孤。(《后汉书·祢衡传》) | <u>本</u>是俗人女，出家挂佛衣。(王梵志《寺内数个尼》)

(4) 死生元有命，富贵<u>本</u>由天。(寒山《死生元有命》)

例(3)表示过去的状态、想法等与现在的状态、结果相反，句子含有对比，相当于"本来 a"；例(4)隐含的意思是"一直就是如此"，过去与现在没有对比，相当于"本来 b"。

"本来"由相当于"过去"义的 a 用法，发展为连接表让步的小句：

(5) <u>本来</u>是理直气壮的事儿啊，我怎么看您老是鬼鬼祟祟的呢?

上例没有了时间上的对比。

惯用语"本来嘛"，则与相当于"一直"义的 b 用法有关联：

(6) 我自个儿还恨自己个儿哪。<u>本来嘛</u>，是我对不起他娘!

第4节 词义扩大与词义缩小

Horn(1984)提到词义缩小可能是基于"不过量原则"(R 原则)，也可能是基于"足量原则"(Q 原则)；词义扩大都是基于 R 原则。以汉语为例，"谷"由[百谷]义缩小为[稻谷]义，是基于 R 原则：人们用"谷[百谷]"指稻谷时，他说话的量显然是不够的，但因为稻谷是百谷中的典型成员，所以听话人根据 R 原则，可以推知是指稻谷。"江"由［长江］义扩大为［江河］义，同样是基于 R 原则：人们用"江［长江］"来指江河时，他说话的量显然也不是恰如其分的，但因为长江是大江大河中的典型成员，所以听话人也可以根据 R 原则，推知是泛指。这种由 R 原则引发的词义扩大与词义缩小，正好形成镜像（Horn，1984：35）。

但是，这两种情况还是有区别的。基于 R 原则的词义缩小，新义 M_2 蕴涵（entail）原义 M_1，即 $M_2 \supset M_1$（这里以"$\supset$"表示蕴涵关系）。比如："这是谷［稻谷］"为真，则"这是谷［百谷］"也必然为真；但"这是谷［百谷］"为真，不一定"这是谷［稻谷］"为真，因为可能是麦子等其他东西。基于 R 原则的词义扩大，则不是"$M_2 \supset M_1$"，而是"$M_1 \supset M_2$"。比如："这是江［江河］"为真，"这是江［长江］"不一定真，因为可能是湘江等其他江；相反，"这是江［长江］"为真，则"这是江［江河］"肯定真。

怎么理解这种不同呢？既然都是基于不过量原则（R），也就是说，原义与新义不对等，新义的信息量大于原义，那么，这里所说的信息量的增大，肯定存在着某种区别。

基于 R 原则的词义缩小，涉及的信息量增大，是"带上限定性"，增加内涵、减少外延。比如新义"谷［稻谷］"可以理解为"某种常食用的谷［百谷］"。这就如同"［白马］"相对于"［马］"，是意义缩小，但增加了限定性，因而信息量增大。

基于 R 原则的词义扩大，涉及的信息量增大，是"加合其他同类信息"，增加外延、减少内涵。比如新义"江［江河］"相对于原义"江［长江］"，信息量增大，是因为"江河＝长江＋湘江＋汉江＋……"。

一个是带上限定性、增加内涵，一个是加合其他同类信息、增加外延，这是两种不同的"信息量增大"。

第 5 节　言说动词的词义引申

下面再用言说动词的引申，说明基于 R 原则的词义演变，可以有 "$M_2 \supset M_1$" "$M_1 \supset M_2$" 两种情况。

(7) 只言期一载，谁谓历三秋。（李白《江夏行》）

前一个 "言"，是 "以为" 的意思。引申顺序是："a. ［言说］＞b. ［想、认为］＞c. ［以为］"。后一个 "谓"，是 "料到" 的意思。引申顺序是："a. ［言说］＞b. ［想、认为］＞c. ［料到］"。这里涉及三个演变：一、"a. ［言说］＞b. ［想、认为］"；二、"b. ［想、认为］＞c. ［以为］"；三、"b. ［想、认为］＞c. ［料到］"。

先看 "［想、认为］＞［以为］"。因为 "以为 p" 肯定 "认为 p"，"认为 p" 不一定是 "以为 p"，所以 "M_2［以为］$\supset M_1$［认为］"。这是上文提到的 "$M_2 \supset M_1$" 这类基于 R 原则的语用推理。

再看 "［想、认为］＞［料到］"。这种转化只限于否定义（即出现于否定句或反问句），严格地说，是 "［未曾想］＞［未曾料到、未曾想到］"。未曾想 p，则未曾想到 p（因为想都没想，肯定想不到）；但未曾想到 p，不一定未曾想 p（因为还有想了但没想到的情况）。因此，"M_1［未曾想］$\supset M_2$［未曾想到］"。这是上文提到的 "$M_1 \supset M_2$" 这类基于 R 原则的语用推理。

参考上文提到的基于 R 原则的词义缩小和词义扩大，词义缩小是 "$M_2 \supset M_1$"（M_2［稻谷］$\supset M_1$［百谷］），词义扩大是 "$M_1 \supset M_2$"（M_1［长江］$\supset M_2$［江河］），我们觉得 "［想、认为］＞［以为］" 类似词义缩小，是内涵增加了，因为 "以为" 可以理解为 "错误地认为"。而 "［未曾想]＞[未曾想到]"类似词义扩大,是外延增加了:"未曾想到"包括两种情况,一种情况是"未曾想",另一种情况是"想了但没想到","未曾想"是"未曾想到"的典型情况。注意这里存在着肯定与否定的不对称:否定是"[未曾想]⊃[未曾想到]",肯定则是"[想到]⊃[想]"。[想到]并不是[想]的典型成员,因为说"想了",正常情况下未必是说"想到了",因此肯定的[想]无法按照 R 原则推理出[想到]义。但否定的[未曾想]却是[未曾想到]的典型成员("未曾想到"往往是因为"未曾想"),因此[未曾想]可以按照 R 原则推理出[未曾想到]。

总结如下:

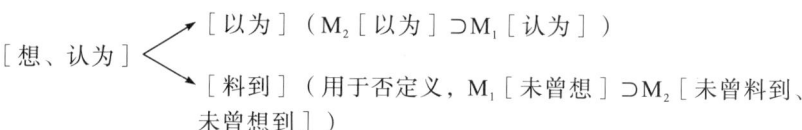

第 6 节 语用强化

贝罗贝、李明(2008)提到语法化中一些基于 R 原则的语义演变,都是"$M_2 \supset M_1$":

"[原因]⊃[时间]"(B 缘于 A⊃B 后于 A),但语义的发展是"[时间]＞[原因]"。比如英语的 since。

"[方式]⊃[工具]⊃[伴随]",但语义的发展是"[伴随]＞[工具]＞[方式]"。比如英语的 with、法语的 avec、汉语的"以"。

"不过[仅仅]⊃不过[不超过]",但语义的发展是"不过[不超过]＞不过[仅仅]"(参看沈家煊,2004a)。

"[不能实现]⊃[没实现]",但语义的发展是"[没实现]＞[不能实现]",比如古汉语的"V 不 C"结构(参看沈家煊,2005)。

这些语义的虚化，都同时是"语用的强化（strengthening）"，因为新义的信息量大于原义。从"$M_2 \supset M_1$"这一点来看，它们恰恰类似实词词义演变中的"词义缩小"，而不是"词义扩大"。可见，语用强化与词义扩大很不相同。

这里顺便说明语法化与语用强化的关系。语法化伴随着实义的弱化，在这种实义虚化的过程中，是否有语用的强化，却是不尽然的。有的没有，比如结构助词"的、地、得"，很难说这些语法词还有什么特定的语用功能；有的有，比如一些连词（这里所说的"连词"是指句子或句群之间的连词，尤其是表原因、让步等关系的连词，笔者认为这些"连词"的句法地位是可疑的，因为它们只有语篇的连接功能而并未出现于小句之中。当然，NP间的连词，如"我和你"，其句法地位不容置疑。可是在汉语中，这两类"连词"并不混同，也就是说，同一个词，一般并不兼备连接NP和语篇两种功能）、情态词、语气副词或语气助词。也就是说：语法化可能伴随有语用推理，因此有语用强化；也可能没有语用推理，因此只有语义的弱化而没有语用的强化。

也有一些词语，不经语法化，直接变为话语标记。比如"好""不知"[1]"你看"[2]等。到最后，这些话语标记可以不再是句法成分，也就是说，失去了句法地位，但它们的语用义较原义显著加强。也就是说，在它们的发展过程中，有语用推理导致的语用强化。

语用强化常常表现为主观化，即表示说话人的观点或态度。

---

[1] "不知"可以内嵌得较深，比如"我跟他说了不知多少回了"，这样的"不知"是插入语，不是句法成分。 关于"不知"的用法，参看李人鉴（1961）、吕叔湘（1986）。

[2] 关于"你看"作话语标记的用法，有一种看法（曾立英，2005）认为其中的"看"由视觉感知义发展为认知义，最后发展为话语标记。 这个观点是可疑的。因为语用标记"你看"也可以说成"你瞧""你瞅"，比如"你看/你瞧/你瞅我忙的，哪一处少了我？"，可是"瞧、瞅"很少用为认知义。

因此，存在以下三种情况：

＋语法化　　－语用强化
＋语法化　　＋语用强化
－语法化　　＋语用强化

第 7 节　语用推理与转喻

上面谈到的语义演变，大多是基于 R 原则的语用推理，只有极少数是基于 Q 原则的语用推理（比如"本来 a"）。在基于 R 原则的语用推理中，新义的信息量要大于旧义。如果新旧义有明显的量级上的大小差别，比如［一直］义既包括过去，也包括现在，因此"本来 b"［一直］的信息量明显大于"本来"的原义［原先、起初］，那么，信息量的增大还是很好判定的。上面举到的词义扩大、词义缩小、语用强化的例子，都可以建立起逻辑上的蕴涵关系，也容易判定出新义的信息量是增大了。

但是，有的语用推理，信息量的大小并不是以概念的内涵或外延来衡量的，而是以"有标记""无标记"来区分的，"有标记"量大、"无标记"量小。比如 Horn（1984）提到的英语的例子：假如明天是星期四，而甲对乙说"我们星期四再见"，乙一般会认为是下个星期四，而不是这个星期四（即明天）。因为在这种场合，tomorrow（明天）是一个更常用的、无标记的词，说话人不说 tomorrow，而说有标记的 Thursday（星期四），说明他不处在说 tomorrow 的状况之中；根据 Q 原则，他的意思就是下星期四而不是明天。也就是："明天"的量比"星期四"小，说话人不说量小的词，而用了量大的词，依据说话人传达的量是充足的、恰如其分的这个原则（Q 原则），他的意思就不是"明天"。

再看一个语用学中常提到的例子。当甲向乙提问"能否把盐递给我"时,因为乙明显是有这个能力、条件的,因此,根据 R 原则,乙就会推想:甲并不仅仅是在问我是不是有能力、条件,他实际是在传达一个更强的信息,即他在表达一个请求。

与上面的例子不同的是,表请求的"能"与表能力、条件的"能"并没有明显的概念上的量级的大小,也没有"有标记""无标记"的区分,只不过在实际交际中,人们觉得表请求的"语力"强一些。

在魏晋南北朝时期,"可"[许可]常用在对话中表示说话者的建议、请求等,类似"能"表请求的用法:

(8) 有往来者云:"庾公有东下意。"或谓王公:"可潜稍严,以备不虞。"(《世说新语·雅量》)

江蓝生(1988:110—111)已指出这种用法。她说:"'可'作'宜、应当'讲,表示祈请或规劝。"当然,上面提到的"可""能"并不一定都可以替换为"宜、应当"。

又如在分析话语标记"(你)看你/瞧你"时,比如"看你丢三落四的",李宗江(2009)解释说:说话人如果直接表达对听话人的负面评价,比如说"你做得不对""你说的我不同意",对方可能会难以接受。考虑到对方的心理,说话人在形式上采取了让对方自己对自己作出评价的方式,意思是:让你自己看,你做得对不对。"(你)看你/瞧你"与直接的责怪、批评相比,后者的"语力"也加强了。

再看下面的"能":

(9) 朝吴曰:"二三子若能死亡,则如违之,以待所济。若求安定,则如与之,以济所欲。且违上,何适而可?"众曰:"与之!"(《左传·昭公十三年》)

（10）妇人曰："鸟兽犹不失俪，子将若何？"曰："吾不能死亡。"妇人遂行。（《左传·成公十一年》）［后一个"曰"的主语是妇人之夫施孝叔］

（11）潘崇曰："能事诸乎？"曰："不能。""能行乎？"曰："不能。""能行大事乎？"曰："能。"（《左传·文公元年》）［此例的对话人为潘崇与太子商臣］

这几例"能"，实际都是说愿不愿意，而不是字面上的能不能（能力或条件），尤其是在"能死亡"这样的例子中。问愿不愿显得突兀、有强迫感，问能不能，能给听话人面子，因为听话人即使拒绝，也有台阶（"非不愿也，实不能也"）。另一方面，说话人自己说"不能"而不说"不愿"，也是给自己台阶。显然，"能"［能力、条件］＞"能"［意愿］，也是基于语用推理：说话人言在此而意在彼。在是否留有余地方面，似乎仍然可以认为："能"［意愿］比"能"［能力、条件］"语力"强，因此前者的信息量大于后者。

但是，有的语义演变，很难说新旧义在信息量的大小上有何区别。这时候，把语用推理区分为基于Q原则或基于R原则就没有了意义。比如中古、近代汉语的"谓、呼、言、云、道"等言说类动词有"想、认为"义。因为常理是：说什么，则认为什么（即"言为心声"），所以言说义可以引申为认为义。同样，"保、管、包、保管、管保、包管、保准、准保、保证"等词由施为动词（performative verbs）转化为必然义，比如"他保管去"可以理解为"他一定去"，也是因为有"我保证他去则他一定去"这个常理。在这些例子中，新义与原义都不好建立量级上的大小关系。这时候，区分Q原则或R原则就失去了意义，只能笼统说，新用法的出现，是语用推理。

能够建立明显量级关系的语用推理，是"整体"引申为"部分"，或"部分"引申为"整体"，也就是提喻（synecdoche，转喻的一种）。凡

"$M_2 \supset M_1$"或"$M_1 \supset M_2$"的语义演变,新义与原义显然相关,因此即使不是提喻,也是转喻。这些语义演变都可以用 Q 原则或 R 原则来说明。但是,还有少数基于转喻的演变,新旧义不易建立起量级关系(无论是概念上还是其他方面),也就无法用基于 Q 原则或 R 原则的语用推理来说明。这时,只能笼统地把语用推理理解为新旧义"相关":说话人说一个词的时候,不是或不仅仅是说它的字面义,而且还是与之相关的其他信息。[1]这也是容易理解的,因为转喻不仅仅有常见的包含关系(信息量小的转喻为信息量大的,或信息量大的转喻为信息量小的),也可能只是某种邻近关系。Sperber and Wilson(1995)把语用推理归结为一条原则,即"关联(relevance)原则",这也是不无道理的。

第 8 节　语用推理也可能是隐喻

语法化中的语义演变主要是转喻,而且大多是基于 R 原则的语用推理引发的(Traugott and Dasher,2002)。但是,也有一些语义演变(不管是实词内部的还是语法化中的)只能归结为隐喻。转喻与隐喻引发的语义演变,不同表现在于:转喻引发的演变,新旧义有一个二义共存的阶段;隐喻则没有(参看 Bybee et al.,1994)。不管是转喻(新旧义相关)还是隐喻(新旧义相似),因语用推理产生的意义,都是隐涵义(implicature),这个隐涵义可能转化为词汇义,也可能只是语境义。

这里先举一个情态词的例子。就道义情态而言,"应该、该"表应当,"必须、须"表必要;就认识情态而言,"应该、该"表盖然,"必须、须"

---

[1] Horn(1984)所说的 R-Principle,沈家煊先生译为"不过量原则"。但 Horn 用 R,本来就是要让人联想到 relation(关系)一词。 话语不相关,自然就是废话、多话、无厘头的话,也就是过量了。

表必然。但必要/必然与应当/盖然还有一个重要区别：表应当的词发展为表盖然是渐变，有二义共存的中间阶段，其发展是转喻；但表必要的词发展为表必然是突变，没有二义共存的中间阶段，其发展是隐喻。比较：

（12）到后日午时，合该土炕上板僵身死。（《元曲选·桃花女》）
（13）你若拿这桃枝进门，那时节我须死了。（《元曲选·桃花女》）

例（12）"合该"有该当的意味（表应当），同时也有推测的意味（表盖然）；但例（13）"须"只表必然，而不表必要。

事实上，即使在相同的语境中，"须"等词表必要与表必然也是截然分开的。例如：

（14）大抵为学，须是自家发愤振作，鼓勇做去；直是要到一日须见一日之效，一月须见一月之效。（《朱子语类》卷一百一十三）［表必要］
（15）今若据先生之说，便如此著实下工夫去，则一日须有一日之功，一月须有一月之功，决不到虚度光阴矣。（《朱子语类》卷一百一十三）［表必然］

下面再以"兀（原）、元来（原来）"为例说明。下例表示醒悟、出乎意料的"兀"，是怎么发展来的呢？

（16）整（正）梳装之次，镜内忽见一人，回故而趣（觑），员（元）是圣人，从坐而起。皇帝宣问："皇后梳装如常，要酒何用？"（《敦煌变文校注》卷二《韩擒虎话本》）

这种"兀"来自表时间的"原本"义，这是无疑的。但没有发现表时间的"兀/元来"与表醒悟、出乎意料的"兀/元来"之间有明显二义共存的过渡阶段。

如果说这种"元"与表时间的"元"有关联,则下例似与上文提到的"[本来a]"还有关联:

(17) 皇帝依奏,令高力事(士)取剑斩道士,[□](头)随剑落,抛在一边。头元是酒瓮子盖,身画瓮子身,向上画一个道士,帖符一道。(《敦煌变文校注》卷二《叶净能诗》)

因为:头元是酒瓮子盖,后被净能化为了道士头。
但下例又似与"[本来b]"还有关联:

(18) 梦时有时枪下卧,觉来元在鼙鼓边。(《敦煌变文校注》卷七《季布诗咏》)

因为元在鼙鼓边,一直在鼙鼓边。
因此,从一般的"先重新分析(导致二义共存)后扩展"的语法化的转喻模式,根本无法判定这种"元"是来自时间副词的哪一种用法,即无法判定是来自"[本来a]"还是"[本来b]"。
我们认为这种"元"源自"[本来a]"这个意义,但是是隐喻:"[本来a]"表示过去与现在不一致,属客观域;但表醒悟、出乎意料的"元"表示过去的想法与现在的新发现不一致,属认知域。注意"元"表示的新发现并不一定是说话人的,而是句中主要人物的[比如例(16)是出乎皇后的意外]。再请看下例:

(19) 我将谓天下无人,元来有老大虫在。(静、筠二禅师《祖堂集》)

这句话等同于：

（20）我**本**以为天下无人，（不意/不料/不委）<u>元来</u>有老大虫在。

"不意/不料/不委"这样的认知动词可以省掉，可见这种表醒悟、出乎意料的"元来"是认知域的。但前面的"本"是"［本来 a］"，"以为/将谓"这样的认知动词不能省略，可见前一句的"本"仍是客观域的。

同时从例（20）可知，表醒悟、出乎意料的"元来"等词虽然来自"［本来 a］"，但与"［本来 a］"的位置不同：

（21）<u>本</u>以为没人，但现在知道有人。（"本"不用于转折句，表"破"不表"立"）

之前以为没人，但现在知道<u>元来</u>有人。（"元来"用于转折句，表"立"不表"破"）

可以看出，"本［本来 a］"所在的句子表示过去的情况，隐涵义是过去与现在不同，而这个过去是该摒弃的，故是"破"。"元来"所在的句子表示现在对于<u>原本（过去或一直）</u>存在的某种状态有了新的发现，这个现在的新发现才是对的，因此"元来"虽本是"原本"的意思，但由于由客观域升格到了认知域，它反而表"立"。

第 9 节　语境吸收

语义演变遵循语境义凝固为词语的固定意义这样一种程序，从这个角度来看，语义演变肯定涉及语境吸收，即把本来某种特定语境下产生的临时的语用义吸收为词汇的永久意义。但是，有一种语境吸收非常特殊。这种语境吸收，根本不涉及语用推理。

比如"敢"由于用在反问句中，而带上了"岂敢"的意思，例如："周不爱鼎，郑敢爱田？"（《左传·昭公十二年》）后来，原来的"敢"义消失，"敢"就可以等同于"岂"。比如："齐人敢为俗，蜀物岂随身？"（何逊《赠族人秭陵兄弟》）（参看江蓝生，2000b/1992）"可、肯、好"也经历了类似演变。[1] 这几个词的一个共同特点，就是它们都是广义的情态助动词，其后还接有 VP。

这种语境吸收的特殊之处是：疑问义并不是这些词引发的，而是句式的；单从这些词出发，是推理不出疑问的意思的。相反，是疑问义寄居在了这些词之上，最后甚至喧宾夺主，篡夺了这些词的本义。即：

(22) $M_1 > M_2 = M_1 + X（疑问义）> M_3 = X$

这种情况与一般由语用推理产生的意义的不同在于：语用推理如果是转喻，它产生出的意义，新旧义可以共存，但这种二义共存并不是（22）中的加合，而是相互替换。比如"知我者，谓我心忧；不知我者，谓我何求"（《诗经·王风·黍离》），这里"谓"既可以理解为言说，也可以理解为"认为、以为"，但这两个意思不能加合起来出现于同一句。

在笔者的家乡话（湖北省宣恩县，属西南官话成渝片）中，"晓得"（常省说为"晓"）可以比较自由地表达"不晓得、不知道"这个意思：

(23) 他<u>晓</u>到哪里去哒，门锁起的。[不晓得他到哪里去了，门锁着的。]｜我是去年下半年，<u>晓</u>是哪两天，我到街上买菜，都碰到她哒的。

(24) <u>晓</u>是百多人啦是么子。[不晓得是百多人啦还是什么。]｜一天<u>晓</u>

---

[1] 关于"可"，参看江蓝生（2000b/1992）；关于"肯"，参看张相（1953）；关于"好"，参看江蓝生（2010）。

是半斤米啊是么子。

（25）<u>晓</u>去三天哒，单位上就打电话来。｜那屋有几间？——<u>晓</u>两间哦。

例（23）可理解为"不晓得"，这当然来自于反问（哪里晓得、怎晓得），但没有反问那种强语气。因为反问实表否定，所以很容易让人认为"晓得"有"不晓得"的意思。把例（24）句末构成选择问的表达式"是么子"省掉，就会形成例（25）一样的句子，这时"晓"容易被理解为"可能"的意思。这一连串演变（"知道"义到"不知道"义到"可能"义），关键是反问义吸收到动词"晓得"之上。

上文例（9）中的"如"，义为"不如"：

（9）朝吴曰："二三子若能死亡，则<u>如</u>违之，以待所济。若求安定，则<u>如</u>与之，以济所欲。且违上，何适而可？"众曰："与之！"（《左传·昭公十三年》）

顾炎武《日知录》卷三十二"语急"条曾提到上面的例子。俞樾《古书疑义举例》卷二"语急例"也引到顾炎武的例子。笔者认为从反问义的吸收来考虑这个问题，可能是一个思路。

"要、必"由表意志、表必然转化为条件连词，可能也是这类语境吸收的例子。详见蒋绍愚（2013a，2013b，1989：223—224）。笔者做此推测，是因为条件义"如果"同表意志的"要"、表必然的"必"可以共现。

第10节　语用推理与定名学

以上是从符意学（semasiology）——从名称到概念，来讨论语用推理及相关问题。下面从定名学（onomasiology）——从概念到名称，这个相反的角度，来看语用推理在其中所起的作用。

葛本仪（2001：188—191）谈到词义扩大有两种情况：一是在客观事物不变的情况下，由于人们的认识和语言使用习惯的改变，词义发生扩大。如"肉"原义是指"鸟兽之肉"（人肉曰"肌"），扩大后的新义指"人或一切生物的肌肉"；"洗"原指"洗脚"，扩大后的新义成为洗涤的通称。二是客观事物本身发展了，词的外延相应扩展，词义也就扩大了。[1] 比如"灯"原指"油灯"，后来由于汽灯、电灯等其他同类事物的出现，"灯"成了各种灯的总称，原义就用"油灯"一词来指称了。

这种词义的扩大，可以说是古今汉语实词最重要的演变之一。第一种情况涉及人们对现有同类名称的重新调整，重新调整则是出于对词义进行抽象、概括的需要。可以设想：在最初命名的时候，为方便起见，人们会选择单音词，对碰到的各种情况分别进行命名，那时，还顾及不到对词义进行抽象、概括。因此，"洗脚"这个概念可以是一个词"洗"，"洗身"这个概念可以是另外一个词"浴"，"洗发"又是一个词"沐"，"洗手"又是一个词"盥"，"洗面"又是一个词"沬"（又作"靧、頮"）。但是，这样积累下去，词汇的量会越来越大，显然会增加人们的记忆负担。这时，就不得不归类，合并同类现象，重新调整命名。具体是：选择已有的一个词，作为上位词（这当然比重造一个来得简便，也可使用复合的方式）；同时在句法上增加层次，比如让"洗脚"等概念的表达方式由原来的单音词变为动宾结构，让"鸟兽之肉"等概念的表达方式由原来的单音词变为偏正结构。虽说增加了一个句法的层次，但抽象的句法结构可以反复利用，这显然比增加单词经济得多。第二种情况涉及现有单个名称的重新利用，即用现有名称来作为命名新事物的核心要素。相应地，原有名称也会有调整，同时，原有名称所用的词语的语义扩大。

---

[1] 这种情况，词义是否改变，存有争议。蒋绍愚（1989：56—59）根据结构主义的观念，认为词义并未变化。

无论哪种情况，通常会有原有概念的义素在新的命名中呈现出来。比如"洗［洗脚］"重新命名为"洗脚"之后，"脚"这个义素在现有名称中呈现出来。"灯［油灯］"重新命名为"油灯"之后，"油"这个义素在现有名称中呈现出来。这就是胡敕瑞（2005）所说的"从隐含到呈现"。该文认为"从隐含到呈现"是中古词汇的一个本质变化，这自然不错，不过，应该看到：这个现象并不局限于某个时期，而是贯穿于古今汉语。比如在现代，核武器、生化武器发明之后，武器的外延扩大，以前的武器被重新命名为"常规武器"。[1] 注意："洗［洗脚］"重新命名为"洗脚"之后，旧名称和新名称中的"洗"，意义并不等同，因此，这个现象并不等同于"从综合到分析"的问题。胡敕瑞（2005）所举的例证，多与词义扩大有关。他（2005：15—16）说："语义对'呈现'的影响大致有三：①语义泛化导致'呈现'。上古有不少词的语义本来是表示一些特定的概念，如'发'为'发矢'（《说文解字》'射发也'）、'迹'为'足迹'（《说文解字》'步处也'）等，但通过隐喻的方式这些词后来逐渐被泛用于其他相关语境，因而有了'发令''发轫''发声''辙迹''事迹''土迹'等，特殊概念的词变成了普通概念的词；词的泛用带来语义泛化，'发''迹'原来的语义因泛用而被'漂白（bleaching）'褪色，为了再现其原义，于是需要呈现两字组'发矢''足迹'等来表明。②语义混同导致'呈现'。……③语义转移导致'呈现'。"这三类语义因素之中，第一类的影响应该是最大的。除语义的影响之外，他还提及其他原因：字形变化、语音变化、汉语自组织的因素。这些因素的实际影响，当远不及语义变化的影响。

　　现在的问题是：原有概念的义素为什么会在新的命名中呈现出来？先看葛本仪先生所说的第一种情况，也就是客观事物不变而词义扩大的例子。比如长江是江的典型成员，因此，即使"江"的词义扩大之后，根据

---

[1] 这个例子是杜翔先生告诉笔者的。

R原则，多数情况下，人们仍可用"江"指称长江。这种情况下，"江"这个词自身就有上下义两个义位：一指长江，这是下义；二是江的总称，这是上义。但是，如果要使信息量精准，根据Q原则，最好是仍给"［长江］"这个概念重新命名，比如命名为"长江""扬子江"。不过，在"洗［洗脚］"扩大为"洗［洗涤］"这种情况中，"［洗脚］"这个概念并非"［洗涤］"的典型成员，因此，根据Q原则，"洗［洗脚］"重新命名为"洗脚"，让"脚"这个区别性义素呈现出来就是很有必要的了。

再看第二种情况，也就是客观事物发展变化而词义扩大的例子。在这种情况下，仍然需要看原义是否是新义的典型成员，由此决定重新命名的必要性。比如在现今世界，核武器、生化武器仍非武器的典型成员，首先人们一谈到武器，想到的仍然是常规武器，因此，根据R原则，"常规武器"这个命名，就并非必不可少，其实际使用也相对较少。但是，其他多数实例，比如"车""灯"，等等，其原义已很少用，原义的重新命名，就是必不可少的。比如"车"的原义是马车，如果单说"车"，根据R原则，现代人首先会想到汽车；因此，现代社会之中，人们要指马车时，根据Q原则，通常需要说"马车"而不能单说"车"。

总之，在"从隐含到呈现"这个现象之中，可以看到符意学（semasiology）与定名学（onomasiology）的相互影响：词义扩大之后，原义有重新命名的必要。这种必要性的大小，取决于原义代表的事物是否是新义的典型成员。

第11节　结语

语用推理是从语用来说明语义的变化。从认知来看，语用推理可以是转喻，原义和新义相关。语用推理也可以是隐喻，原义和新义相似。从实际来看，在语法化中，基于 R 原则、属于转喻的语用推理最多，而隐喻与基于 Q 原则的转喻则较少。[1]

很多情况下，基于转喻的语用推理可以判断出新义信息量增大，因此可以确定是基于 R 原则。但是，有的转喻，新旧义在概念或其他方面并没有明显的量级上的大小对比，这时，区分 Q 原则或 R 原则没有意义，只能笼统地认为新旧义"相关"。

有一种很特殊的语境吸收，是句式义寄居在词义上，与语用推理无关。

语用推理也可在定名学中得到体现，比如在所谓的"从隐含到呈现"这种现象之中。

---

[1] 本章沿用 Traugott and König（1991），认为语用推理可以是转喻，也可以是隐喻。不过，Bybee et al.（1994）在讨论语义演变的机制时，将"隐喻"和"推理"区分开来。

第 7 章 具有反预期功能的副词的分类及语义来源

第 1 节 引言

反预期标记（counter-expectation marker）最早是 Heine et al.（1991）提出的概念。Heine et al.（1991：192）认为人类语言都有区别符合常规情状与偏离常规情状的表达手段。偏离常规的就是反预期，一般用某些标记加以编码，而对符合常规的状况的表达通常是无标记的。简而言之，反预期标记就是语言表达偏离常规情状的形式手段。

Heine et al.（1991）提出了预期的两个主要来源：①说话人所熟悉的世界的规范和标准。这个规范和标准对于说话人和听话人来说是一样的，也可称为共享预期（shared expectation）。②听说双方各自具有的知识状态，该知识状态可能因为年龄、性别、社会地位、文化背景、意识形态的不同而不同，因而不是听说双方所共享的预期。这两种预期的差别主要体现在事物/事件之间的推理关系的普及性上。前者是广泛适用的推理关系，被最大多数人所接受。后者是部分适用的推理关系，被部分人接受。而当实际情况与预期相反时就是"反预期"。

Heine et al.（1991）提出，反预期标记的来源十分广泛，既可以是形态句法的，也可以是语音的。前者如 too 和 only 这样的小品词和句子副词以及语序；后者如重音这样的超音段成分。

吴福祥（2004）的研究是汉语中较早的反预期研究，全面介绍了 Heine et al.（1991）、Traugott（1999a）、Traugott and Dasher（2002）等人关于预期信息、反预期信息、中性信息以及反预期标记的观点，并进一步明确把反预期信息分为三类：①与说话人的预期相反；②与受话人的预期相反；③与包括说听双方在内的特定言语社会共享的预期相反。

宗守云（2011）指出反预期实际上只有两种，一是和个人预期相反（包括说话人、受话人和言谈之外的第三人，统称个人）；二是和社会预期相反。

谷峰（2014）总结了汉语表反预期信息的六种手段：连词（"反而"等），插入语（"谁知"），副词（"竟然"），句式（让步复句、"连"字句、问原因的"怎么"句），语气词（"呢""啊"），语序（"吃多了"vs"多吃"）。

强星娜（2020）区分了无定预期和特定预期，指出无定预期是一套预存的常理性认识，在当前命题出现之前并未激活（Sherif，1966；Lapinski and Rimal，2005；等等）；特定预期则是在线的，涉及具体情状，多表现为事件主体的意愿等。

汉语中有关反预期的研究还有石定栩、周蜜、姚瑶（2017），胡承佼（2018），强星娜（2017），袁毓林（2006，2008），陈振宇、邱明波（2010），陈振宇、杜克华（2015），张谊生、田家隆（2016），宗守云（2015），等等。

到目前为止，对反预期标记的研究已经有不少，但是多为零散的个案研究，对于反预期标记的语义类型还缺乏共识，从历时角度的研究还不够深入。

本章从历时角度探索汉语副词中的反预期标记语法化的源头及相应的功能特点，并据此给反预期副词分类，并探讨反预期功能与其他语用功能之间的关系。

根据我们的分析，表示反预期的副词可以根据其词汇语义来源分为三类，下面我们逐类讨论。

第 2 节　从返回、翻转或颠倒义动词语法化为反预期标记

表示返回、翻转或颠倒意义的动词都蕴含运动方向上的逆转，由此抽象引申出事理上的违反，并进而语法化为表达反预期的副词。下面我们以"倒""还""却"为例进行考察。

2.1　"倒"的反预期功能的语法化

2.1.1　从动词到反预期副词

"倒"作为动词表示颠倒，如：

（1）东方未明，颠倒衣裳。颠之倒之，自公召之。(《诗经·齐风·东方未明》)

（2）变白而为黑兮，倒上以为下。(《史记·屈原贾生列传》)

由此发生隐喻引申，可以指行为的乖背与不当，语义变得抽象，在词性上仍是动词。如：

（3）君有过而不改，谓之倒。臣当罪而不诛，谓之乱。君为倒君，臣为乱臣，国家之衰也，可坐而待之。(《管子·君臣》)

（4）且此亡王之俗，取、鲁之民所以自美，而穆公独贵之，不亦倒乎！(《韩非子·难三》)

作为动词,"倒"可以出现在状语位置上,位于另一个动词之前。这种句法位置为其后来发展成副词奠定了基础。如:

(5)当今之时,万乘之国行仁政,民之悦之,犹解倒悬也。(《孟子·公孙丑上》)

(6)吾日莫途远,吾故倒行而逆施之。(《史记·伍子胥列传》)

在南北朝时,"倒"发展为副词,标示的是反常规的不合理的行为,含有"不应该"的意味,这种用法一直存在,后代也可以用双音词"反倒"来表达。如:

(7)凡夫之人,亦复如是。既修戒田,善芽将生,应当师咨,受行教诫,令法芽生。而返违犯,多作诸恶,便使戒芽不生。喻如彼人,畏其二足,倒加其八。(《百喻经·比种田喻》)

这个例子是说一个人种田撒种,怕把地踩硬了,麦子长不出来,于是坐在床上让四个人抬着撒种。本来是怕自己的两只脚把地踩硬,结果是让人抬起来之后,踩在地上的重量不仅是两只脚了,反而又增加了八只。这里是叙述那个人行为的不合理,是将那个人的实际做法与其愿望加以对比,指出实际的做法达不到目的,是一种愚蠢的不当的行为。这样的"倒"主要是表达转折功能,但也具备了一定的反预期的意味——与客观事理即共享预期相反。

同类的表示与客观事理相反的例子还有:

(8)雨声儿添凄惨,泪点儿助长吁,枕边泪倒多如窗外雨。(《红绣鞋》)

(9) 不读书有权，不识字有钱，不晓事倒有人夸荐。(《朝天子·志感》)

宋代"倒"成为了比较成熟的表示转折的副词，可以用于两项的对比。有时可以与"虽"搭配。如：

(10) 也是一说。但如此说，都无紧要的。如横渠说底虽似，倒犹有一截工夫；程先生说底，某便晓未得。(《朱子语类》卷二十二)
(11) 义理人心之所同然，人去讲求，却易为力。举业乃分外事，倒是难做。(《朱子语类》卷十三)
(12) 辜恩一去成抛撇，他无情俺倒心呆。(《醉花阴·秋怀》)

从元代以后，开始出现表示与说话人预期（包括主观判断和主观意愿）相反的用法：

(13) 我道楚使来取我首级，却元来不是，倒赦了我罪过。(尚仲贤《汉高皇濯足气英布》第一折)

此例中"倒"标示实际情况与说话人的主观判断"我道楚使来取我首级"不同，因此是一个反预期标记。

(14) 本待闲散心追欢取乐，倒惹的感旧恨天荒地老。(白朴《唐明皇秋夜梧桐雨》第四折)

此例中"倒"标示实际情况与说话人的主观意愿"闲散心追欢取乐"相反。

事理（共享预期）比起说话人的个人的预期来讲要客观一些。"倒"

从表示对客观事理的违背到表示对个人主观判断和主观意愿的违背,这是主观化的表现。

在以上两个例子中,说话人的主观预期在句子中都被明示出来了。在以下的例子中,说话人的主观预期是隐含的,没有明示出来:

(15)(红云)姐姐……你若又翻悔,我出首与夫人,你着我将简帖儿约下他来。(夫人云)这小贱人<u>倒</u>会放刁,羞人答答的,怎生去!(王实甫《西厢记》第四本)

此例中"倒"字提示了反预期的存在,隐含的说话人的主观预期可以推测为是以为丫鬟老实不会放刁。

我们认为,从历时的角度看,反预期标记使用时是从预期明示演变到预期隐含的,而预期隐含的情况的出现正是反预期标记发展成熟的一个标志。当反预期成为某个形式的固定功能之后,即使不明示出预期是什么,人们也能从这个反预期形式中推断出预期的内容,因此,这时这个形式就是成熟的反预期标记了。

以下例子中,"倒"标示的是与听话人的预期相反:

(16)伯爵道:"哥,你怎的笑?我<u>倒</u>说的正经话。……"(《金瓶梅》第三十五回)

此例中"倒"作为反预期标记针对的是听话人的预期,从"你怎的笑"这个小句可以推测出听话人的预期是认为说话人在开玩笑。

陈振宇(2017:332)认为自反预期是更为优势的,更容易在默认时获得,因为说话者总是对自我的感受更为敏感,这也是说话者中心主义的产物。从历时的角度看,"倒"的自反预期的出现早于他反预期。在表达他反预期时,具有了交互主观性,主观化程度进一步提高。

"倒"在表达自反预期时语气强烈，但表达他反预期时语气缓和委婉，这是符合礼貌原则的，对别人的观点（预期）的违反有可能会伤及别人的面子，因此需要委婉。

可以看出，"倒"的演变表现为一个主观化逐步加深的过程："与事理（共享预期）相反＞与说话人预期相反＞与听话人预期相反"。

2.1.2 从反预期功能发展出的其他相关功能

正因为"倒"作动词时有颠倒、乖背之义，演变为反预期标记后也蕴含着与某种一般认识的相逆，因此后来又发展出否定、责怪的语气，如：

（17）你晌午后先吃了人一顿拷，怎又将他来扯拽着？（搭旦云）奶奶，你<u>倒</u>说的好，他是个贼，见了怎不拿住？（《争报恩三虎下山》第一折）

（18）应伯爵道："我儿，你<u>倒</u>且是自在。二位老爹在这里，不说唱个曲儿与老舅听。就要去罢？"（《金瓶梅》第三十二回）

（19）大圣闻言，忍不住笑道："师父，你老人家忒没情义。为你取经，我费了多少殷勤劳苦，如今打死这两个毛贼，你<u>倒</u>教他去告老孙。……"（《西游记》第五十六回）

"倒"也可以发展出催促语气，在认为对方该做某事而没做某事时，催促对方做某事。可以用在祈使句中：

（20）你<u>倒</u>说呀！

此例中，说话人认为听话人应该说的时候还不说，与说话人的预期相反，因此催促对方说。

"倒"还发展出了让步的用法。如：

(21) 小保道："好倒好，只除等睡熟了，方可动手。"(《喻世明言·沈小官一鸟害七命》)

这种让步用法也是在反预期用法上的进一步发展，具体来讲是在他反预期的基础上发展出来的。这种让步用法里其实仍然蕴含着认识不一致的含义，在肯定一个命题的同时，也会进一步表达不同的认识。让步用法是如何从反预期用法发展出来的呢？我们认为是在互动的语境中发展出来的：说话者针对发问者的预期进行回应，并指出进一步的问题。

假设 B 想买一件衣服，但是有点犹豫，A 针对 B 的犹豫发问，B 用"倒"否定了 A 的预设，又进一步提出自己的观点。

(22) A 问：这件衣服不好吗？
　　　B 答：这件衣服好倒是好，就是有点贵。

以下是真实语料中的例子：

(23) 玉楼便问："姐姐，怎么上来滑了脚？不曾扭着那里？"月娘道："跌倒不曾跌着，只是扭了腰子……"(《金瓶梅》第三十三回)

(24) "头疼么？"美萍把手放到于观额头试温度。"头倒不疼，也不发烧，就是嗓子难受，咳嗽。"（王朔《你不是一个俗人》)

"倒"的出现表明与问者的认识（预期）相反，后面的进一步叙述，让"倒"所在的小句像是一个让步句。在让步用法中，"倒"原来蕴含的"不应该"意味没有了，"倒"的语气变得缓和，只有轻微的相反意味。

由让步用法进一步发展，"倒"可以用在始发句中，委婉地表达自己的看法或主张。如：

（25）那老儿挨着张员外身边坐下，问道："员外土库中失物曾缉知下落否？"张员外道："在下不知。"那老儿道："老汉倒晓得三分，特来相报员外。"（《喻世明言·宋四公大闹禁魂张》）

（26）胡似庄道："多谢奶奶亲娘，承你们看顾，不知亲娘曾有亲事么？我倒有一头绝好亲事，还不晓要甚人家？"（陆人龙《型世言》第三十一回）

当说话人对于听话人是否认可自己的想法没有十足把握时，加上"倒"之后显得委婉。也可以用于委婉地提出询问：

（27）西门庆道："就是那日在门首叉竿打了我的，倒不知是谁宅上娘子？"（《金瓶梅》第三回）

"倒"在陈述句和疑问句中的这种委婉用法体现了交互主观性。

2.2 "还"的反预期功能的语法化

"还"原本是表示"返回"义的动词。如：

（28）为城下之盟而还。（《左传·桓公十二年》）

作为运动动词，"还"的路径不是正向的，而是逆向的，是回到原点，与"倒"的语义有相同之处。唐敏（2009）、张丽丽（2010）等指出，表反预期的"还"脱胎于动词"回环、翻转"义，引申路径是"回环—翻转—反倒、反而"。

变为副词之后，"还"最初表示某个事情的出现是不合情理的，具有"不应该"的意味：

(29)（秦）穷武极诈，士民不附，卒隶之徒，<u>还</u>为敌仇，猋起云合，果共轧之。(《汉书·刑法志》)

(30) 尽忠竭节，<u>还</u>被患祸。(《三国志·魏书·公孙渊传》裴松之注引《魏略》)

吕叔湘（1980）解释"还"时突出了它所表达的语气和感情：表示超乎预料、应该怎样而不怎样，有责备或讥讽的语气。张宝胜（2003）也指出具有主观性的"还"字句表示说话人认为该命题是一个不应该发生的事实。

与"倒"一样，"还"也有转折用法，可以与"虽"配合使用：

(31) <u>虽</u>有髑髅，<u>还</u>无两眼。(《敦煌变文校注》卷二《庐山远公话》)

(32) <u>虽</u>即寿年长远，<u>还</u>无究竟之多；虽然富贵骄奢，岂有坚牢之处。(《敦煌变文校注》卷五《维摩诘经讲经文》)

以下例子中"还"标示与说话人预期相反：

(33) 燕子唱快，喜慰不已。"夺我宅舍，捉我巴毁，将作你吉达到头，何期天<u>还</u>报你。……"(《敦煌变文校注》卷三《燕子赋》)

在这个例子中，预期命题以显性形式出现："将作你吉达到头"。

(34) 奶奶，怎夜分时节，<u>还</u>未安寝？(《牡丹亭》第十一出)

以上例子中预期命题在句子中没有出现，但可以由明示成分推导出：夜分时节，该睡了。

下面的例子中，"还"标示与听话人预期相反：

（35）休这般说。贼们怎知你有钱没钱。小心些还好。（《老乞大谚解》）

"还"从其蕴含的"不应该"的语义特点也进一步发展出否定、责怪的语气，如：

（36）鲁达骂道："直娘贼，还敢应口。"（《水浒传》第三回）

"还"在对话语境中也发展出了催促的语气，获得了一定程度的祈使功能。如：

（37）百禄见他不说，就拿起一条柱杖劈头打去，道："还不实告！"（《二刻拍案惊奇》卷十七）
（38）行者认得，即叫："兄弟们，还不来叩头！那妈妈是菩萨来也。"（《西游记》第五十五回）

与听话人预期相反时，由于礼貌原则，"还"的语气一般比较委婉，由此进一步发展为对事物的尚可评价，可以表示程度上勉强过得去，基本达到要求，不是像预期的那样差：

（39）郑夫人出于无奈，只得捧着腹肚，走到庵后厕屋里去。虽则厕屋，喜得不是个露坑，倒还干净。（《警世通言》第十一卷）
（40）王德、王仁道："好几日不曾看妹丈，原来又瘦了些，喜得精神还好。"（《儒林外史》第五回）

2.3 "却"的反预期功能的语法化

"却"原是表示"退却"义的动词,如:

(41) 敌不敢至,虽至必却。(《商君书·去强》)

"却"也有较为客观的转折用法,表示对事理的违反,有"不应该"的意味。如:

(42) 忠臣谏言,遂被诛戮;佞臣谄乱,却赐封侯。(《敦煌变文校注》卷一《伍子胥变文》)

(43) 看着虽不入眼,却有骨气。(《朱子语类》卷一百三十九)

表示自反预期的例子如:

(44) 受辛勤打骂也甘心,又争知却有今日!(《刘知远诸宫调·君臣弟兄子母夫妇团圆》)

表示他反预期的例子如:

(45) 座主云:"心既讲不得,将虚空还讲得摩?"师云:"虚空却讲得。"(静、筠二禅师《祖堂集》卷十八)

"却"从反预期也发展出否定责备的语气,如:

(46) 你撇下两口儿老爷娘,却怎生一去不来家?(《元刊杂剧三十种·

薛仁贵衣锦还乡》)

"却"也可用在祈使句中,如:

(47) 是真个么?你却休瞒俺。(《原本老乞大》)
(48) 兄弟,既这等说,我且不打你。你却老实说,不要瞒我。(《西游记》第三十一回)

与"倒"一样,"却"也发展出了表示让步的用法,如:

(49) 那妇人道:"好却是好,只是奴手软了,临时安排不得尸首。"(《水浒传》第二十五回)

2.4 源头义为返回、翻转或颠倒的反预期标记的共同特点

这组词词汇语义中有一个共同的义素:"运动方向相反"。"运动方向相反"义在隐喻机制的作用下由空间域投射到认知域,表示抽象的"逻辑相反"义(唐敏,2009)。其后续的语义演变链条如下所示:"与客观的事理相反(转折)＞与说话人的预期相反＞与听话人的预期相反",预期的信息从在句中明示发展为在句中隐含,当预期信息在句中隐含时,反预期标记的语法功能更为成熟。

这一类反预期标记在语义上具有"不应该"的意味,由此可发展出责备、催促等语气,可构成祈使句,有的还在对话语境中进一步发展出让步用法。

第3节　从完成义动词发展为反预期标记

"竟"原本是个动词，表"奏乐完毕"，后引申为"完毕、完结"。如：

（50）当陈隧者，井堙木刊。敝邑大惧不<u>竟</u>，而耻大姬。（《左传·襄公二十五年》）

（51）及见怪，岁<u>竟</u>，此两家常折券弃责。（《史记·高祖本纪》）

（52）守此三者，足以<u>竟</u>其天年，传其天统，终者复始，无有穷已。（《太平经》卷三十六）

从动词演变为副词，可以表示"最终"：

（53）与谋伐齐，<u>竟</u>破齐，闵王出走。（《战国策·燕策一》）

（54）有志者事<u>竟</u>成也。（《后汉书·耿弇列传》）

事情的结果可以是与预料一致的，也可以是与预料不一致的。与预料一致的例子如：

（55）其母曰："吾闻有阴德者，天必报之。汝必不死，天必报汝。"叔敖<u>竟</u>不死，遂为楚相。（《论衡·福虚》）

（56）进不纳其言，<u>竟</u>以取祸。（《三国志·魏书·王粲传》）

当事情的结果出乎意料时，"竟"就隐含了反预期的意味，比如：

(57) 盗跖日杀不辜，肝人之肉，暴戾恣睢，聚党数千人，横行天下，竟以寿终。(《史记·伯夷列传》)

(58) 处即刺杀虎，又入水击蛟，蛟或浮或没，行数十里，处与之俱。经三日三夜，乡里皆谓已死，更相庆，竟杀蛟而出。(《世说新语·自新》)

当"竟"变为反预期标记之后，其搭配就可以出现一些变化，从动词扩展到形容词，可以不再叙述事件的结果，而转为对性质状态的评判。如：

(59) 太子谓彰曰："卿新有功，今西见上，宜勿自伐，应对常若不足者。"彰到，如太子言，归功诸将。太祖喜，持彰须曰："黄须儿竟大奇也！"(《三国志·魏书·任城陈萧王传》)

"竟"的双音化形式"竟然"也可以表示反预期，如：

(60) 公子道："他昨日送得二百两，讲过今日还有三百，他竟然赖了。"(陆人龙《型世言》第二十九回)

强星娜（2020）指出，"竟""竟然"所反的预期是"无定预期"，即一种常理性认识，在当前命题出现之前是未被激活的。从历时的角度看，"竟"的本义是"完成"，"竟"所标示出的反预期是在叙述者发现了事情的结果之后感觉这个结果背离了通常的情况，因而感到惊讶，但在发现事情的结果之前并没有激活某个特定的预期。

强星娜（2017）指出，汉语典型意外表达副词"竟然"在言语行为参加者方面是有选择的，即它只能用于"言者意外"，不能用于"听者意外"。这就是说，它只能表达自反预期，不能表达他反预期。正如上文所言,"竟"和"竟然"标示的是言者在发现了某件事情不同寻常的结果之后的惊异,不是针对听者的某种预期而发的,因此主要表达自反预期。

"竟""竟然"与事件叙述相关,反预期是事件的结果不属于通常的情形而引发的,其语义本来不蕴含价值评判,在表示反预期时含有"没想到"的意味,带有意外、惊讶的语气。

"竟""竟然"发展为反预期标记在一定程度上符合 Hengeveld and Olbertz(2012)提出的"结果体＞意外标记"的演变模式。[1]

"竟"和"竟然"不蕴含对比,没有转折标记的用法。[2]

第 4 节 从"不正""偏离"义发展为反预期标记

"偏"的本义是"不正""偏离",是一个动词。如:

(61) 殷之日,案以中立,无有所偏而为纵横之事……(《荀子·王制》)

变为副词之后,表示的是与常见情形的背离,标记的是不寻常的举

---

[1] 事情的最终结局既可以符合预定计划或意愿,也可能背离计划或意愿。表示完成的动词在语义演变上可以向两个方向发展,一个是符合常理或预定计划与意愿的,如"终于""果然";一个是背离常理或预定计划与意愿的,如"竟""竟然"。

[2] "居然"在表示反预期,性质与"竟"和"竟然"相同,但是"居然"的来源义与"竟""竟然"不同。《汉语大词典》把"居然"与"居"的"明显、明晰"义联系在一起。"居"最初的词汇义是"坐",由此引申出很多义项。我们认为,"居"的"明显、明晰"义应该是来自"容易"的含义,一个事情很容易看出来,就很明显、很明晰,而"容易"的含义可以与"居"的本义"坐"联系在一起,因为"坐"是一种轻松的身体姿势,可以说"坐享其成"等。

"居然"的反预期用法较早的如:

(1) 满空乱雪花相似,何事居然无赏心?(裴度《雪中讶诸公不访》)

(2) 此夕清辉,谁信道、夜色居然如画。(蔡楠《念奴娇·寄仙岩辛承旨》)

动、小概率事件。如：

（62）不邀诸德，偏道我名，对弥勒前却纪纤尘，向海水畔偏夸滴露。（《敦煌变文校注》卷五《维摩诘经讲经文》）

（63）今世博学之士大率类此。不读正当底书，不看正当注疏，偏拣人所不读底去读，欲乘人之所不知以夸人。（《朱子语类》卷五十七）

（64）这花纹、甘㽵，两个本是穷鬼，却偏会说大话。（陆人龙《型世言》第十五回）

"偏"也可以表示对比和转折，如：

（65）先生好性撇。众人都烦恼，偏你恁欢悦。（董解元《西厢记诸宫调》）

进一步的发展是表示与说话人的主观愿望背离。比如：

（66）月圆苦被阴云罩，偏不把离愁照。（郑光祖《南吕·梧桐树南》）

（67）三巧儿道："多少东行西走的人，偏没个卖卦先生在内。若有时，唤他来卜问官人消息也好。"（冯梦龙《喻世明言·蒋兴哥重会珍珠衫》）

从表示小概率的事件对常态事件的偏离到表示实际情形和主观意愿的背离，这是一个主观化的过程。

温锁林（2001）把"偏"的功能概括为"惊奇口气"。我们认为"偏"在表达惊讶之外也表达遗憾的语气，遗憾是由于主观意愿因为一个小概率的情况的发生而没有达成，"偏"表达反预期时遗憾的意味有时甚至多于惊讶，表现出言者"不希望如此"的意味。

"偏偏"是"偏"的重叠双音形式，也可以表达反预期。如：

(68) 常言道"明德之人当有后",偏偏的正宫长子忒痴顽!(贾凫西《木皮散人鼓词》)

(69) 想来他也该作得些些事业,爱个小小声名,也须女嫁男婚,也须穿衣吃饭。却都不许他作,偏偏的要他作个闲人。(《儿女英雄传》第二十八回)

"偏生"也是"偏"的双音形式,也可以表达反预期。如:

(70) 王婆道:"便是这般苦事!自古道:'骏马却驮痴汉走,巧妇常伴拙夫眠。'月下老偏生要是这般配合!"(《水浒传》第二十四回)

(71) 薛乡绅道:"今日奉邀诸位先生小坐,淮清桥有一个姓钱的朋友,我约他来陪诸位顽顽,他偏生的今日有事,不得到。"(《儒林外史》第三十四回)

总之,这种从"偏离"语义演变来的反预期副词标记的是对某种意愿的违背,含有"不希望"的意味,强调的是不如意。与"竟"类相反,"偏偏"针对的是"特定预期",是某个在线激活的预期(意愿)。

第 5 节 结语

根据以上的分析,我们得出了三类反预期副词。这三类副词的反预期功能各有特色,可以说,它们的词汇语义来源制约了它们的反预期功能。

来自"返回"、"翻转"或"颠倒"义动词的反预期副词"倒""还""却"等的语义基础是"反转",普遍具有转折用法。其反预期语义更多偏重于"不应该"。可进一步发展出否定、责怪、催促的语气,可以用在祈使句中。用于自反预期时语气强烈,用于他反预期时语气缓和,还可以在互动语境中发展出让步用法。

来自"完成"义的反预期副词"竟""竟然"与事件结果相关,语义偏重于"没想到,意外"。其所反预期为无定预期,也就是说,在言者发现事件的结果之前预期并没有被激活。这类没有转折用法,也不能用于祈使句。

来自"偏离"义的反预期副词"偏""偏偏""偏生"侧重于表达"不希望",所反预期为特定预期,主要表达的是与说话人的主观意愿的相反,带有惊奇和遗憾的语气。可以有转折用法,不能用于祈使句。

第6节 余论:反预期标记与强调标记

有一些副词在一些研究中也被看作反预期标记,其主要功能是反驳听话人可能存在的某种预期,即表达的是他反预期。但这一类实际上最基本的语义功能是强调,反预期只是其附加功能。如"并""可""又""才"等。

(72) 他<u>并</u>不傻。
他<u>可</u>不傻。
他<u>又</u>不傻。
他<u>才</u>不傻。

以上例子都暗含对听话人预期的反驳:听话人可能认为"他傻",说话人针对听话人进行反驳,指出"他实际上不傻"。

这样的例子中的"并""可""才""又"实际上都是强调标记［Biq（1988）也把"才"的这种功能看作强调］，来源不尽相同。"并"的强调用法来自全称量化用法（董秀芳，2010）；"可""才""又"的强调用法与其可以作为关联标记的后项（引进焦点信息）有关。

他反预期与"强调"（emphatic）范畴关系密切，强调标记经常可以用来表达反预期的功能。比如"他真的来过！"（"真的"有重音），表示对方原来的预期或怀疑（"他没有来"）是不对的。其中，"真的"就是一个强调标记，强调的是一个与听者预期相反的事实（陈振宇、姜毅宁，2019）。

第 8 章 "曾"的反预期功能与经历体用法的演变关系

第 1 节 引言

"曾"在古书的虚词解释中明确地分为两类用法：一是语气副词，音"增"，可译为"竟然、简直、甚至"等，如例（1）；一是时间副词，音"层"，义同"尝"或"曾经"，如例（2）。

（1）谁谓河广？曾不容刀。谁谓宋远？曾不崇朝。（《诗经·卫风·河广》）

（2）庄公存之时，乐曾淫于宫中，子般执而鞭之。（《公羊传·闵公》）

对于这两种用法传统小学有两种不同的观点。王引之《经传释词》（2000：81）在引用多篇字书、韵书的基础上，得出结论："以上诸书，皆音义判然，不相淆杂。"只有袁仁林《虚字说》（1989：101）试图在这两种用法之间建立语义关联："'曾'字有正反二用：正用言其向曾如此，反用多带诘问意，故尾声多用'乎'字平拖，以见未尝如此意。"

当代学者对"曾"的这两种用法也有不同的观点。龚波（2005）认为，时间副词用法是从语气副词用法发展而来，不同于从时间副词到语气副词的常规路径，属于语法化和主观化的反例。谷峰（2010：198）认为两者没有历时的源流关系，引申无从谈起。这两种针锋相对的观点各有得失。龚文重在界定时间副词最终的演变结果，缺乏对语气副词用法的深入分析。谷文重在分析两者典型用法的区别性，忽略了非典型用法的连续性。

本章在类型学的概念框架下重新分析"曾"的两种用法之间的语义演变关系。"曾"的语气副词用法，语义上属于"惊异"（mirativity）范畴的反预期用法。有的研究主张把它从示证或情态范畴中独立出来（DeLangcy，1997，2012）。"曾"的时间副词用法，在语义上属于体貌范畴的完成体的经历性用法，也可以径直称为经历体用法（参见陈前瑞，2016）。惊异范畴是近年来讨论的热点，而专属的经历体标记则是汉语体范畴的特点之一，从反预期到经历是富有特色的跨范畴演变，揭示这种跨范畴的共时联系和历时演变的共相和殊相是近些年来类型学和语义演变研究关注的热点（参见刘丹青，2014；吴福祥，2015）。本章基于汉语丰富的上古语料，分析"曾"的语气用法演化为时间用法的萌芽，分析"曾"的时间用法中语气用法的痕迹，讨论反预期和经历这两种功能联系在跨语言材料中的多样性与一致性。

需要说明的是，对于上古汉语的变调、变声与意义变化之间的关系，学术界有两种观点，一种是构形说，认为变调和变声是上古形态的残留；一种是构词说，认为变声、变调的本质是区别词义而非区别词性（参见张忠堂，2010概述部分）。对"曾"的两种用法之间音变的解释超出了本章的范围和笔者的专业领域。受材料和篇幅限制，本章不涉及"曾"的实义。

第 2 节 "曾"的语气用法的类型与典型性分析

2.1 "曾"的语气用法的功能分类

"曾"的语气用法包含不同特点的用例,学者对这些用例的分合提出了不同的看法。韩峥嵘(1984:587)把"曾"的"竟然"义以外的用法都概括为表示强调,可译为"甚至""连……都"。吴庆峰(2006:407)把否定成分之前的"曾"的全部用法概括为"加强否定语气"。谷峰(2010)及后续研究倾向于分出多种不同的用法。[1]本章基于对"上古汉语标记语料库"全部上古文献(下文简称为"上古语料库语料")的检索,得到语气副词"曾"的 99 个确定用例,把"曾"的语气用法一并归入反预期用法,并将这一用法细分为两种语用功能(关于反预期用法的论述和分类参见吴福祥,2004):

第一,违背说话人和听话人的预期。一般理解为"竟然",如例(3);在反问句的语境中可具体理解为"难道、怎么",如例(4),虽然意义是否定性的,但形式仍然是肯定的;在出现极端项的情况下,可理解为"连……都",如例(5)。除个别例句以外,小句主语均为第二、三人称。

(3)去其故乡,事君而达,卒遇故人,曾无旧言,吾鄙之。(《荀子·宥坐》)

---

[1] 谷峰(2010)明确地将"曾"的语气用法分为四种,其后续研究《上古汉语语气副词"曾"的分布、功能与演变——以"曾"与相关虚词的比较为线索》(待发表)则倾向于认为"曾"在演变过程中有分化为四种用法的倾向。 感谢谷峰先生惠赐其博士论文的后续研究成果。 这里仅引用两者一致的地方,并标注为谷峰(2010),有兴趣的读者可追踪其后续研究。

（4）子夏问孝。子曰："色难。有事，弟子服其劳；有酒食，先生馔，<u>曾</u>是以为孝乎？"（《论语·为政》）

（5）人也，忧忘其身，内忘其亲，上忘其君，则是人也，而<u>曾</u>狗彘之不若也。（《荀子·荣辱》）

第二，违背特定社会共享的预期。在与否定词共现的情况下理解为加强否定的"简直、根本、完全"等，小句主语多指说话人，在"上古语料库语料"中，这种用法的典型用例共5例，过渡用例1例，即例（6）的"臣愚陋，曾不足以承明诏"。在这种情况下，可以理解为违背"陛下"预期的"竟然"，如阎丽译注（2003：275）；但如果侧重于说话人的自谦，自认为达不到社会公认的标准，也可以理解为加强否定，翻译时不直接对译，如赖炎元注译（1984：393）、张世亮等译注（2012：572）。例（6）（8）是最典型的加强否定的用例。例（9）（10）主语为明确的第一人称代词"我"，其语篇的语义结构相同：第一部分对举事实，第二部分阐释原因。第一部分正反对比增强了"曾"加强否定的功能。第二部分通过设问自我阐释原因，实际上取消了理解为"竟然"的可能性。上述例证均为第一人称，也有1例主语省略，泛指行为人，如例（11），"曾"表示在设定的语境下，根据大家的背景知识完全无法做出某种动作。[1]

（6）陛下乃幸使九卿问臣以朝廷之事，臣愚陋，<u>曾</u>不足以承明诏，奉大对。臣仲舒昧死以闻。（《春秋繁露·郊事对》）

（7）且臣之说齐，<u>曾</u>不欺之也。使之说齐者，莫如臣之言也，虽尧、舜之智，不敢取也。（《战国策·燕策一》）

---

[1] 于智荣（2003：231）把例（9）"我曾无邻里之闻"翻译为"而我竟没有传播于邻里的好名声"。许匡一译注（1993：1173）把例（10）"我曾无有闾里之闻"翻译为"而我却在穷巷乡里之间无人知晓"。卢元骏注译（1979：507）把例（11）的"曾不可以大息小"翻译为"就无法用更大的武器来制止它"。可见，"曾"的加强否定用法容易被误解或忽视，翻译的时候也不一定能够显现出来。

(8) 左师触龙言愿见太后，太后盛气而胥之。入，徐趋而坐，自谢曰："老臣病足，曾不能疾走，不得见久矣……"（《史记·赵世家》）

(9) 舜何人也？我何人也？夫启耳目，载心意，从立移徙，与我同性。而舜独有贤圣之名，明君子之实；而我曾无邻里之闻、宽狗之智者。独何与？然则舜乇勉而加志，我僮僈而弗省耳。（《新书·劝学》）

(10) 三代与我同行，五伯与我齐智，彼独有圣智之实，我曾无有间里之闻、穷巷之知者，何？彼并身而立节，我诞谩而悠忽。（《淮南子·修务训》）

(11) 鲁石公剑，迫则能应，感则能动……相离若蝉翼，尚在肱北眉睫之微，曾不可以大息小，以小况大。用兵之道，其犹然乎！（《说苑·指武》）

基于上述分析，可以看到"竟然"义是语气副词"曾"的典型功能，而加强否定用法是在特定的句法、语义和语用中分化而来的功能，难以用单一的参数（如人称、否定）径直区别二者。

2.2 "曾"的语气用法的典型性分析

在"上古语料库语料"中，"曾"语气用法的典型性可从以下三个方面进行分析：

第一，"曾"所在小句谓词形式多为否定性的。99例中，否定形式有82例，如前文所举的例（1）的"曾不容刀"。肯定形式只有17例。这17例当中14例为肯定形式的反问句，如前文的例（4）的"曾是以为孝乎"，只有3例为陈述句，如例（12）（13）（14）。这3例分布在《诗经》《论语》《晏子春秋》中，不过《晏子春秋》的用例具有一定的争议。[1]

---

[1] 张纯一（1935: 131）和吴则虞（1962: 314）都认为例（14）的"曾"为"禽"的讹文的并入。此说可供参考，但非定论。感谢审稿专家指出这一点。

(12) 戎成不退，饥成不遂。<u>曾</u>我暬御，憯憯日瘁。凡百君子，莫肯用讯。（《诗经·小雅·雨无正》）

(13) 季子然问："仲由、冉求可谓大臣与？"子曰："吾以子为异之问，<u>曾</u>由与求之问。"（《论语·先进》）

(14) 吾君仁爱，<u>曾</u>禽兽之加焉，而况于人乎！此圣王之道也。（《晏子春秋·内篇·杂上》）

谷峰（2010：198）认为已然的时间副词"曾"与语气副词"曾"的反预期和反诘用法没有历时的源流关系，主要理由有二：一是表已然的"曾"只用于陈述句，反预期的"曾"可以用于疑问句，反诘的"曾"只见于疑问形式的句子，时间和情态用法在分布上泾渭分明。二是与否定词连用时，已然的"曾"只分布在否定词右侧，如"未曾"；反预期或反诘的"曾"只分布在否定词左侧，如"曾不"。上述3例语气副词"曾"出现在肯定陈述句中，另有例（13）出现在肯定反问句中，均与否定词无关，都出现在动词的左侧；并不支持谷文的上述观点，进而启发我们思考在肯定句中语气副词和时间副词之间更为密切的联系。[1]

第二，"曾"所在小句谓语的情状类型多为状态情状，其典型意义为"竟然存在这样的状态"。在 99 例中有 79 例的谓语为状态情状，这其中有的谓语动词直接由状态动词构成，如例（9）"而我曾无邻里之闻"的"无"；有的由助动词加动词构成，如例（11）"曾不可以大息小"的"不可以"与"息"。但是，也有 20 例由动态谓词直接构成。这些动态谓词有的在语境中可以体现为过去发生的动作，如例（13）"曾由与求之问"之前有"季子然问：'仲由、冉求可谓大臣与？'"，可理解为"竟然问起了由与求"，兼有语气和时间意义。在标注为语气用法的用例中，类似的兼有双

---

[1] 在肯定反问句中，语气副词"曾"与反问句的言外之意在语义上和谐一致，如例（4）的"曾是以为孝乎？"，也有助于"曾"的语义虚化，即诱发听话人将"曾"的语气义分析为反问句所承担的意义，使得"曾"不再负载语气义。参见 Bybee et al.（1994）对"和谐"的语义演变机制的分析。

重理解的用例在《论语》和《孟子》中共有 4 例，除例（13）外，还有例（15）（16），它们都是对刚刚发生的过去事件的评论，并且带有非常明显的语气。类型学的已有研究表明，包括经历体在内的完成体先是与动态谓词共现，然后扩展到与静态谓词共现，从而产生兼表状态存在的语气用法（参见 Bybee et al.，1994：74；陈前瑞、胡亚，2016）。与此不同的是，"曾"与静态谓词共现时，典型地理解为语气用法；但与具有可变化的时间属性的动态谓词共现时，就有较大的可能理解为时间副词，只是时间副词的含义还没有成为"曾"的语义意义。两者都体现了语法语素与动词语义类型之间具有规律性的相互作用。

（15）季氏旅于泰山。子谓冉有曰："女弗能救与？"对曰："不能！"子曰："呜呼！曾谓泰山不如林放乎？"（《论语·八佾》）

（16）曰："然则吾子与管仲孰贤？"曾西艴然不悦，曰："尔何曾比予于管仲？管仲得君如彼其专也，行乎国政如彼其久也，功烈如彼其卑也。尔何曾比予于是！"（《孟子·公孙丑上》）

第三，说话人对"曾"所在小句的命题本身典型地持负面立场且小句位于结句位置。99 例中标注为负面立场的有 81 例，标注为中性立场的有 9 例，标注为正面立场的有 9 例。当说话人对命题持负面立场时，特别是以反诘的形式来表达这种负面立场时，"曾"所在小句常处于结句位置，并处于话语中极为突出的地位，也通常负载最为强烈的感情色彩，这些特征与"竟然"义都是相互吻合的；如例（4）的"色难，有事，弟子服其劳；有酒食，先生馔，曾是以为孝乎？"，反问句处于句末。但是例（3）的"去其故乡，事君而达，卒遇故人，曾无旧言，吾鄙之"中，"曾无旧言"处于倒数第二个小句，成为陈述过去事实部分的最后一个小句，为全句最后一个小句鲜明的负面立场提供证据。在这种非结句的情况下，"曾无旧言"与"吾鄙之"就具有类似于完成体的现时相关性的关系，两者具有明显的因果关系，"曾"所在小句同样具有接近于完成体或经历体的话语功能。

总之，"曾"的语气副词的典型用法的确与完成体在句法特征、语义类型、语篇结构这三个方面判然有别。但是，在每一个特征内部都存在非典型的情况。在非典型的情况下，语气副词用法与时间副词用法保持着更为密切的联系，有些用例似乎可以在保持原有的语气副词用法的同时，与已然或曾然的时间语义相互兼容。

第3节 "曾"的时间用法的典型性

3.1 "曾"早期的时间用法的典型性

在"上古语料库语料"中，可以确定为时间副词的"曾"有11例，分析这些用例的典型性，可以发现以下几个特点：

第一，肯定用例有8例，如例（17）。可见早期用例以肯定用法为主，且以陈述句为主，仅1例为疑问句，如例（18）。这样就与上文提及的语气用法的非典型用法的肯定形式联系起来了。否定用例有3例，如例（19）。此例中的"未之曾有也"在"未"和"曾"之间插入了前置的代词宾语"之"，不同于后世常见的"未曾有"。龚波（2005）认为此例中"似乎"是时间副词，显示时间副词的否定用法发展较晚。龚文就是以否定用法的"未曾"作为时间副词产生的标志。在我们看来，标志性的区别性特征总是晚于非标志性特征的出现。

（17）孟尝君<u>曾</u>待客夜食，有一人蔽火光。客怒，以饭不等，辍食辞去。孟尝君起，自持其饭比之。客惭，自刭。士以此多归孟尝君。（《史

记·孟尝君列传》）

(18) 秦王忿然作色，怒曰："公亦曾见天子之怒乎？"（《说苑·奉使》）

(19) 夫以德得民心以立大功名者，上世多有之矣。失民心而立功名者，未之曾有也。（《吕氏春秋·季秋纪》）

第二，动态情状有9例，既有动态性比较强的"待客、出游、淫（施淫）、刺、入、见"，也有动态性较弱"为（担任）"。其中"见、入（侵入）"为达成类情状，各2例，相对较多。静态谓词仅2例，即例（19）"未之曾有也"的"有"，例（20）"官未曾乱也"的"乱"。历史语言学及第一和第二语言习得等多个领域的研究表明，不同语言的完成体标记均倾向于先与达成类情状共现[1]，然后与活动类情状共现，最后与状态情状共现〔参见杨素英（2016）对"体假设"的介绍〕。可见，从谓语的情状类型来看，时间副词与语气副词保持了规律性的联系，其中动态动词的肯定性用法是这两种用法的过渡语境。

第三，除2例直接作为问答句之外，"曾"所在小句作为结句小句的有3例。这3个用例中，一个表达鲜明的否定性立场，如例（19）的"失民心而立功名者，未之曾有也"；一个表达肯定的解释，如例（20）的"官未曾乱也"；一个作为后续事件并可能兼有否定性评价，如例（21）的"梁王以此怨盎，曾使人刺盎"。其他6例均出现于始发小句或第二小句，如例（17）的"孟尝君曾待客夜食"，以引出后续事件，并作为后续评论的依据，但肯定与否定评论的偏向性并不明显。全部用例中明显带有否定立场的只有4例。可见，从语篇的结构和小句所表达的立场来看，时间用法与语气用法的非典型用法也有相承之处。

---

[1] Meisterernst（2015:335）指出，《史记》的7例时间副词以与达成动词共现为主。

（20）文武不备，良民惧然身修者，官未曾乱也。（《史记·循吏列传》）

（21）梁王欲求为嗣，袁盎进说，其后语塞。梁王以此怨盎，曾使人刺盎。刺者至关中，问袁盎，诸君誉之皆不容口。乃见袁盎曰："臣受梁王金来刺君，君长者，不忍刺君。然后刺君者十余曹，备之！"（《史记·袁盎晁错列传》）

3.2 "曾"的时间副词与语气副词用法的双重理解

在"曾"标注为时间副词的 11 例中，有 3 例有不同程度的双重理解，既可以理解为时间副词，也可以理解为语气副词，为构建从语气副词到时间副词的演变路径提供了极为难得的佐证。而且，这 3 例中语气副词所带有的反预期的程度逐渐减弱。例（21）的"袁盎进说，其后语塞"是构成"梁王以此怨盎"的原因，但是"曾使人刺盎"的确出乎叙述者和社会共享的预期。此例的反预期含义是显性的，只是按照这种理解，叙述者的立场过于明显。"派、刺"均为动态动词，语篇整体为记述过去发生的事件。"曾"所在小句与前文构成明显的现时相关性，且"曾使人刺盎"作为一种非特定的概括性叙述，与后文的"然后刺君者十余曹"所表述的重复性事件相互呼应，既符合经历体的常规语义模式，也符合史书的概括性叙述风格。因此，该例的"曾"可以视为同时具有时间副词和语气副词的含义。[1]

例（22）（23）中"曾"所在小句均为"虏曾一入"，但是小句所带有的反预期功能却有程度和性质之别。例（22）前文有"是以匈奴远避，不

---

[1] Meisterernst（2015:335—336）不赞成 Watson（1993）将此例按语气副词翻译（even sent a man to assassinate him），认为此例既没有否定词也没有感叹和反问的标记，没有理解为语气副词的证据。前文的分析已经表明语气副词的用例实际上不受这些形式标准的限制。王利器（1988:2175）译为：曾派人行刺袁盎；韩兆琦（2010:6159）译为：就派人进京来暗杀他。

近云中之塞"构成预期信息,"虏曾一入"本身只是过去的一次行为,但对比之下产生出乎意料的含义,因而其结局也在意料之中,即"尚率车骑击之,所杀甚众"。例(23)的前文有"先帝置孟舒云中十余年矣",预设了经历体理解所需要的过去不确定的时间段以及抵抗入侵的长时间准备,"虏曾一入"本身不具有明显的反预期意味,可视为客观地叙述曾经发生的事件;超出预期的不是"曾"所在小句,而是后文"孟舒不能坚守,毋故士卒战死者数百人",故有"公何以言孟舒为长者也"之感慨。如果联系后文来看,"虏曾一入"或许可以勉强地理解为"敌人就(曾)攻进来一次,他也守不住"。反预期意义不再是例(23)中"曾"的语义内容,而成了间接相关的语用意义。[1]

(22)今臣窃闻魏尚为云中守,其军市租尽以飨士卒……是以匈奴远避,不近云中之塞。虏<u>曾</u>一入,尚率车骑击之,所杀甚众。(《史记·张释之冯唐列传》)

(23)上曰:"先帝置孟舒云中十余年矣,虏曾一入,孟舒不能坚守,毋故士卒战死者数百人。长者固杀人乎?公何以言孟舒为长者也?"(《史记·田叔列传》)

"曾"在《史记》语料中的确存在双重理解的用例,龚波(2005)认为只有在东汉《论衡》语料中出现了多个"未曾"的用例之后,该用法才明确地形成。《史记》的这些带有双重理解的临界环境用例超过全部上古时间副词用例的四分之一,应该说具有一定的临界频率(参见彭睿,2011),是非常有力的演变证据。有意思的是,在中古时期的《世说新语》中,有11例"曾"的时间用法,其中有2例否定用例和1例疑问用例,如例(24)

---

[1] 根据 Meisterernst(2015:335—336),在《汉书》的对应文本中,例(21)没有出现"曾"及其他表示语气或经历的副词,例(23)改成了"常"(通"尝")。另外据查,例(22)改成了"尝"。从《史记》和《汉书》的异文来看,例(22)(23)的时间意义比例(21)要明显一些。

(25);肯定与否定用例的比例与上古时期相当,但肯定用例未见明显的双重理解现象。否定与疑问用例均带有明显的反预期含义,说明经历和反预期的语义关系非常密切,尤其是在否定和疑问环境中,经历义容易临时附带上一定程度的反预期的语用意义。

(24)宣武曰:"卿向欲咨事,何以便去?"答曰:"友闻白羊肉美,一生未<u>曾</u>得吃,故冒求前耳,无事可咨。今已饱,不复须驻。"了无惭色。(《世说新语·任诞》)

(25)谢太傅为桓公司马。桓诣谢,值谢梳头,遽取衣帻。桓公云:"何烦此。"因下共语至暝。既去,谓左右曰:"颇<u>曾</u>见如此人不?"(《世说新语·赏誉》)

综上,"曾"语气用法的非典型用例跟时间用法的典型用例在肯定的句法形式、由动态动词构成的语义特点、因果关系的话语结构这三个方面存在一定的相似性。用例或范例(exemplar)的相似性被认为是构式在共时系统中语义表征的基础(Bybee,2006),也是语言演变的实现过程的基础(De Smet,2012)。这是基于使用的语言理论(usage-based theory,详见 Bybee,2010)的基本立场。本章对"曾"的不同用法的典型性分析在理论和实践两个方面与该理论是一致的,是将该理论应用于汉语语义演变研究的初步探索。

第 4 节 反预期与经历的跨语言联系及其理论意义

4.1 反预期与经历的跨语言联系

根据 DeLangcy(1997:36),"惊异"(mirativity)的基本功能是在句

子中加标记表示其信息对说话人而言是新的或者是令人吃惊的，而不考虑该信息的来源是一手还是二手的。Aikhenvald（2012：435—485）把已有的跨语言研究中用语法手段表示的归于惊异范畴的意义概括为以下5点：①突然发现、揭露或意识到的；②令人吃惊的；③没有思想准备；④反预期的；⑤新信息。[1] 本章讨论的"曾"的语气用法可以归入惊异范畴的反预期意义。现有研究也非常关注惊异范畴与相关范畴的跨语言联系，DeLangcy（1997）认为惊异范畴反映了命题在说话人整个认识结构中的地位，在共时和历时中惊异与时、体、示证和情态都有复杂的互动关系。该文侧重藏缅语从惊异范畴到完成体或示证范畴的演变关系，但是对于藏缅语的示证范畴学界存在一些不同的认识，使得对惊异与示证范畴的演化关系有不同的意见。不过，Aikhenvald（2012：210）指出，聚焦于现时相关性的完成体即使在不兼表示证用法的情况下也可以获得惊异用法。因此，惊异用法和完成体以及兼表示证用法的完成体之间存在多种可能的语法化路径。

仅就经历体意义和反预期意义而言，已有的不可多得的跨语言材料同样展示出不同的共时关系和历时演变路径。

第一，从反预期到经历。Heine et al.（1991：202）在描写非洲尼日尔-刚果语族 Ewe 语的"看"义动词 kpɔ́ 时，构拟了一条子路径，即（26），其中的从未（EVER/NEVER）在语义上接近于否定的经历体用法，如（27），其中 a、b 分别是反预期和确认或经历用法。[2] 但是这一路径是根据共时多功能性构拟出来的，汉语"曾"的语气副词用法和时间副词用法明显处于不同的历史时期，且存在双重理解的文本材料，因而可以初步证实从反预期到经历的演化路径。反过来，Ewe 语的共时多样性进而可以加强证明"曾"的两种用法之间的联系具有跨语言的一致性。

---

［1］ 王健（2013）将 mirativity 翻译为意外范畴，林青（2014）翻译为惊异范畴，比较而言，略带书面色彩的"惊异"更适合作为一个宽泛的语法范畴或语义范畴的名称；而"意外"则适合描述该范畴所表达的5种语法意义中的某一种，如反预期或吃惊。 当然，这些意义之间的区别还有待细化。

［2］ 分别引自 Heine et al.（1991）第7章的例（61）和例（52）。

(26) 看（see）＞反预期（COUNTER-EXPECTATION）＞确认（RE-ALLY）＞经历（EVER/NEVER）＞已经、尚未（ALREADY/NOT YET）

(27) a. xɔ sia mé kɔ́ kpɔ́ o
      房子 这 否定 是高 看 否定
     "这个房子确实很高（我印象中它小得多）。"

  b. e-se-e   kpɔ́ a
     2单—听—3单   看   疑问
     "你真的听到了那个？/你曾经听过那个？"

根据 Grangé（2010），印度尼西亚的马来语中，有两个完成体标记 pernah 与 sempat，两者都在谓语动词前。sempat 还有反预期的用法，如（28）为完成体兼表反预期的用例。此外，根据《印尼语大词典》（Sugono，2008：1404），sempat 还发展出类似于 pernah 的经历体用法，如（29）仅有经历体的含义。但是，在马来西亚的马来语中，sempat 只有反预期功能，表示有（难得的）机会做某事，并发展出接近于完成体的用法，但还没有明显的经历体用法。[1] 马来语两种变体的发展差异从另一个角度证明从反预期到经历的历时演变路径。

(28) Iwan   sempat   ber-temu   dengan   Sri Sultan.
     伊万   完成/反预期   交互—见面   介词   苏丹尊称
     "伊万有幸见到苏丹。"

(29) Di daerah itu banyak pen-curi   yg   sempat
     在   地区   那   多   名词化—小偷   连词   经历
meng-heboh-kan   masyarakat.
主动.做—轰动—使役   社会
     "在那个地区（有）很多曾经轰动社会的小偷。"

---

[1] 该例的检索、核对、标注及马来西亚的马来语的情况均由马来西亚籍博士生杨育欣提供。

另外，经历体作为完成体的一个下位范畴，它通常是由典型的完成体用法即完成体的结果性用法发展而来的（参见陈前瑞，2016）。为了跟经历体或经历对举，该类用法也可以简称为已然体或已然。印尼语的反预期标记在形成经历体用法之前，明显还经过了一个已然体的用法，如同汉语的"过"（参见陈前瑞、张曼，2015），这也符合多数经历体的演变过程；但也有些经历体并没有经过明显的已然体的阶段，如本章考察的"曾"以及上古汉语的另一个经历体标记"尝"（王继红、陈前瑞，2014）。至于 Heine et al.（1991：202）构拟的例（26）中经历进一步发展成为类似于已然的用法，还有待更多证据的检验。

第二，从经历到反预期。林华勇、肖棱丹（2016）在报道四川资中方言"来"的多功能性时，构拟了一条子路径，即（30）。其中的"曾然"除了经历体用法之外，还包括近过去等用法。其中的"确认"用法用于感叹句末尾，带有夸张的语气。从文中的举例来看，仍然适用于过去事件，如例（31）。例（32）是作者所谓惊讶用法，是一种反预期的用法。

(30) 趋向动词＞曾然＞确认＞惊讶
(31) 他一口气就吃了五个馒头来！
(32) 太阳从西边出来了来！

资中方言"来"与 Ewe 语的确认用法非常接近，都可以适用于明显的过去事件，似乎也印证了这两种语言或方言中在经历和反预期之间存在一个确认的中间环节。但是，这种确认用法在"曾"的语气用法中很难找到完全相当的对应物。比较而言，加强否定用法剔除否定词已经表达的含义之外，"曾"独立承担的用法似乎可以用"强调或确认"来描述。两种"确认"的区别是："曾"主要确认一种现在所处的状态，而"来"可以确认过去发生的特殊事件。这种差别可能与其词汇来源密切相关。

不过，更为突出的问题是：前文讨论的"曾"的双重理解的用法主要

涉及经历义与竟然义,且都出现在肯定句中,基本不涉及"曾"的加强否定的用法。据此,可以得出两点具有类型学意义的观察:

第一,经历和反预期可以双向演变,这种双向性并不是要否定语法化的单向性,而是不同词汇来源的语法语素或者说虚实程度不同的语法语素可能具有不同的演变路径。

第二,经历和反预期之间的演变可以有确认或已然这个中间环节,也可以没有明显的中间环节。这体现了两者演变路径的多样性与一致性。一致性表现在两者具有语义上的联系,多样性还表现在演变的阶段可以有不同的表现,仅就已有的材料而言可以简要表述为例(33)。其中,从反预期直接到经历是上古汉语"曾"的路径,从反预期经已然到经历是印尼语 sempat 的路径,从反预期经确认到经历是 Ewe 语的 kpɔ́ 的路径,从经历经确认到反预期是四川资中方言"来"的路径。

(33)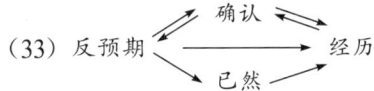

4.2 从反预期到经历的演化路径的理论意义

从反预期到经历的演化路径对已有的语言学理论提出了若干挑战,值得加以深入讨论。

第一,龚波(2005)已经指出,"曾"从语气副词到时间副词的过程中,语义不是虚化了,而是"实化"了;主观性不是增强了,而是减弱了。从主观性的角度来看,"曾"确实是减弱了。总体而言,主观化只是一种经常发生或者是占主导地位的倾向,但并不排除某些相反的过程。(Traugott and Dasher,2002:281)语法化虽然有所谓的反例,但真正意义上的反例并不充分。就"曾"的演变而言,虽然违背了 Heine et al.(1991)提出的从时间到性质这一宏观过程,但从"竟然存在一种状态"到"在不确定的过去时间事件至少发生一次"的经历义之间,语义并不是"实化",而是虚化,比较实在的主观性较强的"竟然"义被漂白了,从而可以分布在相对客观的叙述性语境中。从确认存在一种状态到确认事件的发生仍然体现了语义的虚化。因为对存在状态的确认属于宽泛的结果体（Nedjalkov and Jaxontov，1988），状态本身往往隐含带来该状态的动作行为，从确认存在一种状态到确认事件的发生仍然符合从结果体到完成体或经历体的演化方向（参见 Bybee et al.，1994：69）。

第二，反预期与经历在语义上具有密切的相关性。Kim（1998）曾指出经历体具有特殊性的特征，即事件不能是吃饭等没有信息量的日常事件，而必须是具有特殊信息的事件，如"我吃过扬州炒饭"等。这种特殊性与反预期的意外性本质上有相通之处，只是在程度上存在明显的差别。经历体的特殊性只是其成立的制约条件而非其在语篇中的突显意义，它在语篇中关联宽泛的现时相关性。这种特殊性可以经由语境吸收等逐步成为显性的反预期意义，如例（31）虽然是确认功能，但命题内容中"一口气"与"五个馒头"的反差，明显超出了说话人的预期，因而有可能在四川资中方言中产生规约化的反预期意义。而《史记》中双重理解用例（22）（23）的"虏曾一入"说明，"曾"从反预期发展出经历义的过程中，反预期的意义逐渐磨损，成为或强或弱、或直接或间接的语境意义，使得跟动词语义更为密切的体貌意义得以显现出来。反预期和经历的双向演变虽然不能都用主观化来解释，但仍然可以用语用意义的语义化或语义意义的语用化加以解释。

第三，谷峰（2010：198）根据 Cinque（1999）关于副词共现的限制规律，提出副词演变要遵循［VP 副词＞句子副词］的向上爬升过程，演变后的副词应该占据更高的句法层级，而龚文提出的演变路径明显有悖于副词演变的一般规律。基于已有的形式主义语法化研究的精神，谷峰把 Cinque（1999）的共现限制上升为历时的演变限制，具有敏锐的理论意识。不过，Cinque（1999）提出的副词的共现限制以及相应的演变限制都还只是一个非常概括的思路，还有待细化。在没有充分细化之前，该限制还不足以成为否定汉语及相关语言演变事实的前提。[1]

第5节 结语

上古汉语的副词"曾"具有语气和时间两种用法，同时具有两种不同的读音。传统训诂学和现代语法化研究提出了不同的看法。本章基于对上古汉语语料的穷尽性分析，发现语气副词的非典型用法和时间副词早期的典型用法具有一定的相似性，且存在若干兼有双重理解的例证，尝试证明时间副词是基于用例的相似性从语气副词演化而来。从宏观和微观两个角度证明两种用法之间可能存在语法化理论和基于使用的理论可以解释的语义联系。

现有的跨语言材料已经发现，在经历和反预期这两种范畴之间存在不同方向的演化关系，这一事实对已有的形式语言学理论和功能语言学理论提出了挑战。在理论与事实的表面冲突之间，也有不同的研究取向，有的径直接受相关理论，有的着手修正现有理论。在跨语言材料中反预期和经历存在双向演变路径，且其间可能存在不同的演变环节。这说明不同词汇来源的语法语素可能具有不同的演变路径和演变阶段。只是由于资料限制，这些语言内部分析和跨语言比较都具有一定的推论性质，均有待进一步研究的检验。

---

[1] Narrog（2009，2010）细化了 Cinque（1999）的层级，并应用于历史演变研究，提出了一个动态化的层级，即处于较低层级的范畴会获得同一层级或更高层级范畴的意义或功能。限于篇幅，本章不再展开讨论。

第 9 章 汉语的否定极性词及其来源

第 1 节 引言

语言中有些形式倾向于出现在否定极性语境,这些形式隶属不同的句法范畴,包括名词、副词、动词以及短语等。但从句法语义结合的角度看,它们多用于否定极性语境,可以归入一类,即否定极性词(Negative Polarity Items,简称 NPI)。

Klima(1964)发现,英语里有些词或短语对语境非常敏感,这些惯用的表达方式倾向于只出现在否定结构或肯定结构,前者即否定极性词,后者为肯定极性词(Positive Polarity Items,简称 PPI)。此后,否定极性词引起语言学界的极大关注,相关成果多集中探索其允准语境,对其进行分类。Zwarts(1998)根据允准语境的不同,将其分为三类:弱 NPI、强 NPI 和超强 NPI。Giannakidou(1998)则根据(非)真实性 [(non) veridicality] 语境,将极性词分为三类,界定如下:①肯定极性词(PPI)可以出现在真实性语境。②情感极性词(Affective Polarity Items,简称 API)不能出现在真实性语境,必须出现在非真实性语境。③否定极性词(NPI)不能出现在非真实性语境,必须出现在反真实性语境(antiveridicality)。可以看出,Giannakidou(1998)将传统所说的 NPI 拆分为 API 和

NPI 两类。

典型的真实性语境是包含一般过去时的肯定性断言。典型的反真实性语境是经典否定，推理涉及向下蕴含。例如：

（1）a.* 张三吃了什么水果。
　　 b. 张三不吃什么水果→张三不吃什么苹果

上例（1b）中，"什么"不能用于真实性语境，但能用于经典否定，"什么"是个否定极性词。此外，隐性否定或暗含否定（implicit negation）也是一种否定。例如"难以启齿"中"难"形式上不包括否定成分，但暗含否定义。再如"防止发生什么意外"中，"防止"是隐性否定动词。

反真实性语境是非真实性语境的一类，但后者还包括一般疑问句和条件句（的条件小句）等其他非真实性语境。例如否定极性词"什么"也可以用于一般疑问句和条件句：

（2）你能解决什么问题吗？
（3）如果你能解决什么问题，那我就省事了。

以往研究显示，其他非真实性语境还包括"想"义动词、情态动词以及祈使句等未然性的语境。例如：

（4）我饿了，想吃点什么东西。
（5）有困难尽管说，也许我能帮你做点什么。
（6）家里没菜了，咱们去买点什么蔬菜吧。

各类语境之间的包含关系可总结为：①真实性语境（一般过去时肯定句）；②非真实性语境，包括反真实性语境（否定句）和其他非真实性语境（疑问句、条件句等）。

本章采纳 Giannakidou（1998）对语境的区分，但还是按照传统将她区分的 API 和 NPI 都称为 NPI，这些词和短语是本章的研究对象。因此，本章考察的否定极性语境包括非真实性语境和反真实性语境。

第 2 节　现代汉语的否定极性词

现代汉语语法学界对否定极性词的研究多集中在两大类：一是否定极性副词，主要成果有张谊生（2000b）、尹洪波（2011）、葛金龙（2012）等；二是疑问词的虚指用法，主要成果有 Huang（1982）、吕叔湘（1990）、Cheng（1991）、Li（1992）、Lin（1998，1999，2004）、张定（2020）等。此外，蒋勇、祝克懿（2009），蒋勇（2010）等的考察还包含了"好惹、吃素、雅观、吹灰之力"等其他类型的否定极性词。

历时方面，吕叔湘（1985）、葛佳才（2005）、杨荣祥（2005）、董正存（2016）等分别考察了汉语史上疑问词的虚指用法、否定极性副词和"打死"等否定极性的用法和形成过程。

现代汉语主要有哪些否定极性词，这些词的形成是否具有普遍的规律，以往研究并未系统阐述。本章尝试在梳理以往成果的基础上，初步回答上述问题。

现代汉语里否定极性词是一个半封闭的类。这些形式隶属不同的句法范畴，包括名词（"凡响"）、副词（"从来"）、动词（"罢休"）、形容词（"中用"）、短语（"省油的灯"）等。语文辞书对这类词一般都有额外的标注，如《现代汉语词典》（第 7 版）一般都采用括注的形式，在释义中注明"（多用于否定式）"等，这为确定汉语否定极性词的范围提供了重要线索和极大便利。根据这一线索，我们对《现代汉语词典》（第7版）的否定极性词作了较为全面的统计，见表1。需要说明的是，有些单字条目、多字条目，形同音同而意义上需要分别处理的，词典中分立了条目，下表据《现代汉语词典》（第7版），在条目的右上方标注阿拉伯数字，如"错[1]""人道[2]"等；有些条目在词典中有多个义项，但只有某个或某些义项可被视为否定极性词，这些条目也据《现代汉语词典》（第7版），标上了对应的义项号，如"断⑦""断然②"等。此外，《现代汉语词典》（第7版）未收录"好果子""省油的灯"等短语，但它们也是典型的否定极性词，因此也列入表中。

表1 现代汉语的否定极性词

分布\分类	只用于反真实性语境	只用于非真实性语境	少量用于真实性语境	大体均衡
强NPI	并[2]③、不谓①、承望、迟迟、从⑨、错[1]⑦、断⑦、断断、断然②、二致、凡响、分毫、分说、分文、分晓③、概[1]③、毫④、好气儿、互①（＋双音节动词）、简单②、价（·jie）①、决[1]②、绝⑦、开交、老大⑤、理茬儿、聊赖、了[1]③、屁③、让⑥、人道[2]、如[1]③、死③、太④c、万万②、未尝②、小可②、兴⑤、亚①、庸[2]①、用④、怎么④、自已			
次强NPI	碍事②、承想、吃素②、大不了①、得了（liǎo）、抵事、顶数②、二话、挂齿、毫发、好果子、好意思、见得、落忍、奈何①、省油的灯、丝毫、又⑥			

分类 \ 分布	只用于反真实性语境	只用于非真实性语境	少量用于真实性语境	大体均衡
弱 NPI	把牢③、罢休、插脚①、成气候、吃劲③、吹灰之力、从来、搭界②、搭理、答话、打价、打紧、待见、道德②、得⑩、动⑦、断乎、对付③、对头（duì tóu）②③、对味儿②、分身、服老、感冒③、根本④、含糊③、毫分、好脸、画等号、计⑥、济事、介意、尽然、尽如人意、景气②、吭声、理⑥、理会②③、恋战、买账、免俗、名状、摸头、耐烦、启齿、起眼儿、全然、人道¹②、容情、善罢甘休、善类、声息①、识羞、示弱、释怀、受用（shòu·yong）、死活①、讨好②、调和④、同日而语、忘情①、望其项背、问津、下台③、下台阶、相干、相提并论、像话、雅观、压根儿、言喻、言状、一概而论、宜②、逾矩、在乎②、在意、怎么样②、招惹②、着调、照面儿②、置辩、置喙、置评、置信、置疑、中用、捉摸、踪影、足²③、作兴			
非 NPI	认账、消受①、作美			

结合 Zwarts（1998）、Giannakidou（1998）对 NPI 的分类，我们将现代汉语的 NPI 分为强 NPI、次强 NPI 和弱 NPI 三大类。三类 NPI 的界定及举例如下。

第一，强 NPI：只能出现在反真实性语境的 NPI，例如"并²③、从⑨、断断、凡响、分文、小可②、万万②"等。

(7) a. 我万万没有想到你会做这种事。

　　b.* 我万万想到你会做这种事吗？

　　c.* 如果我万万想到你会做这种事，我一定会阻止你。

　　d.* 我万万想到你会做这种事。

第二，次强 NPI：只能出现在非真实性语境的 NPI。它们常常出现在反真实性语境，也可以出现在疑问句、条件句等其他非真实性语境，但不能出现在真实性语境。内部情况较为复杂，具体表现为，并非每一个成员都能用于所有非真实性语境。例如"挂齿"不能用于条件句，"二话"不能用于情态动词句等。有些成员用于某些非真实性语境时，可接受度并不高，例如"丝毫"用于情态动词句。

(8) a. 他心里没有丝毫的内疚。
　　b. 你有丝毫的内疚吗？
　　c. 如果你有丝毫的内疚，就该向他道歉。
　　d.* 他做错事，心里会有丝毫的内疚。
　　e.* 他心里有丝毫的内疚。

第三，弱 NPI：能少量出现在真实性语境的 NPI。它们常常出现在非真实性语境（否定句、疑问句、条件句等），但也可以少量出现在真实性语境，例如"罢休、吹灰之力、从来、介意、中用"等。

(9) a. 我们不能就此罢休。
　　b. 你能就此罢休吗？
　　c. 如果你肯就此罢休，我们将来还能做朋友。
　　d. 纠缠了很久也没有结果，只好就此罢休。

上述三类 NPI 的极性程度强弱有差异，根据能否出现于某类语境，可以概括出下面的蕴涵关系：一个给定的 NPI，如果能出现在真实性语境，那么一定也能出现在非真实性语境；如果能出现在其他非真实性语境，那么一定也能出现在反真实性语境；反之皆不然。此外，表1中还增加了"非 NPI"一类，这类词曾经是 NPI，但现在用于非真实性语境和真实性语境的实例大体均衡，可以视为否定极性的衰退或极性中和，见后文论述。

需要说明的是，受到语料和语感的限制，这里的统计和分类可能未必都符合每个人的语感。比如，我们考察的语料中"承望"只能用于否定式，"承想"能用于疑问句，但可能会有极少数例外，如有人可以拟出"承望"用于疑问句的例子，或者觉得"承想"不能用于疑问句，等等。

此外，否定极性词与否定词的位置关系似乎也值得关注，并有可能成为另外的分类或区分的标准。Giannakidou（1998，2011）指出，否定极性词不能充当话题，否定极性词或其中某一类具有一种强烈的倾向，即出现在否定辖域内，不过并非所有的否定极性词都会在显性结构上体现出这种倾向，这与具体语言的特定条件有关。本章主要关注语义问题，这一句法问题留待今后展开。

第3节 现代汉语否定极性词的来源

语言中的否定极性词形式十分丰富，但其来源有一定的规律可循。Hoeksema（1994）指出，有些表达形式注定对极性敏感，原因在于其语义属性。文章考察了英语和荷兰语中动词或动词性习语语法化为 NPI 的大概情况，认为这些动词强烈倾向于否定性语境，但严格地说又不是 NPI，故可称之为"准 NPI"。主要语义类别包括"不要紧"（indifference）、"不容忍"（intolerance）、"情态"（modal）、"最小程度"（minimal degree）等。在此基础上，van der Wal（1996）考察了荷兰语的否定极性词，指出其中虽然有极少数来源不明，但一般都限于某些特定的意义范围，基本范围包括"极小量"（minimum quantity）、"极大量"（maximum quantity）、"不要紧"（indifference）、"不容忍/不喜欢"（intolerance/dislike）、"无能力"（incapicity）、"相匹配"（matching）、"不知觉"（unawareness）、"程度"（degree）等。该文认为，尽管某个表达形式的意义具有极性敏感的可能，但我们无法确定这个潜在的候选项能否发展出极性敏感的实际行为,因此导致这一演变的因素只是潜在的,而非绝对的。本节在以往成果的基础上,尝试对汉语否定极性词的来源作一初步的概括。

3.1 极量词

从表极小量或极大量的语言形式到否定极性词,这是语言中的普遍现象。它们原本都是处在不同量级模型最低点或最高点的成分,其否定极性的形成是语用推理在起作用。

3.1.1 极小量

Eckardt(2006)指出,否定极性词常表示小的实体或可忽略不计的量,典型地允准 NPI 的表达形式都具有某些共同之处,它们都颠倒等级。NPI 通常是等级上最弱的成分,在肯定句中它仍然是最弱的;一旦嵌于向下蕴涵语境,将最弱的成分变成最强的成分,推理等级就颠倒,它们就会作全称解读。表最小程度或数量的"drink a drop"(喝一滴)和"lift a finger"(举一根手指头)不适合于肯定断言。背后的直觉是:说话人知道,在"喝酒"的语境中,"喝一滴酒"这样的事件本身绝对不会发生;在"帮助别人"的语境中,"举一根手指头"这样的事件本身从来不会出现。

汉语中"分毫、毫④、毫发、丝毫、毫分"等"毫"类词是典型的表最小量的否定极性词。"一"是最小的正整数,由"一"构成的语言形式常常会成为 NPI,例如"一根头发、一根手指头、一针一线"等,它们一般不适合出现在真实性语境。"半"构成的表达形式如"半句坏话、半毛钱"也是如此。例如:

(10) a.* 我动了他一根头发。
　　　b.* 我碰了他一根手指头。

c.* 拿了群众一针一线。
(11) a.* 我说了你半句坏话。
　　b.* 我跟他有半毛钱的关系。

历时考察显示,有些词单用时对否定极性并不敏感,但构成的复合词出现之初就成为否定极性词。例如"踪"和"影"并列构成"踪影"显示了这一过程:

(12) a. 道应者,揽掇遂事之踪,追观往古之迹……(《淮南子·要略》)
　　b. 明月而宵行,俯见其影,以为伏鬼也……(《荀子·解蔽》)
　　c. 人死气散,是无踪影,亦无鬼神。(《朱子语类》卷三)

以上都是名词性或具有名词性来源的形式。值得注意的是,很多动词性的成分也表达了极小量。例如:

(13) a. 小可有句不识进退的言语,只是不好启齿。(《醒世恒言》卷三)
　　b. 此皆往事,不必挂齿。(《西厢记》第二本第四折)

在上面的语境中,"启齿"指开口有所求,"挂齿"指说起。在开口有所求和说起的行为中,"启齿"和"挂齿"原本都只是轻而易举、极为细小的具体动作,由此转指某种抽象的行为。

3.1.2　极大量

沈家煊(1999)指出,极大量词也多用于否定句。葛佳才(2005)也提到,完全否定一个命题时,往往在否定词前加极小量或极大量的词语以强调彻底否定,如"一点、万万"。尹洪波(2011)将此概括为"表极量的语气副词容易成为负极性词",并以"丝毫、万万"的量级模型来加以论证。尹文指出,语气副词量级模型中,各个成员之间是连续的,越是靠近两端的越倾向用于否定句,居于中间的相对不受限制。在这个量级模型里,"万万"和"丝毫"处于两端,分别表示极大量和极小量;"千万"处在中间并接近"万万",也可看成极大量。三者的句法行为也表明,"万万"是强 NPI,"丝毫"是次强 NPI,"千万"是弱 NPI。

3.1.3 小结

根据上面的论述,我们对表 1 中的 NPI 作了粗略考察,并初步将其中的部分表达形式分别归入极小量和极大量。

极小量:吹灰之力、凡响、分毫、分文、毫④、毫发、毫分、屁③、声息①、丝毫、未尝②、小可②、踪影(名词性/副词性)、插脚①、吃素②、动⑦、挂齿、简单②、吭声、免俗、启齿、下台③、下台阶、照面儿②(动词性)。

极大量:迟迟、从⑨、从来、大不了①、断⑦、断断、断乎、断然②、概¹③、根本④、尽然、尽如人意、决¹②、绝⑦、老大⑤、全然、死活①、万万②、压根儿。

有些极量词不容易直观判定,需要作出相关分析。例如"死"和"活"为两个"非此即彼"的极值,中间无其他状态,是非连续性的,"死活"表全量,为极大量。某个形式是表极大量还是表极小量,有时也有争议。比如"绝",孙琴(2005)认为表极小量,蒋勇(2010)和尹洪波(2011)认为表极大量。

3.2 疑问词

从疑问词演变为否定极性词是语言中的普遍现象,这些否定极性词被称为不定代词(indefinite pronoun)(Haspelmath,1997)。汉语表虚指的轻读疑问词"什么、谁、哪、怎么"等都是否定极性词。张定(2020)在吕叔湘（1985）的启示下，认为其否定极性的形成跟回声用法（echoic use）密切相关。吕先生指出，否定性答句中的"什么"对句子起到一种支撑的作用。

（14）（王夫人问）你想什么吃？（宝玉答）也倒不想什么吃。（《红楼梦》第三十五回）

上古汉语语料支持吕先生的判断：

（15）星坠木鸣，国人皆恐，曰：是何也？曰：无何也。（《荀子·天论》）

问句中"何"是疑问词，答句中"何"是一种回声用法。回声是一种元语言用法，经过回声答句的过渡，轻读疑问词可以进一步出现在描述性话语中。例如：

（16）太子曰："君侯赐击衣，不以为寒也，欲召击，无谁与谋……"（《说苑·奉使》）

《现代汉语词典》（第7版）将这类情况视为虚指用法，一般不做标注，因此表1统计到的只包含已做标注的"奈何①、怎么④、怎么样②"。

3.3 其他动词性语义类

前文提到，Hoeksema（1994）和 van der Wal（1996）对英语、荷兰语、德语等语言中更倾向于演变为否定极性词的动词类别作了开创性的概括。受此启发，本节将结合汉语的实际，对表1统计的结果进行穷尽性的甄别，尝试初步概括既反映普遍共性又体现汉语特色的相应类别。限于篇幅，本章无法呈现细致的甄别过程,详情留待进一步展开。

第一,"在乎"。Hoeksema(1994)将此界定为用来评价人类主语和刺激物之间情感上的关系的心理动词,例如英语的 care(在意)、matter(相干)、mind(介意)和 bother(烦扰)是该类中四个基本动词。这四个词两两配对,比如 care 和 matter 配对时,care 的主语是人("I don't care about it."我不在意它);matter 的主语是刺激物("It doesn't matter to me."它对我无关紧要)。汉语中除了相应的动词,还应包括表示具有重要性或影响的形容词。这类词包括"碍事②、把牢③、成气候、吃劲③、搭界②、打紧、抵事、顶数②、计⑥、济事、介意、聊赖、起眼儿、忘情①、相干、在乎②、在意、中用"。

此外,现代汉语的"妨"已不单用,"无妨、不妨"的词汇化提示"妨"历史上与否定极性语境密切相关。

第二,"容忍"。van der Wal(1996)认为,这类词用来评价对人或情状相容或忍受的能力,包括"待见、服老、感冒③、落忍、恋战、买账、耐烦、容情、受用(shòu·yong)、调和④、消受①、认账"。

第三,"停止"。van der Wal(1996)概括出"无能力"一类,表示具备处理某种情状的能力,用例含有"停止、帮助、有用"等意义。该文认为"无能力"与"不在乎""不容忍"有共同特点,即能不能完成某事,因此三者可以归并为"无能力"一类。我们将"帮助、有用"类的词纳入"不在乎"类,"停止"类自成一类,包括"罢休、得了(liǎo)、开交、善罢甘休、释怀、自已"。

第四,"匹配"。这类词表达了某种比较,含有是否相匹配或相媲美的意义,包括"打价、对付③、对头(duì tóu)②③、对味儿②、二话、二致、画等号、如¹③、同日而语、望其项背、相提并论、像话、亚①、一概而论、逾矩、着调"。

第五,"知觉"。这类词表达对某种情状是否知晓、是否有看法等意义,包括"承想、承望、分晓③、含糊③、见得、摸头、捉摸"。

第六,"言行触及"。这类词表示言行达及某种对象。Hoeksema(1994)提到,荷兰语中来源义为"打、触碰"的动词 reppen 发展出"提及、说到"义,再变成 NPI。汉语中包括"搭理、答话、理⑥、理茬ㄦ、理会②③、问津、置辩、置喙、置评、置信、置疑、招惹②"。

3.4 其他语义类

第一,"程度"。van der Wal(1996)认为此类用来评价某种属性的程度,或某个事态在多大程度上成为事实,成员相对较少,例如荷兰语的 noemenswaardig(值得一提)、bijster(那么)。汉语可以归入此类的包括"不谓①、分说、名状、太④c、言喻、言状、足²③"。

第二,"情态"。Hoeksema(1994)指出,英语 need、荷兰语 hoeven、德语 brauchen 和汉语"用"这类助动词无词源上的联系,但都演变为 NPI,表达相同的"需要"义。我们暂将"允许"义也纳入其中,包括"得⑩、让⑥、兴⑤、宜②、庸²①、用④、作兴"。

第三,"好坏"。这类词与道德规范及优劣评价有关,包括"错¹⑦、道德②、好果子、好脸、好气ㄦ、好意思、人道¹②、人道²、善类、识羞、讨好②、雅观、作美"。

第四,焦点副词。"并²③、又⑥"与用作焦点副词的"也"一样,其形成可能与元语否定有关。

第五,特例。剩下的几个词比较特殊,考察后发现大致都可以解释。"分身"内含不能实现的意思,不适合出现在肯定极性语境。"互①"一般直接修饰单音节动词("互助"),修饰双音节动词只用于否定式("互不干扰"),这与韵律制约相关。"景气②"是个外来词,据刘正埮等(1984)的研究,该词源自日语"景気",是英语 boom、prosperity 的意译。"价(·jie)①"是北京话语气助词,用在"不、别、甭"后面加强语气,由指示代词"这样"语法化而来。至此,表 1 中仅"省油的灯"有待考察,其他所有词语都已初步纳入上述类别。

第4节 语义语法变化

现代汉语里否定极性词隶属不同的句法语义范畴,这些语言形式在形成过程中,语义和语法的演变进程不尽一致,但总体上呈现出较强的规律。

4.1 语义变化

Hoeksema(1994)指出,否定极性词集中在特定语义范围并经历了语义漂白(semantic bleaching),是典型的语法化。例如在英语"The police didn't lift a finger to stop him"中,lift a finger(举一根手指头)意思相当于 do anything(做任何事)。另外,从客观指称义变成主观义,表达了说话人的态度。张谊生(2000b)的考察显示,"决、概"最初分别为动词、名词,演变过程中,其词汇意义逐渐弱化或虚化,有的甚至已无实义,只表达语气和态度。

极量词最能体现这种语义变化。"插脚、吹灰之力、分毫、分文、启齿、踪影"等经由隐喻或转喻,意义抽象化,但实义仍或多或少有所遗留,一些习语性的表达大体如此。"从⑨、大不了①、绝⑦、丝毫、万万、压根儿"等则已无实义。另一方面,大量的极量词在真实性语境中仍然完整地保留了实义,体现了演变过程中的层次性,如"刚才我在他头上拔了一根头发"。

否定极性词语义变化的另一个表现是意义规约化或趋同。"丝毫、万万、切、决"等有的表极小量,有的表极大量,来源义相去甚远,但最终都表示坚决的语气,语义上趋同,不同来源的 NPI 常可互换。

(17) 我们丝毫（万万/切/决）不可相信敌人的谎言。

4.2 语法变化

由于演变进程的差异，大量否定极性词尤其是习语性表达只是发生了语义漂白或抽象化，语法功能并没有改变。有些否定极性词特别是部分极量词句法位置改变，经历了典型的语法化。来源于名词性成分的否定极性副词形成后，丧失了名词性特征，但又获得副词的有关特征，是典型的去范畴化，例如"丝毫、一点儿、根本"等。

汉语作为孤立语的整体类型特点，导致否定极性词不再进一步语法化为屈折成分，而是在频繁与否定词毗邻共现后发生融合。否定成分居前的如"不错、不带、不妨、不用、未尝"等词以及"不像话、不要脸、不好意思、不可开交、不同凡响、不怎么样"等习语或成语，否定成分居后的如"从不、毫不、决不"等。

总体上看，否定极性词在语义语法变化过程中所呈现出的规律，是语义语法变化一般规律的体现；而来源语义在量级上的趋同、句法上要求或强烈倾向于与否定成分共现等，则体现了这类词个性化的变化规律。

第 5 节 余论：否定极性的衰退或极性中和

前文着眼于特定语义范围中否定极性的形成，这是普遍的历时现象。不过，否定极性有"兴"也有"衰"，一些否定极性词也会逐渐丧失否定极性。例如"在乎②"：

(18) a. 你也耐烦，丢着罢，咱多的也包补，在乎这些！（《金瓶梅》第

一回）

  b. 倒也不在乎大小，只是鞋样子周正才好。(《金瓶梅》第二十三回)
  c. 多两个，少两个，也不在乎。(《官场现形记》第十回)
  d. 一个再谦逊的演员也是很在乎观众掌声的。(王朔《浮出海面》)

  考察的语料显示，"在乎②"较早见于明代，明清时期都只用于否定极性语境（包括否定句、反问句等），现当代汉语才出现少量用于肯定性语境的用例。这种情况下，否定极性相对略有衰退，但用于否定性语境仍然占绝对优势，因此"在乎②"已从次强 NPI 变成弱 NPI。

  "认账、消受①、作美"显示出另一种情况。《现代汉语词典》（第 6 版）"认账"的释义中删去第 5 版的括注并增加了用于肯定式的例子，表明修订者已经认可了新近的变化。

  【认账】承认所欠的账，比喻承认自己说过的话或做过的事（多用于否定或反问）：不肯～| 隔了那么久，他能认这个账？[《现代汉语词典》（第 5 版）]

  【认账】承认所欠的账，借指承认自己说过的话或做过的事：不肯～|隔了那么久，他能认这个账？| 这话是我说的，我～。[《现代汉语词典》（第 6 版）]

  《现代汉语词典》（第 6 版）"消受①、作美"的释义都有括注"（多用于否定式）"。不过，我们检索 Coco 汉语语料库发现，"消受①"在现代汉语真实性语境和非真实性语境中的用例数都为 10，"作美"分别为 22 和 32，这种情况下，极性的对立已经消失或不再显著，换言之，极性已经中和了。鉴于上述考察，我们在表 1 中将"认账、消受①、作美"都纳入非 NPI。

  前文曾用"回声"来解释轻读疑问词否定极性的获得。实际上，否定极性的衰退也来自回声,说话人故意引述对方的话语,提出相反的意见。

(19) 阿春:还要我替你开门吗?我耽误你的时间替你补上。
起明:没事。我不在乎。
阿春:我在乎。(《北京人在纽约》电视剧记录)

儿语习得也能提供线索,下面是记录的真实对话:

(20) 父:家里还有这么多水果,今天就不用去超市了。
子:用。

本章在以往研究基础上,对现代汉语否定极性词作了较为系统的考察,根据出现在(非)真实性语境的情况,将其分为强、次强、弱三类,同时对其来源义的范围作了初步的概括和分类,总结出其形成过程中的某些规律。不过,否定极性词的语法语义类别颇为繁杂,其形成是一个动态的过程,本章的考察和概括只是初步的,更多的现象和规律有待进一步发掘。

第10章　汉语语篇中的插叙标记及其演变

第1节　引言

语篇中提示语篇组织结构的标记有可能在演变过程中发生句法化，变成具有固定语法功能的虚词。本章以叙事语篇中插叙标记的演变来说明这个问题。在叙事语篇中，除了按事件发生的时间顺序进行叙述的通常做法之外，还有插叙和倒叙等叙述方式。这里我们主要的关注对象是插叙。插叙是在叙述中心事件的过程中，为了帮助展开情节或刻画人物，暂时中断叙述的线索，插入一段与主要情节相关的回忆或故事的叙述方法。插叙可以对主要情节起补充衬托的作用，交代背景材料或一些细节，丰富文章内容，使情节更加完整。插叙和倒叙有时容易发生混淆。倒叙是根据表达的需要，把事件的结局或某个最重要、最突出的片段提到文章的前边，然后再从事件的开头按事情原来的发展顺序进行叙述。插叙和倒叙的共同之处都在于把文本中的时间推到当前叙述时间之前，不同之处在于插叙的部分一般不太长，不会占据篇章的主体部分，而倒叙可以很长，可以占据篇章的主体部分。插叙结束后，可以继续按时间顺序记叙下去；而倒叙结束之后，不一定再继续叙述下去。

本章主要从语言学的角度对引进插叙的手段进行研究。我们把一些常用于表示开启插叙的语言形式称为"插叙标记"。本章对汉语历史上不同时期的插叙标记进行研究，描述其使用特点和语义演变，考察从篇章层面的插叙标记到句子层面的副词的演变，并对这种演变的机制加以解释。

第 2 节　上古汉语中的插叙标记"初"

2.1　"初"的插叙标记功能

上古汉语中很常用的一个插叙标记是"初"（杨华，2015）。"初"原本是时间名词，义为"以前、最初"，比较常见的是作宾语和状语（包括句内状语和句首状语）：

（1）靡不有初，鲜克有终。（《诗经·大雅·荡》）
（2）宾之初筵，温温其恭。（《诗经·小雅·宾之初筵》）
（3）初既与余成言兮，后悔遁而有他。（《楚辞·离骚》）

以下例子中，"初"用作插叙标记（引入的插叙内容用横线标出，下同）：

（4）十八年，王黜狄后。狄人来诛，杀谭伯。富辰曰："昔吾骤谏王，王弗从，以及此难。若我不出，王其以我为怼乎！"乃以其属死之。初，惠后欲立王子带，故以其党启狄人。狄人遂入，周王乃出居于郑，晋文公纳之。（《国语·周语中》）

上例中，"初"引入的插叙内容不长，只有两个小句，补充交代了事情的起因。当叙述到狄人来以及富辰死难时,"初"引入插叙,叙述时间回到之前,交代了狄人来袭的原因,然后又接着当前叙述往下讲,讲狄人入周之后的事。

下面一个例子中,"初"引入的插叙补充交代背景材料:

(5) 壬寅,公入于晋师。甲辰,秦伯还。丙午,入于曲沃。丁未,入绛,即位于武宫。戊申,刺怀公于高梁。<u>初,献公使寺人勃鞮伐公于蒲城,文公逾垣,勃鞮斩其袪。</u>及入,勃鞮求见,公辞焉,曰:"骊姬之谗,尔射余于屏内,困余于蒲城,斩余衣袪。又为惠公从余于渭滨,命曰三日,若宿而至。若干二命,以求杀余。余于伯楚屡困,何旧怨也?退而思之,异日见我。"(《国语·晋语四》)

此例中,当叙述到晋文公回到晋国即位并杀死晋怀公之后,用"初"将叙述时间推到之前,交代了勃鞮与晋文公之前的过节,从而提供背景材料,表明了勃鞮与晋文公之间的关系,为理解下文勃鞮求见晋文公时晋文公的态度做好了铺垫。这一段插叙也很短,只有三个小句。

下例中,"初"引入的插叙也是补充交代历史背景,表明了各个人物之间的关系,并有一定的解释作用,便于读者理解后续发生的事件:

(6) 郑昭公之败北戎也,齐人将妻之。昭公辞。祭仲曰:"必取之。君多内宠,子无大援,将不立。三公子皆君也。"弗从。夏,郑庄公卒。<u>初,祭封人仲足有宠于庄公,庄公使为卿。为公娶邓曼,生昭公。故祭仲立之。宋雍氏女于郑庄公,曰雍姞,生厉公。雍氏宗,有宠于宋庄公,</u>故诱祭仲而执之,曰:"不立突,将死。"亦执厉公而求赂焉。祭仲与宋人盟,以厉公归而立之。秋,九月丁亥,昭公奔卫。己亥,厉公立。(《左传·桓公十一年》)

"初"作为插叙标记,不是指时间回到最初,只要是相对于当前的叙述来说处于之前的某个时间就可以,不管是一个月前还是十年前。可见,"初"作为插叙标记的语义与其词汇语义已经有了一定距离。

从上面的例子可以看出,"初"的使用明确标出了插叙的起点位置,但在插叙结束的位置却没有明确的统一的标记,需要结合文意来具体判断。不过,我们注意到,在插叙结束的地方,经常会出现连词,如例(4)中的"遂"、例(5)中的"及"、例(6)中的"故"。

除了作插叙标记之外,"初"也可以用于故事开端,即用于讲述一长段发生在以前的事情,相当于"以前"或"从前"。如:

(7) 初,郑武公娶于申,曰武姜,生庄公及共叔段。(《左传·隐公元年》)

《左传》中的这一段故事,从头到尾都是历史,是对经文内容的补充。"初"作为插叙标记,在中古时仍继续使用,如:

(8) 诏以陈留人邯郸商为雍州刺史,别典四郡。时武威太守缺,诏又以猛父昔在河西有威名,乃以猛补之。商、猛俱西。初,猛与商同岁,每相戏侮。及共之官,行道更相责望。暨到,商欲诛猛。(《三国志·魏书·庞淯传》裴松之注引《魏略》)

2.2 "初"与"昔"的语篇功能分工

与"初"词汇语义相近的"昔"也是一个表示过去的时间词,如:

(9) 今之隐机者,非昔之隐机者也。(《庄子·齐物论》)

已有的研究表明，词汇语义相近的词往往有类似的功能引申（江蓝生，2000a；Traugott and Dasher，2002；董秀芳，2005 等），但是与"初"词汇语义接近的"昔"却并没有作为插叙标记的用法。"昔"经常用在议论语篇里，很多时候是用在对话中，叙述以前发生的事，只是单纯地表示与今天相对的过去，经常与"今"相对出现，提及过去的事实，主要是为了充当论据。如：

(10) 楚人城州来，沈尹戌曰："楚人必败。昔吴灭州来，子旗请伐之。王曰：'吾未抚吾民。'今亦如之，而城州来以挑吴，能无败乎？"（《左传·昭公十九年》）

(11) 墨子称道曰："昔禹之湮洪水，决江河而通四夷九州也，名山三百，支川三千，小者无数。禹亲自操橐耜，而九杂天下之川；腓无胈，胫无毛，沐甚雨，栉疾风，置万国。禹大圣也，而形劳天下也如此。"（《庄子·天下》）

(12) 伯阳父曰："周将亡矣！……今三川实震，是阳失其所而镇阴也……昔伊、洛竭而夏亡，河竭而商亡。今周德若二代之季矣，其川源又塞，塞必竭。夫国必依山川，山崩川竭，亡之征也。川竭，山必崩。若国亡不过十年，数之纪也。夫天之所弃，不过其纪。"（《国语·周语上》）

"初"经常出现在叙述语篇中，"昔"经常出现在议论语篇中，二者的语篇功能泾渭分明，说明在上古汉语中这两个词有明确的语篇功能的分工。

2.3 "初"的后代双音化形式"当初"

随着汉语词汇双音化的大趋势，"初"发展出了双音形式"当初"，在近代汉语中有引入插叙的功能[1]，比如：

(13) 话说当日林冲正闲走间，忽然背后人叫，回头看时，却认得是酒生儿李小二。<u>当初</u>在东京时，多得林冲看顾；后来不合偷了店主人家钱财，被捉住了，要送官司问罪，又得林冲主张陪话，救了他免送官司，又与他赔了些钱财，方得脱免；京中安不得身，又亏林冲赍发他盘缠，于路投奔人，不想今日却在这里撞见。(《水浒传》第十回)

上例中，在插叙结束的地方，出现了时间词"今日"，明确表示叙述时间又回到了当下。

"当初"可以引入插叙，但用得不如"原来"普遍。

另外，汉代以后还有一个可以用于插叙的形式"先是"，使用也不十分普遍，我们这里不详述。[2]

"原来"是近代汉语中出现的主要的插叙标记。下面我们就重点分析"原来"的插叙用法及其演变。

---

[1] 方梅（2017）论述了韵律独立与篇章功能之间的关系，认为韵律独立的饰句副词比韵律不独立的具有更强的篇章功能。在双音化趋势出现之后，单音成分在韵律上变得不独立，因而"初"不再用作插叙标记，而双音成分则在韵律上可以独立，更适合用以实现篇章连接功能。

[2] "先是"用于标记插叙的例子如：悲乎！闵王临大齐之国，地方数千里，然而兵败于诸侯，地夺于燕昭，宗庙丧亡，社稷不祀，宫室空虚，身亡逃窜，甚于徒隶，尚不知所以亡，甚可痛也，犹自以为贤，岂不哀哉！公玉丹徒князь之中，而道之诣佞，甚矣！闵王不觉，追而善之，以辱为荣，以忧为乐，其亡晚矣，而卒见杀。<u>先是</u>，靖郭君残贼其百姓，害伤其群臣，国人将背叛共逐之，其御知之，豫装赍食，及乱作，靖郭君出亡，至于野而饥，其御出所装食进之。靖郭君曰："何以知之而赍食？"对曰："君之暴虐，其臣下之谋久矣。"靖郭君怒，不食。曰："以吾贤至闻也，何谓暴虐？"其御惧曰："臣言过也，君实贤，唯群臣不肖共害贤。"然后靖郭君悦，然后食。故齐闵王、靖郭君，虽至死亡，终身不谕者也。悲夫！(刘向《新序》卷五)

第3节　近代汉语中的插叙标记"原来"（"元来"）

3.1　从"元"到"元来"再到"原来"

作为时间词的"原来"最早见于唐代，字作"元来"，表示过去。最初单用"元"即可表示时间，有"开始、起端"之义，如：

(14) 乾，<u>元</u>亨利贞。（《易·乾》）（孔颖达疏："子夏传云，元，始也。"）

(15) <u>元</u>年者何？君之始年也。（《公羊传·隐公元年》）

"来"是中古以来的时间词后缀（志村良治，1995/1984；董秀芳，2011），"元来"作为双音节派生词，与"元"表义基本相同。如：

(16) 又别敕除左金吾卫大将军，是国亲，今帝之阿舅。<u>元来</u>贫穷，去年行于坊寺，担萝卜、柴等卖。今新承恩，作金吾大将军……（圆仁《入唐求法巡礼行记》卷三）

(17) <u>元来</u>不见，他自寻常；无故相逢，却交烦恼。（张鷟《游仙窟》）

宋代出现"原来"。比如：

(18) 初来是知事物合著如此；到知命，却是和个<u>原来</u>都知了。（《朱子语类》卷二十三）

为什么"元"变成了"原"？顾炎武《日知录》卷三十二有一个解释："元者，本也。本官曰元官，本籍曰元籍，本来曰元来。唐宋人多此语，后人以'原'字代之，不知何解。……或以为洪武中，臣下有称'元任官'者，嫌于元朝之官，故改此字。"蒋绍愚（2015）认为如果的确是这个原因，"原来"代替"元来"那是一种因避讳而发生的变化。我们认为，"原"和"元"语义有接近之处，"原"是"源"的古字，指水源，引申来表示"本原、根本"；"元"本义是"头"，引申指"开始"或"根源"，可见二者在表示"本原，开端"上语义是相通的，因此发生替代其实也是可以理解的。

3.2 "原来"的插叙标记用法

在宋代，"原来"就出现了作为插叙标记的用法，以下是两个较早的用例：

（19）崔宁听得说浑家是鬼，到家中问丈人、丈母。两个面面相觑，走出门，看着清湖河里，扑通地都跳下水去了。当下叫"救人"，打捞，便不见了尸首。原来当时打杀秀秀时，两个老的听得说，便跳在河里，已自死了。这两个也是鬼。崔宁到家中，没情没绪，走进房中，只见浑家坐在床上……（《碾玉观音》）

此例中"原来"引入的插叙交代以前发生的事，解释当下出现的情况的原因。

（20）不两月，捉将两个来，解到府中，报与郡王得知，即时升厅。原来郡王杀番人时，左手使一口刀，叫做"小青"，右手使一口刀，叫做"大青"：这两口刀不知剁了多少番人。那两口刀鞘内藏着，挂在壁上。郡王升厅，众人声喏，即将这两个人押来跪下……（《碾玉观音》）

此例中"原来"引入的插叙主要是为了提供背景知识。

近代白话小说中,"原来"作为插叙标记使用频率非常高,在插叙结束处有的是有标记的,一般用"今""当下"作为标记。如:

(21)却说袁术大宴将士于寿春。人报孙策征庐江太守陆康,得胜而回。术唤策至,策拜于堂下。问劳已毕,便令侍坐饮宴。<u>原来孙策自父丧之后,退居江南,礼贤下士;后因陶谦与策母舅丹阳太守吴景不和,策乃移母并家属居于曲阿,自己却投袁术。</u>术甚爱之,常叹曰:"使术有子如孙郎,死复何恨!"因使为怀义校尉,引兵攻泾县大帅祖郎得胜。<u>术见策勇,复使攻陆康</u>,今又得胜而回。(《三国演义》第十五回)

(22)行至历阳,见一军到。当先一人,姿质风流,仪容秀丽,见了孙策,下马便拜。策视其人,乃庐江舒城人,姓周,名瑜,字公瑾。<u>原来孙坚讨董卓之时,移家舒城,瑜与孙策同年,交情甚密,因结为昆仲。</u>策长瑜两月,瑜以兄事策。<u>瑜叔周尚,为丹阳太守</u>;今往省亲,到此与策相遇。策见瑜大喜,诉以衷情。(《三国演义》第十五回)

(23)布入谋于妻严氏。<u>原来吕布有二妻一妾:先娶严氏为正妻,后娶貂蝉为妾;及居小沛时,又娶曹豹之女为次妻。曹氏先亡无出,貂蝉亦无所出,惟严氏生一女,布最钟爱。</u>当下严氏对布曰:"吾闻袁公路久镇淮南,兵多粮广,早晚将为天子。若成大事,则吾女有后妃之望。只不知他有几子?"(《三国演义》第十六回)

近代汉语中"原来"代替了"初"发挥插叙标记的作用,这正与汉语词汇逐渐走向双音化的大趋势相适应。

3.3 "原来"的功能引申

3.3.1 从插叙到解释

"原来"引入的插叙很多都在叙述之前发生的事情的同时对当前的事

件具有解释原因的作用，如：

(24) 布怒曰："吾必杀此贼！"急驱马至小沛。只见小沛城上尽插曹兵旗号。原来曹操已令曹仁袭了城池，引军守把。吕布于城下大骂陈登。(《三国演义》第十九回)

此例中的插叙是解释原来属于吕布地盘的小沛城上尽插曹兵旗号的原因。

(25) 好太子，夹一夹马，撞入里面，忽至锦香亭下，只见那正宫娘娘坐在锦香亭上，两边有数十个嫔妃掌扇，那娘娘倚雕栏儿流泪哩。你道他流泪怎的？原来他四更时也做了一梦，记得一半，含糊了一半，沉沉思想。这太子下马，跪于亭下，叫："母亲！"(《西游记》第三十八回)

此例中，插叙出现之前有一个设问句"你道他流泪怎的？"，更能表明其后插叙是为了解释娘娘流泪的原因。

有时，在插叙结束的地方会出现连词"故"，更能表明插叙的功能是对事件原因的解释：

(26) 天雨方住，见两个人撞入后园，手提宝剑，突至亭前，左右拦挡不住。操视之，乃关、张二人也。原来二人从城外射箭方回，听得玄德被许褚、张辽请将去了，慌忙来相府打听；闻说在后园，只恐有失，故冲突而入。却见玄德与操对坐饮酒。(《三国演义》第二十一回)

(27) 玄德自守南门，孙乾守北门，云长守西门，张飞守东门，令糜竺与其弟糜芳守护中军。原来糜竺有一妹，嫁与玄德为次妻。玄德与他兄弟有郎舅之亲，故令其守中军保护妻小。高顺军至，玄德在敌楼上问曰："吾与奉先无隙，何故引兵至此？"(《三国演义》第十八回)

插叙标记的功能原本是表示叙述时间点的转换，这种插入的对以往事件的叙述有可能对当前的事件起到解释作用，因此插叙标记就有可能获得解释功能。这种演变符合从时间到原因的演变路径：发生在前的事件很可能成为发生在后的事件的原因。插叙标记所伴随的解释功能往往是隐含的，标志叙述时间转移的功能是突显的。不过，这两种功能的地位可能慢慢发生变化，当解释功能由于经常出现而逐渐变得突显，其突显地位慢慢超越了原有的时间功能，直到最后时间功能完全隐去时，"原来"就从插叙标记演变为了解释标记，类似于一个表示原因的连词。这时"原来"引入的部分与上文的叙述只剩下了因果逻辑关系，如：

(28) 祖师道："你虽然像人，却比人少腮。"<u>原来那猴子孤拐面，凹脸尖嘴。</u>悟空伸手一摸，笑道："师父没成算！我虽少腮，却比人多这个素袋，亦可准折过也。"（《西游记》第二回）

此例中，"原来"后面引入的是对悟空的容貌的描写，并不是发生在前的事件，只是通过对悟空容貌的描写来解释祖师说那句话的原因。因此，这里的"原来"不能再看作插叙标记，而成了一个解释标记了。

(29) 不期竹中钻出两个人来，各拿一把钢叉，张俭、张韬措手不及，被两个拿叉戳翻，直捉下山来。<u>原来戳翻张俭、张韬的，是解珍、解宝。</u>卢先锋见拿二人到来，大喜。（《水浒传》第一百一十五回）

此例中，"原来"后面引入的是一个判断句，不是事件性的，因此这里的"原来"也不是插叙此前发生的事情，而是对当前的事件进行解释说明。

(30) 此时俱甚抱怨他，又鄙贱嫌恶他。悟空一些儿也不恼，只是满脸陪笑。原来那猴王，已打破盘中之谜，暗暗在心，所以不与众人争竞，只是忍耐无言。祖师打他三下者，教他三更时分存心，倒背着手，走入里面，将中门关上者，教他从后门进步，秘处传他道也。（《西游记》第二回）

在此例中，"原来"与"所以"配合使用，更能表明"原来"的使用是为了解释原因。

3.3.2 从解释到说明

有些"原来"的后面是文本中人物的观察所得或是叙述者的说明。这种功能可以看作解释功能上的进一步引申，在解释中取消了因果逻辑关系即成了单纯的说明。解释是满足人们对事情之间的因果关联的认知需要，对一个现象的说明是满足对事物本身认知的需要，都是在人们有认识需要时发生。从这一点上看，解释和说明的功能有相通之处。解释必然也是一种说明，可以说，解释蕴含说明。从解释到说明，是语义范围变宽的一种演变。"原来"的这种说明用法在《西游记》中多见。如：

（31）悟空十分欢喜，拿出海藏看时，原来两头是两个金箍，中间乃一段乌铁；紧挨箍有镌成的一行字，唤做"如意金箍棒"，重一万三千五百斤。心中暗喜道："想必这宝贝如人意！"（《西游记》第三回）

（32）那大圣睁圆火眼金睛，低头看时，原来佛祖右手中指写着"齐天大圣，到此一游。"大指丫里，还有些猴尿臊气。大圣大吃了一惊道："有这等事！有这等事！我将此字写在撑天柱子上，如何却在他手指上？莫非有个未卜先知的法术？我决不信！不信！等我再去来！"（《西游记》第七回）

这两例中，"原来"后面引入的都是一段描写，是文本中的叙述对象孙悟空的观察所见。"原来"后面的描写没有解释的功能,不涉及与先前叙述的事件之间的因果关联,但是这种说明正是文中人物所期待了解和认知的。用了"原来"比不用"原来"有更多的探究意味,这种探究意味来自其原先具有的解释功能。张谊生(1996)将"原来"的这种功能称为"补证性解说"。

在以下例子中,"原来"引入的是文本叙述者的说明(李明,2019):

(33)王保跟张员外到家,要了他五百贯赏钱去了。原来王保就是王秀,浑名"病猫儿",他走得楼阁没赛。(《古今小说·宋四公大闹禁魂张》)

(34)这个俊俏后生是谁?原来不是本地,是徽州新安县人氏;姓陈,名商……(《古今小说·蒋兴哥重会珍珠衫》)

文本中所有的叙述实际上都是文本叙述者作出的说明,专门用"原来"标记出的说明实际上是那些文本叙述者认为有必要提请读者注意的信息,叙述者认为这些信息可能是读者没有预料到的,如例(33),或者是很想知道究竟的,如例(34)。

当"原来"表达解释功能和说明功能时,其已经不能再看作时间词了,而可以看作具有关联功能的副词了,在篇章中还是充当话语标记,引入解释内容或说明内容,其关联的范围可以是两个或两个以上的小句。

3.3.3 反预期意味

不管是解释功能还是说明功能,都往往是先前预料之外的,因此,这两种功能都可以伴有反预期的意味。表现在"原来"的前面可以出现表示转折的副词"却"。如:

(35)前船后船,尽皆都漏,看看沉下去。四下小船,如蚂蚁相似,望大船边来。高太尉新船，缘何得漏？<u>却原来是张顺引领一班儿高手水军，都把锤凿在船底下凿透船底，四下里滚入水来</u>。高太尉爬去舵楼上，叫后船救应……（《水浒传》第八十回）

此例中"原来"既是插叙标记，又同时有解释的功能，"却"明示了反预期的意味，因为插叙的内容往往是预料之外的。

（36）三藏道："此间正是。"行者仔细观之，<u>却原来是一株大桧树，一株老柏，一株老松，一株老竹，竹后有一株丹枫。再看崖那边，还有一株老杏，二株腊梅，二株丹桂</u>。行者笑道："你可曾看见妖怪？"（《西游记》第六十四回）

此例中，"原来"引入的是一个说明，是文中叙述对象的观察所见，与"却"的共现也显示了这一所见是叙述对象始料未及的。

第 4 节 现代汉语中"原来"的义项

经过前文的分析，我们现在可以对"原来"的语义进行一番梳理了。我们先看一下词典中的释义。"原来"在《现代汉语词典》（以下简称《现汉》）中有三个义项：①名词。开始的时候；从前：现在的日子比原来好多了。②形容词。起初的；没有经过改变的：按原来的计划执行。③副词，表示发现真实情况：我说夜里怎么这么冷，原来是下雪了。

《现汉》中第一个义项是"原来"最早的义项，延用至今。第二个义项显然来自第一个义项，是第一个义项经由词类的转变而形成的。第三个义项值得注意,一方面因为这个义项是虚词义项,另一方面是这个义项与最初的名词义项之间的关联不是一眼可以看出来的,需要考察。

实际上,《现汉》对"原来"的副词义项的解释不是太精准。仔细分析,"原来"作副词用时的语义功能可以分为两类:①关联副词,解释原因;②语气副词,表示意外和惊讶的语气,语义与"竟然"接近。《现汉》中举的两例正好对应这两种功能。"原来是你"中的"原来"是语气副词;"我说夜里怎么这么冷,原来是下雪了"中的"原来"是关联副词。

再看两个关联副词的例子:

(37) 我好几年没见到他,<u>原来</u>他出国了。
(38) 他不吃鱼,<u>原来</u>是怕刺。

在以上两例中,"原来"作为关联副词,引入对前一句所述事态的解释。"原来"的这种功能与引入原因的连词(比如"因为")相比,带有起先不知道后来才弄清楚的意味,这与"原来"在作插叙标记时反预期的意味是有关联的。

作关联副词时,"原来"一般出现在小句首,属于句首副词。

在现代汉语中,"原来"在表示解释说明时,也可以引入比较长的一段话语,超出句子的范围,这时可以看作话语标记,其后可以出现语气词"呀",经常出现在口语中,[1] 如:

(39) 这流星雨哪里来的?<u>原来</u>呀,我们的地球这个时候正好从比拉彗星运动的那个轨道那儿穿过,我们的地球的吸引力把这些粉碎了的比拉彗星的这些小碎片吸引下来,闯入地球大气和空气摩擦生热发光,不摩擦生不了光。

---

[1] 关于副词后加语气词的探讨可参看方梅(1994)。

下面是"原来"作语气副词的用例:

(40) 我才知道,<u>原来</u>他不爱她呀!

(41) 女儿没有想到,选择专业<u>原来</u>是这么复杂的问题,有这么多的因素要考虑。

作语气副词时,"原来"有反预期的意味。顺便指出,"原来"的反预期意味就是《现汉》解释为"发现真实情况"的原因,但"发现真实情况"其实是"原来"使用的语用条件,不能算作"原来"的语义,直接用此来给"原来"释义不妥。建议将释义改为"表达惊讶的语气,用在发现真实情况不符合预期的情况下"。

作语气副词时,"原来"既可以出现在小句首,如例(40);也可以出现在主语之后,如例(41)。

第5节 语义演变路径:从话语标记到副词

对于"原来"的语法功能及演变,已经有一些研究,如唐为群(2006)、张婧(2006)、严艺(2011)等。但我们认为,对于"原来"副词功能的产生还没有足够好的解释。本章将"原来"在语篇中的功能与其作为副词的功能联系起来,从语用法的语法化的角度来解释"原来"作为副词的功能的产生。

"原来"最初是时间词,其时间词功能与其副词功能之间乍看起来好像联系不大。如果联系到"原来"在语篇中作插叙标记的功能,从时间词到副词之间演变的逻辑就能怡然理顺。"原来"作为关联副词的功能实际上与其充当插叙标记的用法关系密切。上一节我们谈到从插叙标记可以发展出解释功能，在现代汉语中，"原来"仍可以在话语层面作为解释标记，变为解释原因的关联副词是这种功能的句法化。而且，"原来"在作插叙标记时蕴含的反预期意味被其关联副词用法所继承，在解释原因时同时表明这样的原因是始料未及的，从而与其他因果连词区分开来。从分布位置上看，关联副词"原来"引入的小句总是在后，需要解释的现象总是出现在前一小句，这正与"原来"作为插叙标记时的位置分布相一致。

关联副词"原来"的演变路径可以表示如下：

语篇中的插叙标记（时间名词）[1]→解释标记/说明标记→关联副词

关联副词"原来"的语义演变提供了一个句法化（从语用到句法）的例证：一个形式在语篇中获得的功能逐渐规约化之后，就可以脱离上下文语境而成为这个形式本身的句法功能。

另外，"原来"的语义虽然经历了不少演变，但其最初的意义即作为时间名词的意义仍然保留了下来。这说明，一个成分承担某种语篇功能之后，其原有的概念功能可以同时并存（在特定语篇中发挥语篇功能，在其他场合继续显现其原有的词汇语义），并可以长期保留。

那么，"原来"的语气副词用法是否也源于插叙标记用法呢？从逻辑上看是说得通的。由于引入的插叙事件通常是听话人/读者意料之外的，而且当插叙标记演变为解释标记并进一步变为说明标记之后，原来蕴含的时间和因果逻辑关系也淡去了，所以有可能发展为语气副词。但是从材料

---

[1] "原来"用作插叙标记，可以说是语用化，是说话人征用了时间词"原来"在叙事语篇中来实现插叙的功能，"原来"最初的时间词功能并未因此而受到影响，"原来"在作为时间词的同时在叙事语篇中又承担了一个引入插叙的功能，这就相当于一个人在单位获得了一个新职务。时间词用法与插叙标记用法之间的关系严格来讲并不能算语义演变，只是功能的语用分化。但是，"原来"作为插叙标记与在小句中作时间名词使用时，还是有一些差别。作为插叙标记时，辖域变大了：从小句变为了语段。正是作为插叙标记的这一语篇功能使得"原来"后来获得了表示解释的关联功能。

上看,"原来"作语气副词的用例实际出现得很早,在唐末字形还作"元来"时即已出现。如:

(42)大彦叹曰:"我将谓天下无人,元来有老大虫在。"(静、筠二禅师《祖堂集》卷七)

宋代"原来"出现之后,也可以用为语气副词,如:

(43)雪窦颂到这里,更有妙处云,"南北东西无处讨",尔道在什么处,"忽然突出拄杖头",原来只在这里,尔不可便向拄杖头上作活计去也。(圆悟克勤《碧岩录》卷三)

(44)当时殿前太尉是阳和王,见了这词,好伤感:"原来刘两府直恁孤寒!"(《碾玉观音》)

面对这种情况,我们认为,实际存在两种可能性,一是语气副词用法可能是从时间名词用法直接发展出来的,没有经过插叙标记用法的过渡。而且,这样的演变也有平行的例证,比如,"本来"最初也是表示时间的,后来也发展出语气副词的用法,《现代汉语词典》释为"表示理所当然",举例如:"本来就该这样办。"但是问题是从时间词"原来"到语气副词"原来"找不到明显的二义共存的过渡阶段(李明,2019)[1];另外一种可能性是语气副词"原来"也是经由插叙标记用法而产生的,只是在文献上分不出先后。我们更倾向于后一种可能性,因为这种演变途径可以比较好地解释语气副词"原来"所表达的意外和惊讶语气的来源问题。"原来"

---

[1] 李明(2019)认为语气副词"原来"来自表示过去情况与当前情况不一致从而蕴含对比的时间词"原来",机制是隐喻:表"原本"义的"原来"表示之前的情况与后来不一致,属客观域;但表新发现的"原来"(即语气副词"原来")表示之前的想法与现在的新发现不一致,属认知域。但是实际上,李明(2019)的这个判断也是基于逻辑,无法提供演变的具体环节。

作为插叙标记引入的对过去事件或状态的叙述正好与当下的情况形成对照，提供了一个产生意外和惊讶语气的合适的语境。通常来讲，文献用法总是滞后的，"原来"的插叙用法可能在口语中已经出现了很多，但不一定能在最早期就被文献记录下来，因此并不能因为"原来"的语气副词用法与"原来"的插叙标记用法分不出时间先后而完全排除掉前者来源于后者的可能性。

第 6 节　结语

汉语语篇的插叙标记可以由时间词充当，如"初""原来"等。这些时间词的共同特点是表示起始点，具有表示过去时间的特征。方梅（2017）指出，表时间的饰句副词具有标记情节节点的篇章功能。我们认为，叙事语体的本质特征就是叙述在时间中展开的情节，因此，表示时间的成分在叙事语体中标记情节节点是很自然的事情。具有合适的语义是一个形式承担某种语篇功能的基础，"初""原来"所具有的时间义使其适合用作插叙标记，把叙述时间往前推。

说话人选择某种成分来完成某种语篇功能也是说话人的语用策略。这就是说，话语标记的形成是客观和主观两方面因素共同作用的结果。具有类似语义功能的形式也可能不被选择完成某种语篇功能。以前我们较多地看到具有相近词汇语义的成分沿着相同的路径发生语法化，但在本章中我们也发现词汇语义接近的成分也可能在语篇功能上产生差异，即被语言使用者选择来实现不同的分工。比如"初"和"昔"，词汇语义非常接近，但是前者被选择用在叙事语篇中充当插叙标记而后者则没有。

有时存在一系列可选的对象来完成某种语篇功能，其中有一种使用频率较高，慢慢规约化，就成为实现某种语篇功能的首选成分或默认成分。

在现代汉语中，一些表示过去的时间名词或短语，如"昨天""去年""三年前""当……的时候"等，也可以引入插叙，但这些具体的时间指示语不具有很高的使用频率，因此不能算专用的插叙标记。可见，使用频率是鉴定话语标记的一个重要标准。话语标记的形成可能有这样一个过程：语义上存在一系列可选的对象来完成某种语篇功能，其中有一种成分形式简洁，语义比较宽泛，受限制小，使用频率较高，慢慢规约化，最终成为实现这种语篇功能的标记性成分。

具有语篇功能的话语标记可能在进一步的发展中发生句法化，在语篇中获得的一些功能可能固定为句法层面的语义。比如，"原来"从由时间词充当的话语标记演变为副词，在篇章中获得的连接功能固定为副词的语法功能，并继承了在语篇中形成的反预期语气。这表明句法规则可以来源于话语策略的反复运用。因此，对语篇的探究不仅可以弄清话语的组织原则，也可以为句法的研究提供启示。

第11章　近代汉语语用标记及其演变
——以三类语用标记为例

第1节　引言

语用标记（pragmatic marker）是个外来的概念，与话语标记（discourse marker）有关联，国内学者多称"话语标记"。本章采纳冯光武（2004）的观点，认为语用标记是上位概念，话语标记是下位概念。话语标记主要是指具有语篇连接功能的成分，包括关联两段话语或关联话语和语境。有的词语的功能主要是指向本句的，如表示对命题的评价，表示信息来源，标记特定的言语行为如建议、警告、探询、断言等，这类成分是语用标记，但不是话语标记。一般认为语用标记具有以下特征。

第一，语用标记是个语言表达式，可以是一个词，也可以是一个短语或小句，如"看你""我跟你说"等。在词语形式上可能是不固定的，常有变体存在，如"看你"也可以说成"你看你""你看看你"等。

第二，多数的语用标记在韵律上与所标记的成分之间有隔断，也不一定发生语音弱化。

第三，在结构上与其所标记的成分之间没有句法联系，不是句子成分，传统上称为插入语或独立成分。

第四，在语义上不参与其所标记语句的命题意义的构成。

第五，在语篇中的位置，多数情况下与其所标记的成分间顺序不定，可前可后，甚至有的可以嵌在其所标记的语句中间。

第六，语用标记的功能是语用的，概括起来说，本书所指的语用标记主要包括以下三种功能。

其一，句际连接功能，即连接句子或语段，标记句子或语段之间的关系。廖秋忠（1986）所述的现代汉语中的篇章连接成分就是指实现这一功能的成分，也可以是联系话语和现实语境，标示语境意义。例如一个多年没来上海的人一下飞机看到上海的变化，说出如下的话：

（1）<u>你别说</u>，上海这些年的变化还真大！
（2）<u>没想到</u>上海变化这么大！

如上例中的"你别说""没想到"就是语用标记。它们并没有关联两个句子，而是关联看到某一情景后的感慨，是关联现实语境和话语，表示说话者所看到的事实是超出自己预期的。

其二，言语行为标记功能，即指标示其后的命题是一种言语行为。如：

（3）<u>要不</u>你去帮他一下。
（4）<u>你说</u>他能去哪儿呢？

例（3）代表说话者的一个建议，例（4）代表说话者想从对方口中探询相关信息，都代表言语行为，我们称"要不"为建议标记、"你说"为探询标记。

其三，情态标记功能，即表示说话者对所说句子所代表的命题的主观态度，包括认识、情感等。如：

(5) <u>我敢说</u>他不会来了。

(6) <u>不好</u>,天要下雨!

以上例句中的"我敢说"表示其后是说话者的断言,"不好"表示说话者对其后命题的评价,都在发挥情态功能。

近代汉语的语用标记,是指在近代汉语时期使用的语用标记,包括中古或上古沿用下来的和近代汉语时期新产生的。所谓近代汉语时期,一般是指晚唐五代至清末这一阶段,我们将上限推至整个唐代。这里不把唐代分为两段,是为了便于处理一些边际语料,而且很难确定有些语料是属于其中哪一段,比如敦煌文献,一般都是作为典型的近代汉语的语料来用的,但实际上其时间跨度是比较大的,至少包括整个唐代。

近年来,语用标记(其中的一类也称为"话语标记")的研究成为国内外研究的热门话题,但就汉语来说,主要是现代汉语语用标记的研究,还没有人对近代汉语的情况进行系统的考察;由于大部分语用标记是短语或小句形式,所以现行的大型历史性语文辞书也少有收录。近代汉语有哪些语用标记,这些成分是怎么演变来的,与现代汉语的语用标记有什么不同,二者存在怎样的演变关系,等等,都需要通过近代汉语语用标记的研究来回答。

本章选择三类语用标记,包括"换言"类、"意外"类和"评价"类,对其在近代汉语中的分布和演变情况进行描写,以此来管窥近代汉语语用标记的大致面貌。

第 2 节 "换言"类语用标记

2.1 关于换言标记

"换言"类语用标记,下文简称"换言标记",是指用来明示两个近义说法之间关系的关联标记。具体来说,是指在上文提出一种说法后,用以引出下文与之意思相同或具有同指关系的另一种说法的语言表达式。例如:

(7) 我去看了几个同学,他们有的正在念大学,有的已成为工作单位的骨干,曾经和我要好过的一个女同学已成了别人的妻子。<u>换句话说</u>,他们都有着自己正确的生活轨道,并都在努力地向前,坚定不移而且乐观。(王朔《空中小姐》)

(8) 宋宝琦的父亲在园林局苗圃场工作,一直上"正常班",<u>就是说</u>,下午六点以后就能往家奔了。(刘心武《班主任》)

以上例句中的"换句话说"和"就是说"就是换言标记,其后的话与前面的话意思差不多,只是表达方式不同。为什么同一种意思要同时用两种不同的方式来表达,这不违反语言的经济原则吗?之所以要"换言",当然有说话者的语用意图。以"(也)就是说"为例,如果将换言标记所关联的前句用 X 代表,后句用 Y 代表,那么具体地说,换言标记所引出的话语的语用意图主要有以下几种。

一是转换话题,即通过换言标记引出一个与上文不同的话题。如:

（9）叶民主和科长两人联合埋伏已经有六天了，也就是说，叶民主已经六天没有下山。虽然他只能每天下午趁科长来时小睡上几个小时，极其艰难地坚守着这个埋伏点，但毕竟也还能扛得下去。（方方《埋伏》）

（10）如果说周密是这起枪杀案的主凶，他不但要找一个杀手，替他去杀人，他还得安排另外一些人把这个杀手弄进警戒森严的来凤山庄。也就是说，得有那么一帮子人，而且大部分还得是我们内部的人，自觉自愿地帮着周密去杀人。这可能吗？这和我们干部队伍的现状符合吗？这和周密一贯的表现、一贯的为人符合吗？党内个别腐败分子到了狗急跳墙的地步，要杀人要放火，这我相信。但是要说我们内部有一帮人会心甘情愿地去帮着腐败分子杀人放火，我无论如何也不相信。（陆天明《大雪无痕》）

例（9）中 X 是说两个人在干什么，而 Y 中的另一种说法只说了"叶民主"，下文则主要围绕"叶民主"展开。例（10）中 X 是讲"周密"，而 Y 变成了"那么一帮子人"，下文都是在这个话题下展开的。

二是诠释语义，即说话人认为 X 或 X 中有的词语听话人可能不懂，故用 Y 对其进行解释说明。如：

（11）有一段母亲的眼睛突然失明了——当后来她告诉我时，语气里还有那么多的惊恐。她说医生来看了，说是得了"火蒙"。就是说一阵急火攻心，眼睛被什么东西蒙住了。（张炜《柏慧》）

（12）制作过程极为简单，刀功火候、放入锅内的先后次序以及佐料等等，皆无讲究。稍微费事一点的，不过是"吹面肺"。也就是说，要将面粉调成的稀糊灌进羊肺的空隙里。下锅煮熟后，羊肺就成了介乎面食与肉食之间的东西，洁白如玉。（张贤亮《谈羊杂碎》）

例（11）X 中的"火蒙"和例（12）X 中的"吹面肺"，作者担心一般读者不知道是什么意思，于是在 Y 中作出具体解释。

三是展开内容，即 X 是一种概括的说法，Y 是对 X 的具体展开。如：

（13）这个家由什么来组成的呢。首先要有家庭的成员，何为家庭的成员？<u>就是说</u>，要有家长，要有孩子，什么是家长呢，是爷爷。（曹桂林《北京人在纽约》）

（14）你懂什么，如今女的时兴她那么个模样儿，脸盘儿不要圆圆乎乎，也不要瓜子仁儿，倒要带棱带角，也不时兴细皮白肉，倒是咖啡那么个色儿最好，腰身也不要一个劲儿地苗条，讲究三围，<u>就是说</u>腰围虽然要小，胸围和臀围倒越大越好，侧着身看，前头上凸后头下鼓才叫大美人儿……（刘心武《小墩子》）

例（13）中 X 提到"家庭的成员"，Y 展开说明了家庭成员包括的具体对象。例（14）中 X 提到"讲究三围"，Y 对美女的具体的三围标准进行了展开描写。

四是揭示实质，即 X 提出一个事件，Y 揭示这一事件的真实意图和真相。如：

（15）最近国务院总理在国庆招待会上的讲话中，在"台湾当局"后面加了一句"和各界人士"，这是我加的。<u>就是说</u>，台湾问题接触面要宽，除了以国民党当局、以蒋经国为对手外，要广泛开展工作面。（邓小平《在中央顾问委员会第三次全体会议上的讲话》）

（16）按照那合同，全厂四十岁以下的工人，只有百分之五十经过严格考核，方能重新被招募为合同工，其余百分之五十的工人，只有一个选择——领取几个月的辞退金，回家另谋出路。而四十岁以上的工人，只能照顾性保留百分之二十，百分之八十得领辞退金回家！<u>也就是说</u>，全厂三千多人中，将有半数以上陷入失业困境。（梁晓声《钳工王》）

例（15）中 X 提到作者的一个行为——加了一句话，Y 对这个行为的真实意图作了说明。例（16）中 X 讲到一个事件，即工厂改革对工人的处理方式，Y 指出了这一处理方式的实质。[1]

关于换言标记，人们的研究兴趣主要是在现代汉语上，如廖秋忠（1986）讨论了现代汉语书面语中的这类成分，称为"换言连接成分"。他在文中列举的现代汉语书面语里的换言连接成分有"换言之、换句话说、也就是说、（这/那）就是说、即、即是说、或者（说）、具体地说、具体而言"。后来的研究主要是在廖先生研究的基础上展开的，有的是从篇章连接的角度进行的，如常娜（2009），徐静、叶慧（2009），等等；也有的是从话语标记或元话语的角度进行的，如肖立成（2008）。对于近代汉语的换言标记，尚未见到有人进行系统的研究。本节将尽可能多地搜集近代汉语时期所使用的换言标记，举例进行说明，并讨论其演变问题。

2.2 换言标记及其来源

近代汉语的换言标记，就词汇形式来说，主要由以下两类动词构成：一类是"即、是"，下文称作"是"类，如"也即、就是"；另一类是"谓、言、说"，下文称作"说"类，如"亦谓、换言之、就是说"。下面分别举例。

2.2.1 "是"类

近代汉语中的"是"类换言标记主要有"即、即是、也即是、便是、就是、也就是"。例如：

（17）自山麓至峰岑，跨谷凌岩，编石为阶，广十余步，长五六里。中路有二小窣堵波，一谓下乘，<u>即</u>王至此徒行以进；一谓退凡，<u>即</u>简凡人不

---

[1] 有人将引入总结语的成分也看作换言标记，如徐静、叶慧（2009）将"简而言之"等看作换言连接成分。我们认为，由繁到简当为概括总结，而不单纯是换言，所以这一类不放在此处讨论。

令同往。(《大唐西域记》卷九)

(18) 常须下心，普行恭敬，<u>即是</u>见性通达，更无滞碍，是自皈依。(《六祖大师法宝坛经·忏悔品》)

(19) 了悟心源，即是净土。若悟真理，菩萨与土，悉同是一。<u>也即是</u>心净即佛土净云。(《敦煌变文校注》卷五《维摩诘经讲经文》)

(20) 臣窃见寺人一色，未识上心，或轻忽高班，凌轹贵仕，<u>便是</u>品命失序，纲纪不立，取笑通方之人，见讥有识之士。(《旧唐书》卷七十八)

(21) 良知在夜气发的方是本体，以其无物欲之杂也。学者要使事物纷扰之时，常如夜气一般，<u>就是</u>"通乎昼夜之道而知"。(《传习录》卷下)

(22) 即或其中有庄头盗典出去的，我们既有印契在手里，无论他典到甚的人家，可以取得回来的；如果典价无多，拿着银子照价取回来，不合他计较长短，<u>也就是</u>我家从宽了。这等一办，又加增了进项，又恢复了旧产，岂不是好？(《儿女英雄传》第三十三回)

2.2.2 "说"类

近代汉语中的"说"类换言标记主要有"即谓、亦谓、或谓、此谓、即是谓、便是说、就是说、或者说、换言之"。例如：

(23) 剪灯者将及某号，即预放某索以待之，此号方升，彼号即降，观其术者，如入山阴道中，明知是人非鬼，亦须诧异惊神，鼓掌而观，又是一番乐事。惜予囊悭无力，未及指使匠工，悬美法以待人，<u>即谓</u>自留余地亦可。(《闲情偶寄·器玩部》)

(24) 夔州司马员外置同正员朱朴，本在寒微，偶升科第，复尘簪组，且列胶庠。不为自审之谋，但务夤缘之计，实因奸幸，潜致显荣。<u>亦谓</u>术可弭兵，学能理国，叨半岁容身之贵，无一朝辅政之功。(李晔《贬朱朴郴州司户制》)

(25) 然唐诗人率用此语，如李白"金樽清酒斗十千"，王维"新丰美酒斗十千"，白乐天"共把十千酤一斗"。又"软美仇家酒，十千方得斗"。又"十千一斗犹赊饮，何况官供不著钱"，崔辅国"与酤一斗酒，恰用十千钱"，郎士元六言绝句"十千提携一斗，远送潇湘故人"，皆不与杜诗合。<u>或谓</u>诗人之言，不皆如诗史之可信。然乐天诗最号纪实者，岂酒有美恶，价不同欤？（《宾退录》卷三）

(26) 议云："己孤暴贵，不为父作谥。"<u>此谓</u>其父无位，而其子则居大官，不当以己之贵加荣于父也。（独孤及《驳太常停谥陇右节度使郭知运议》）

(27) 又礼官状以《周礼·天官·太宰职》云："正月之吉，始和布治于邦国都鄙，乃县象法于象魏，使万人观之，浃日而敛之。"<u>即是谓</u>《礼记·玉藻》之"听朔"，因此遂谓王者唯以岁首元旦一告朔。（张齐贤《明堂告朔议》）

(28) "修道以仁。"修道，<u>便是说</u>上文修身之道，自"为政在人"转说将来。"修道以仁"，仁是筑底处，试商量如何？（《朱子语类》卷六十四）

(29) 署院便检了一个翰林底子的候补道，同他讲道："孔夫子有句话，叫做'节用而爱人'。甚么叫'节用'？<u>就是说</u>为人在世，不可浪费。"（《官场现形记》第十九回）

(30) 十眷的"眷"字，该是景致的"景"。<u>或者说</u>此楼造得空旷，上有明窗可以眺远，看见十样景致，故此名为"十景楼"。（李渔《十二楼·十眷楼》）

(31) 念祖起身问道："精神上的学问怎样讲的？"文明种道："不过是'国民教育'四字。<u>换言之</u>，即是国家主义。不论做君的，做官的，做百姓的，都要时时刻刻以替国家出力为心，不可仅顾一己。"（陈天华《狮子吼》）

2.2.3 来源

上文列举了近代汉语的主要换言标记，就这些词语的构成来说，包含了"即、是、说、谓"等动词,即主要以系动词和言说动词为主要成分。然而系动词和言说动词也有不一样的意义和用法,作为换言标记,来源于这两类动词的哪种用法呢?系动词和言说动词的意义差别很大,它们为什么会演变成一种同功能的成分?显然,这两类动词一定在换言标记外,还有着意义和功能的共性。我们以为这种共性就是它们除了表示"等同""言说"等意义外,都有元语用法,用作谓语对前述主语进行解说。例如:

(32) 北与胡貉为邻,西有巴戎,东在楚者乃界于齐,在韩者逾常山乃有临虑,在魏者乃据围津——即去大梁百有二十里耳!(《荀子·强国》)

(33) 城北去尧山五里,与七十五里之说相符,然则俗谓之都山,即是尧山,在唐东北望都界。(《水经注》卷十一)

(34) 水首受希水,枝津西南流,历蕲山,出蛮中,故以此蛮为五水蛮。五水谓巴水、希水、赤亭水、西归水,蕲水其一焉。蛮左凭居,阻藉山川,世为抄暴。(《水经注》卷三十二)

以上例句中画线的部分就是对主语的说解,以使读者对语义了解得更准确、具体。这里的谓语其实是形式谓语,并没有实际的语义内容,严格来说并不是对主语的陈述,而是对说话者的陈述,即表示说话者调用自己的知识系统后得出的结论。这些系动词或言说动词短语后的宾语只是说话者对某一概念的认知而已,因而是一种元语用法。当这些词语所联系的是两个句子时,实际上就起着换言标记的作用。因而"诠释语义"可能是换言标记产生的最初语用动机。廖秋忠(1986)对"换言连接成分"作如下定义:"它将较为通俗易懂或较为具体的描述与前面较为抽象或较为难懂的描述联系起来,表示它们的表达方式虽然不同,却是同义或同指。"廖先生在这里讲的其实只是换言标记中的"诠释语义"作用这一种情况,或者说是最早产生的语例。实际上情况并不全是这样。例如上文的例(7)

（8），包括下文要谈到的现代汉语中一些新产生的词语，换言标记所联系的两个描述很难说后面的更通俗易懂。我们理解换言标记作用的核心是：其所联系的前项是一般的说法，而后项是说话者根据语境要求提出的更符合自己意图或语境要求的说法，也可以说是由"他"到"我"的过程。虽然有时换言标记所引出的是别人的说法，但说话者用这个人的说法而不用那个人的，就说明说话者进行了选择，即选择了更有利于特定语境的说法。例如现代汉语中有一种新的图式构式类换言标记——"用X（的）话说"，如：

（35）我要了解他们吃什么和想什么。<u>用你们的话说</u>，是他们的物质生活和精神生活。（汪曾祺《卖蚯蚓的人》）

这个例子里，"用你们的话说"所联系的前后项意思差不多，但是如果要说得更通俗易懂，显然是前项更符合这个要求，可见作者之所以要换一种在一般人看来更概括更不好懂的说法，是因为说话对方——"你们"，是知识分子，他们更习惯于这种说法。

2.3 换言标记的演变

表1 换言标记在各个时期的分布情况

类	词语	唐	宋	元明	清	现代	类	词语	唐	宋	元明	清	现代
"是"类	即	+	+	+	+	+	"说"类	即谓	+	+	+	−	−
	即是	+	+	+	+	−		亦谓	+	+	+	−	−
	也即是	+	+	+	+	−		或谓	−	+	+	−	−
	便是	−	+	+	+	+		此谓	+	+	+	−	−
	就是	−	−	+	+	+		即是谓	−	+	+	−	−
	也就是	−	−	+	+	+		便是说	−	+	+	+	−
								就是说	−	−	+	+	+
								或者说	−	−	+	+	+
								换言之	−	−	−	+	+

从表中的分布来看，"是"类以及"说"类中包含"谓"的换言标记

出现相对较早，有的在中古甚至先秦就出现了。半数"是"类和包括"谓"的"说"类换言标记在现代汉语里基本已经消失。现代汉语中以包含"说"的换言标记为主，即使是原来"是"类的，也在后面加上了一个"说"字，如"就是说"。在现代汉语中产生的一些新的换言标记，其中都包含"说"字的，从构成形式上看有以下三类。

2.3.1 词项式

词项式是指由单独的一个词语来充当的换言标记，如"这就是说、那就是说、也就是说、换句话说、换个角度说"等。例如：

（36）他们公认要解决武力这个问题，须把各国私有的武力变成世界公有的武力。这就是说，要把互相对敌互相抵消的武力变成互相联合的武力，武力同向一个方向去尽力。（胡适《武力解决与解决武力》）

（37）但是我的信条，终以为死亡绝灭，人人以为不好，那就是说，"没有是不好"；粗陋恶劣，人人又以为不好，那就是说，"不精工是不好"，"不好看是不好"。故就盲从着乱说起来，以为有是好，多有更好；有得精工是好，有得好看是好。（吴敬恒《补救中国文字之方法若何？》）

（38）我开始和几个最知己的朋友谈论她，他们看在我的面上没说她什么，可是假装闹着玩似的暗刺我，他们看我太愚，也就是说她不配一恋。他们越这样，我越顽固。（老舍《微神》）

（39）我以为"过去未来皆是现在"的话倒有些道理。因为"现在"就是所有"过去"流入的世界。换句话说，所有"过去"都埋没于"现在"的里边。（李大钊《"今"》）

（40）在某种微妙的"冷笑战斗"中，她究竟是应该给予妈妈还是给予奶奶一种宽慰的笑颜？或者换个角度说：她究竟是应该给予妈妈还是给予奶奶一个严肃的忠告？（刘心武《一窗灯火》）

2.3.2 呼应式

呼应式是指 X 前也有一个短语，引出其后的一种说法，可以称为"前提词语"，如下文例中加波浪线的部分；Y 前的换言标记是回应前提词语的，引出一种与上文认知倾向相反的说法。如［例（42）（45）转引自李晓琴、陈昌来，2020a，2020b］：

（41）瑞丰太太，<u>往好里说</u>，是长得很富泰；<u>往坏里说呢</u>，干脆是一块肉。（《四世同堂》）

（42）呜呼，公等所谓美文我知之矣。<u>说得客气一点</u>，像个泥美人，<u>说得不客气一点</u>，简直像个金漆马桶。（钱玄同致陈独秀《通信》）

（43）果然，除性爱以外，恋还有其他的型，如胁挚的友谊也就是恋之一种，虽然不必定含性的意味。恋是一种原始的冲动，最热烈的，不受理性控制的，最富占有性的，最 aggressive 的。<u>说得好听点</u>，当这境界是人己两泯，充实圆足，如火的蓬腾，如瀑的奔放，是无量精魂的结晶，是全生命的顶潮。<u>说得不好听点</u>，这就是无始无名的一点痴执，是性交的副产物，人和动物的一共相。恋之本身既无优劣，作如何观，您的高兴罢。（俞平伯《析"爱"》）

（44）朱怀镜没想到还要写个报告，心里不太情愿，也只好接受了。<u>说得好听些</u>是写报告，<u>其实</u>就是写交代材料，或者说是写反省材料。（王跃文《国画》）

（45）记得去那儿之前，武汉的一些朋友纷纷来劝阻，理由是著名的赤壁之战并不是在那里打的，苏东坡怀古怀错了地方，现在我们再跑去认真凭吊，<u>说得好听一点儿</u>是将错就错，<u>说得难听一点儿</u>是错上加错，天那么热，路那么远，何苦呢？（余秋雨《苏东坡突围》）

（46）中国剧台极不发达，任凭露天地上，高堂大厅，都可当做剧台，所以才用"代替法"来迁就。<u>与其说这办法含有奥妙作用</u>，<u>不如说</u>这办法

是迫于不得已。(傅斯年《再论戏剧改良》)

当前提词语不出现时,呼应式就成为词项式。如:

(47) 老李唯一值得活着的事是天天能遇到机会看一眼东屋那点"诗意"。他不能不承认他"是"迷住了,虽然他的理智强有力地管束着一切行动。既不敢——<u>往好了说</u>,是不肯——纯任感情的进攻,他只希望那位马先生回来,看她到底怎样办,那时候他或者可以决定他自己的态度。(老舍《离婚》)

(48) 我们是同一代人啊! 当过红卫兵,有的下乡,有的去当兵;有幸的,恢复高考赶上个头班车,下海游泳混个大小老板当当。不幸的,回城进厂子当劳工,<u>说得好听点儿</u>,当家做主人。(陆天明《大雪无痕》)

2.3.3 图式

图式即指换言标记是一个图式构式,可写为"用 X(的)话说",其中 X 可以被开放性代入,X 包括两种成分:一种是指人名词或人称代词,整个构式表示"用某人的话说"(李宗江,2018),如:

(49) 我是我们徐家的败家子,<u>用我爹的话说</u>,我是他的孽子。(余华《活着》)

(50) 但是我没那种念头儿,我十分警惕中国的爱虚荣的女子。你告诫她们不要上当受骗,同时也告诫了我不要上她们的当受她们的骗。<u>用你们毛主席的话说</u>——我要谨防"糖衣炮弹"呢!(梁晓声《感觉日本》)

(51) 总而言之,批分数该雪中送炭,万万不能悭吝——切不可锦上添花,让学生把分数看得太贱,功课看得太容易——用刘东方的话说:"给穷人至少要一块钱,那就是一百分,可是给学生一百分,那不可以。"(钱

钟书《围城》）

（52）林海音1918年生于日本大阪，三岁回到台湾苗栗县头份镇老家，五岁就又随父母来到北京。此后一住二十六年。用她自己的话说："北京是我住了四分之一世纪的地方。读书、做事、结婚都在那儿。"（鲁客《林海音对北京"城南"一往情深》）

（53）妙极了！用北京人的话说真是"盖了帽儿"了！（刘战英《三次竞选法国总统的女华人》）

（54）世上的事往往如此，逢到好，好多的好都来；逢到不好，好多的不好都来，从来不平均，用老百姓的话说就是："越长越接，越短越截。"（闻章《有件事忘了跟你说》）

另一种是表示时间、方所等的名词，或是性质形容词，以说明"话"的特征。如：

（55）我听到他们吵的起因好像是丽珠说小任在外面找了个，用老话说，破鞋。（王朔《枉然不供》）

（56）蚯蚓这东西，泥里咕叽，原也难一条一条地数得清，用北京话说，"大概其"，就得了。（汪曾祺《卖蚯蚓的人》）

（57）"文革"中，听说戴厚英造反了，还当了小头目，对此我一点也不惊奇，认为这是必然。以后又听说她与丈夫离异，与闻捷恋爱，再以后又听说诗人自杀，她自己挨批……说实话，我也一点不同情她，用上海话说，认为这一切都是她自己"作"（读入声）出来的。（沙叶新《心中的坟》）

（58）如果这也叫"文学修养"，我的"修养"实在杂乱无章，不成气候。但长期受革命文艺熏陶，潜移默化，顺理成章地把写作看成革命工作的分工，不懂得还可以成为自我宣泄和经济创收手段。用文明话说，就是有点社会责任感，希望自己的作品有益于世道人心，有利于社会进步。

(邓友梅《〈中国当代作家选集丛书　邓友梅〉自序》）

（59）三等"贴"者，只有依旧去"贴"港客了。一边"贴"住不放，一边又不甘心永远沦为二等，<u>用俗话说</u>：骑着马找马。（梁晓声《京华闻见录》）

（60）别没事就下蛆，哥哥这儿所有的缝儿都抹死了，混凝土浇铸。<u>用样板戏的话说就是</u>：风吹雨打全不怕。（王朔《永失我爱》）

（61）忘了是在一个什么场合，我谈了为寻找心目中的英雄而深入部队，终于在灯火阑珊处找到了欧阳海的体会。一位好心的记者把它登在《宣传动态》上，当时身兼广州军区第一政委的陶铸同志看见了，说我的体会如何如何，大加赞许。于是，我"红"了起来，开始引人注意了，<u>用今天的话说</u>，是"一颗新星，冉冉升起"。（金敬迈《〈欧阳海之歌〉再版前言》）

以上这些包含"说"字的换言标记也都可以换作"讲"。如：

（62）这些从旁横流进来与文艺本流以变化的例，如形式主义、纯理主义、客观主义、现实主义、经验主义这几类，（由它影响的结果说）都是调节情绪主观使它充实；这是引导文艺本流于完美之域所不可缺的。<u>换句话讲</u>，文艺常由这种外物调节刺激，所以生出拟古主义，自然主义等变态文学的时代。通过这种变态时代，于是始有进步与发展。（厨川白村《文艺的进化》）

（63）建设一个国家，不要把自己置于封闭状态和孤立地位。要重视广泛的国际交往，同什么人都可以打交道，在打交道的过程中趋利避害。<u>用我们的话讲</u>，叫对外开放。（邓小平《解放思想，独立思考》）

总的来说，与近代汉语相比，现代汉语的换言标记形式更加丰富，用不同形式的换言标记引出的话语所表达的语用意图也更加多样。比如"用

X的话说"这类构式型换言标记,代入不同的X,所表达的语用意图都有区别,不仅仅是简单地换一种说法。如"用你(们)的话说"是为了拉近与听者的距离,"用他自己的话说""用毛主席的话说"等是为了增强其后话语的理据性等。

2.4 小结

换言标记,是指用来明示两个近义说法之间关系的关联标记。人类表达有求简的追求,而同样的意思用两种说法表达,违反求简原则。之所以换言,是因为有着特定的语用意图。从换言标记使用的情况来看,说者在语用上是通过换言句来实现转换话题、诠释语义、展开内容、揭示实质等多种语用意图的。本节搜集近代汉语的换言标记15个,在词汇形式上包括由系动词"是"等参与构成的"是"类和由言说义动词"说、言、谓"等参与构成的"说"类。这两类动词之所以能够作为换言标记,是因为它们都有解释词语意义的元语用法。当它们所联系的是两个词语时,即用一个词去解释另一个词时,它们是谓语动词,实现的是句法功能;而当它们联系的是两个句子或句段时,即用一个句子或一段话去解释另一个句子或一段话时,它们就起着换言标记的作用,这时它们实现的是篇章功能。

从换言标记的演变来看,包含"即""谓"等成分的词语产生较早,也在口语中消失较早;包含"就是""说"等成分的词语产生较晚,一直延续至今,成为现代汉语里的主要词汇形式。在现代汉语里发生的主要变化,是出现了图式构式形式的换言标记,如"用X的话说""往X里说""说得X一点"等,这些新的换言标记与其情态功能如示证功能或评价功能相结合,所表达的语用意图更加丰富多样。

第3节 "意外"类语用标记

3.1 关于意外标记

"意外"类语用标记,下文简称"意外标记",是用来明示意外事件的关联标记。廖秋忠(1986)将其称为表达"意外"的篇章连接成分,包括以下两类:第一类表示"从上文所提供的情况或计划来看,下文所发生的事件太出乎意料,或出于常理之外",下文称为"不料"类,如"不料、岂知、谁想、哪里知道"等;第二类表示"正当上文提到的事件进行时,另一件事突然发生,有令人措手不及的感觉",下文称为"忽然"类,如"忽然(间)、忽地、蓦地、突然(间)、猛然"等。例如:

(64)我出去留学,便剪掉了辫子,这并没有别的奥妙,只为他不太便当罢了。<u>不料</u>有几位辫子盘在头顶上的同学们便很厌恶我;监督也大怒,说要停了我的官费,送回中国去。(鲁迅《头发的故事》)

(65)金先生很快就要毕业了。毕业以前,他想到要做两件事。一件是加入国民党,这已经着手办了;一件是追求一个女同学,这可难……<u>谁知</u>天缘凑巧,金昌焕先生竟有了一段风流韵事。(汪曾祺《鸡毛》)

(66)大家哄笑。陈白露又向前走去。<u>忽然</u>那个青年办事员高呼一声:"齐家大公子,义捐八百元!"随手记下数字。(曹禺《日出》)

例(64)(65)中"不料"和"谁知"所标记的事件是出乎说者意料的,例(66)中"忽然"所标记的事件是在"大家哄笑"和"陈白露又向前走去"的过程中突然发生的。

对意外标记，《汉语大词典》只收了很少的一部分，太田辰夫（1987/1958）是较早将其看作连接成分的，他提到了"不想"和"不料"，并将其列为表达转折关系的连词。同时，这类成分与近年讨论较多的反预期标记也有共同之处（吴福祥，2004）。李宗江、王慧兰（2011）在"语篇关联语"部分列有"意外"一类，其中收录表达"意外"的语篇关联语31个。

本节将尽可能多地分类列举近代汉语中的意外标记实例，并讨论其演变问题。

3.2 "不料"类意外标记

近代汉语中的"不料"类意外标记，就内部构成来说，主要是由在以下四种意义的动词前加否定标记形成的。

①表示"意料"：想、料、意、拟。
②表示"知觉"：知、晓、觉、省、悟、审、信。
③表示"期望"：期、望、图。
④表示"认为"：道、谓（为）、言、说。

其中的否定标记，下文统一用×表示，包括以下三类：第一类是否定副词"不、没、无、未"，如"不料、没想到"；第二类是反诘副词"岂、何、那（哪、那里、哪里）、怎、宁、争、安"，如"岂料、哪想"；第三类是疑问代词"谁、孰"，如"谁料"。之所以将第二、三两类也算作否定标记，是因为当它们与动词构成意外标记时，都是用在反诘句中，表示否定的意义，如"岂料""谁料"相当于"不料"。

3.2.1 "×意料"类

此类是指由表示"意料"意义的动词加上否定标记形成的意外标记，包括"×料""×想""×意""×拟"四类。

3.2.1.1 "×料"

包括"不料、岂料、谁料、孰料"。例如:

(67) 不悟前生业障深,直来下界诣双林。盖为父母恩义重,不料魔家力未强。(《敦煌变文校注》卷四《破魔变》)

(68) 懊恼今生貌不强,紧盘云鬓罢红妆,岂料我无端正相,致令暗里苦商量。(《敦煌变文校注》卷六《金刚丑女因缘》)

(69) 夕阳芳草曾行处,谁料红莲步步随。[清远《感兴二首》(其二)]

(70) 自别颜范,鸿稀鳞绝,悲怆不胜。孰料夫人以恩成怨,变易前姻,岂得不为失信乎?(《西厢记》第三本第一折)

3.2.1.2 "×想"

包括"不想、岂想、怎想、怎想道、那(哪)想、那(哪)想道、谁想、谁想道、没想到"。例如:

(71) 却说这里刘官人一觉直至三更方醒,见桌上灯犹未灭,小娘子不在身边,只道他还在厨下收拾家火,便唤二姐讨茶吃。叫了一回没人答应,却待挣扎起来,酒尚未醒,不觉又睡了去。不想却有一个做不是的,日间赌输了钱,没处出豁,夜间出来掏摸些东西。(《错斩崔宁》)

(72) 他坚牢望我情真切。岂想风波果应了他心料者。(《金瓶梅》第二十三回)

(73) 当初作缀,不望村里人憔;今日成亲,怎想庄中早觉。(《刘知远诸宫调·知远充军三娘剪发生少主第三》)

(74) 当日向西厢月底黄,今日向琼要宴上挡。谁承望东墙脚步占了鳌头,怎想道惜花心养成折桂手,脂粉丛里包藏着锦绣!(《西厢记》第五本

第一折)

(75)(梅香云)姐姐,你也没正经。那一日见了那一个人,你这两日茶不茶,饭不饭,想他怎么的也。(正旦云)梅香,你那里知道。<u>那想</u>此人一表非俗,吟的诗清字正,委实少有也呵。(《全元曲·赵匡义智娶符金锭》第三折)

(76)且说颜俊自从打发众人迎亲去后,悬悬而望,到初二日半夜,听得刮起大风大雪,心上好不着忙。也只道风雪中船行得迟,只怕挫了时辰,<u>那想道</u>过不得湖!(《醒世恒言》卷七)

(77)这段冤枉,仔细可以推详出来;<u>谁想</u>问官糊涂,只图了事;<u>不想</u>棰楚之下,何求不得!(《错斩崔宁》)

(78)每日家告遍街坊,谁肯惭惶,仰告穹苍,许下明香,儿做神羊。<u>谁想道</u>舍死回生便离床,兀的是天将傍。(《全元曲·小张屠焚儿救母》第一折)

(79)这是姑娘当日的一桩随身法宝,<u>没想到</u>作新媳妇会用着了。(《儿女英雄传》第三十一回)

3.2.1.3 "×意""×拟"

"×意""×拟"数量很少,因而合在一起说,另外加个"没揣的":"不意、岂意、何意、孰意、不拟、没揣的"。例如:

(80)乡令老兄虚心平气看圣人语言,<u>不意</u>今如此支离!(《朱子语类》卷二十)

(81)这匹夫当日强词乱政,朕欲置于法,赖卿等谏止,赦归本国;<u>岂意</u>此贼题诗午门欺藐朕躬,殊属可恨!(《封神演义》第四回)

(82)吾姊妹居此数十余年,深蒙秋公珍重护惜。<u>何意</u>蓦遭狂奴,俗气熏炽,毒手摧残,复又诬陷秋公,谋吞此地。(《醒世恒言》卷四)

(83) 我商容有罪，告归林下未久，<u>孰意</u>天子失政，杀子诛妻，荒淫无道。(《封神演义》第九回)

(84) 半月前有媒婆曾来说亲，<u>不拟</u>三言两句便说成。就选今朝好日子，便取将归来。(《全元曲·小孙屠》第八出)

(85) 待走来如何走？待藏来怎地藏？<u>没揣</u>的偏和他打个头撞。(《全元曲·须贾大夫谇范叔》第二折)

3.2.2 "×知觉"类

此类是指由表示"知晓、觉悟"意义的动词加上否定标记所形成的意外标记，主要有"×知、×晓（得）、×觉、×省、×悟、×审、×信"等。

3.2.2.1 "×知"

包括"不知、岂知、岂知道、殊不知、果不知、三不知、宁知、那（哪）知、那（哪）知道、那（哪）里知道、谁知、谁知道、争知、争知道、怎知、怎知道、怎知觉、何知、孰知、安知"。例如：

(86) 每日青楼醉梦中，<u>不知</u>城外又春浓。(《警世通言》卷八)

(87) 暗想当初，有多少、幽欢佳会，<u>岂知</u>聚散难期，翻成雨恨云愁。(柳永《曲玉管》)

(88) 诸禅德，大小傅大士，只会抱桥柱澡洗，把缆放船，印板上打将来，模子里脱将去。<u>岂知道</u>本色衲僧，塞除佛祖窟，打破玄妙门，跳出断常坑，不依清净界。(《五灯会元》卷十七)

(89) 如今人不理会得，只管道赵州不答话，不为人说，<u>殊不知</u>当面磋过。(圆悟克勤《碧岩录》卷一)

(90) 从来见说，见说君员梦，<u>果不知</u>似恁地奇。(《张协状元》第

三出）

（91）田鼠只想老鸦已自去了，忽然走出来，三不知被那老鸦把头脑上啄破，就死了。（《训世评话》）

（92）广杀猪羊祭鬼神，但悦共身眼下乐。宁知冥路拷亡魂，如今既受泥梨苦，方知及悔悟自家身。（《敦煌变文校注》卷六《大目干连冥间救母变文》）

（93）野草闲花香满路，那知不是武陵家。（洪楩《杨温拦路虎传》）

（94）陕西的秦家得了风水，他那蚕食方法起的心高。哪知道异人返国着了道，又被个姓吕的光棍顶了包。（贾凫西《木皮散人鼓词》）

（95）珍生是个男子，心上思量道："大人不相合，与我们孩子无干，便时常过去走走，也不失亲亲之义。姨娘可见，表姐独不可见乎？"就忽然破起格来，竟走过去拜谒。哪里知道，那位姨翁预先立了禁约，却像知道的一般，竟写几行大字贴在厅后，道："凡系内亲，勿进内室。本衙只别男妇，不问亲疏，各宜体谅。"（李渔《十二楼·合影楼》）

（96）二将当闻霸王令，下马存身用耳听。谁知黑地翻为白，黑地相逢知是谁？（《敦煌变文校注》卷一《汉将王陵变》）

（97）那日红楼数里，要纳夫婿，谁知道苦相嫌弃。（《张协状元》第三十二出）

（98）想绣阁深沉，争知憔悴损、天涯行客。（柳永《倾杯·鹜落霜洲》）

（99）大小官员兼和骨肉一见，青春生得贵容。争知道，此人也是未遇潜龙。（《刘知远诸宫调·君臣弟兄子母夫妇团圆》）

（100）奴在房儿里欲睡寝，怎知叔叔来此，巧言花语，扯奴衣襟。（《全元曲·小孙屠》第九出）

（101）几年东床，要纳状元。怎知道新来底，被它弃嫌。不肯与，接丝鞭。（《张协状元》第二十七出）

（102）莺莺色事迷心，是夜又离香阁。方信乐极悲来，怎知觉，惹场

天来大祸。(董解元《西厢记诸宫调》卷六)

(103) 不用城南使君婿,本求三十侍中郎。何知汉帝好容色,玉辇携归登建章。(崔颢《邯郸宫人怨》)

(104) 明宗自魏而反,天下皆知祸起于魏,孰知其启明宗之二心者,自绍宏始也!(《新五代史》卷三十八)

(105) 石上盘古根,谓言天生有。安知草木性,变在画师手。(朱湾《题段上人院壁画古松》)

3.2.2.2 "×晓(得)"

包括"不晓、不晓得、谁晓、争晓、那晓得"。例如:

(106) 只知把笔施才学,不晓今番社稷亡。(《封神演义》第一回)

(107) 不是我与你要这包东西,是你眠思梦想的那个人,临别时留下,嘱咐我寄与你的,我当是有什么要紧的东西,不晓得他就将天天所吃的药包了些。(陈森《品花宝鉴》第二十八回)

(108) 这也是前生冤孽,可巧遇见这拐子卖丫头,他便一眼看上了这丫头,立意买来作妾,立誓再不交结男子,也不再娶第二个了,所以三日后方过门。谁晓这拐子又偷卖与薛家,他意欲卷了两家的银子,再逃往他省。(《红楼梦》第四回)

(109) 望将潜龙困打身天,争晓高坡上两人英豪。[《刘知远诸宫调·知远探三娘与洪(义)厮打》]

(110) 进的庙来,天还未明,不见三官在那里。那晓得三官却躲在东廊下相等,先已看见玉姐。(《警世通言》卷二十四)

3.2.2.3 "×省""×解"

包括"不省、未省、谁省、不解、谁解、谁解道"。例如:

（111）贵人多望错相认，<u>不省</u>从来识娘子。（《敦煌变文校注》卷一《伍子胥变文》）

（112）别久。帝城当日，兰堂夜烛，百万呼庐，画阁春风，十千沽酒。<u>未省</u>、宴处能忘管弦，醉里不寻花柳。岂知秦楼，玉箫声断，前事难重偶。（柳永《笛家弄》）

（113）雪云浓。送愁思，衾寒更怯霜风。惹起离恨，为光阴恼，人意无穷。<u>谁省</u>年华屡换，渐作个、浮生玉髯翁。（黄裳《喜朝天·腊中雪后东湖闲宴》）

（114）三亩丹田无种种，种时须藉赤龙耕。曾将此种教人种，<u>不解</u>铅池道不生。（吕岩《绝句》）

（115）只知兢逐浮云富，<u>谁解</u>惊嗟逝水年。（延寿《永明山居诗》）

（116）竹外一枝斜更好，<u>谁解</u>道，只今惟有东坡老。（无名氏《渔家傲》）

3.2.2.4　"×觉""×悟""×审得""×信"

包括"不觉、不悟、不悟间、岂悟、那悟、不审得、不信、谁信、谁信道"。例如：

（117）若采花蝴蝶盘旋，只在虚空。忽见一窠牡丹，将身便采芳蕊。<u>不觉</u>蜘蛛在于其上，团团结就，百匝千遭，蝴蝶被裹，在于其中，万计无由出得。（《敦煌变文校注》卷二《庐山远公话》）

（118）我昔初在昭阳时，朝攀暮折登玉墀。只言岁岁长相对，<u>不悟</u>今朝遥相思。（崔颢《行路难》）

（119）今知吾兄贵享，特来相会，<u>不悟间</u>劫了三娘，喜得弟兄夫妻相见。（《刘知远诸宫调·君臣弟兄子母夫妇团圆第十二》）

（120）唐初人应制诗，从来人人骂其板重，又<u>岂悟</u>其有如是之俊爽耶？

(《金圣叹评点才子全集》)

（121）只言一世长娇宠，那悟今朝见别离。(张潮《襄阳行》)

（122）一个个背槽抛粪，一个个负义忘恩。自来鱼雁无音信。自思忖，不审得话儿真，枉葫芦提了燕尔新婚。(《全元曲·诈妮子调风月》第一折)

（123）只知苏后妖言惑，不信黄妃直谏匡。(《封神演义》第三十回)

（124）随娘往东岳去，谁信道得中途，蓦忽娘倾弃。将尸骨，亲带归。(《全元曲·小孙屠》第十四出)

（125）酒入愁肠，谁信道，都做泪珠儿滴。(无名氏《娇木笪》)

3.2.3　"×期望"类

此类是指由表示"期望"意义的动词加上否定标记形成的意外标记，包括"×期、×望、×图"等几类。

3.2.3.1　"×期"

包括"不期、岂期、何期、孰期"。例如：

（126）吾独居山舍，将谓空过一生，不期今日却得一子。(静、筠二禅师《祖堂集》卷十九)

（127）一心离故里，只影欲朝天。半途遭难，岂期贫女又留连。(《张协状元》第二十二出)

（128）我恐其不成就，与杖，何期带创死也。(《北齐书·高阳康穆王湜列传》)

（129）酒酣谆复，愿言爱身少屏刚剂，以致和平。孰期一疾，竟以此倾。呜呼哀哉！(张栻《祭南康四九兄》)

3.2.3.2 "×望"

包括"不望、不成望、谁承望、怎承望、岂望、那里承望"。例如:

(130) 莺莺在普救,参差被虏。若非君瑞,以书求救,怎地支吾?怕贤不信,试问普救寺里僧行、我手下兵卒。因此上夫人把亲许,<u>不望</u>你中间说他方言语。(董解元《西厢记诸宫调》卷八)

(131) 黑喽喽是谁人带酒醺醺醉,悄悄的根前觑了容仪唬的我悠悠的魂魄飞,<u>不成望</u>哥哥向堂街里睡。(《新校元刊杂剧三十种·杀狗劝夫》)

(132) 当日向西厢月底黄,今日向琼要宴上挡。<u>谁承望</u>东墙脚步占了鳌头,怎想道惜花心养成折桂手,脂粉丛里包藏着锦绣!(《西厢记》第五本第一折)

(133) 当初咱那埚儿各间别,<u>怎承望</u>这答儿里重相见!(《全元曲·关目闺怨佳人拜月亭》第四折)

(134) 臣才识浅近,学艺空虚,轻黩宸严,方怀兢惕。<u>岂望</u>圣慈宏贷,特假宠光,颂赐归国之功,仍荣奉敕之字。(李德裕《谢恩令进异域归忠传两卷序中改云奉敕撰状》)

(135) 我成日家说,他们倒是配就了的一对夫妻,一个天聋,一个地哑。<u>那里承望</u>养出这么个伶俐丫头来!(《红楼梦》第二十七回)

3.2.3.3 "×图"

包括"无图、不图、岂图、何图"。例如:

(136) 早来私地奔沙陀,一星星见了本末。<u>无图</u>兄嫂由然在,往日凶残不断却。(《刘知远诸宫调·君臣弟兄子母夫妇团圆》)

(137) 本望君臣一体,若合符契,<u>不图</u>今日分疏到此。(《北齐书·神武帝纪》)

"×图"在近代已较为少见，其主要见于中古时期。如：

（138）夫物有感激，计因变生，古今同揆。鲂仕东典郡，始愿已获，铭心立报，永矣无贰。<u>岂图</u>顷者中被横谴，祸在漏刻，危于投卵，进有离合去就之宜，退有诬罔枉死之咎，虽志行轻微，存没一节，顾非其所，能不怅然！（《三国志·吴书·周鲂传》）

（139）昔日游处，行则同舆，止则接席，何曾须臾相失！每至觞酌流行，丝竹并奏，酒酣耳热，仰而赋诗。当此之时，忽然不自知乐也。谓百年已分，长共相保，<u>何图</u>数年之间，零落略尽，言之伤心。（《三国志·魏书·王粲传》裴松之注引《魏略》）

3.2.4 "×认为"类

"认为"类是指由表示"认为"意义的动词加上否定标记构成的意外标记，主要有"×道（说）、×言、×谓"几类。

3.2.4.1 "×道（说）"

包括"不道、不道是、谁道、岂道、争道、那里说起"。例如：

（140）儿觅宝贵百千般，<u>不道</u>前生恶业牵。（《敦煌变文校注》卷七《解座文二首》）

（141）既是太师府中事体，我只道官官相护，就了其事。却如何从新又要这个人来，却<u>不道是</u>生菜铺中没买他处！（《醒世恒言》卷十三）

（142）唯雀噪，勿人亲，独坐时闻落叶频。<u>谁道</u>出家憎爱断，思量不觉泪沾巾。（从谂《十二时歌》）

（143）以斯忠义，取毙凶愿。<u>岂道</u>光四海，不遇周成之明；将朝去三

仁，终见殷墟之祸。(《北齐书·清河王岳列传》)

(144) 清明上巳西湖好，满目繁华，<u>争道</u>谁家，绿柳朱轮走钿车。(欧阳修《采桑子》)

(145) 天阿！只道与你一竹竿到底白头相守，<u>那里</u>说起半路上就抛撇了，遗下许多儿女，无依无靠。(《醒世恒言》卷三十五)

3.2.4.2 "×言"

包括"不言、谁言、何言、岂言"。例如：

(146) 愚谓嬉游长似昔，<u>不言</u>流寓欻成今。(宋之问《桂阳三日述怀》)

(147) 恩情莫比陈皇后，宠爱全胜赵飞燕。瑶房侍寝世莫知，金屋更衣人不见。<u>谁言</u>一朝复一日，君王弃世市朝变。(崔颢《邯郸宫人怨》)

(148) 绿骥本天马，素非伏枥驹。长嘶向清风，倏忽凌九区。<u>何言</u>西北至，却走东南隅。(李白《赠崔咨议》)

(149) 丹地膺推择，青油寄抚循。<u>岂言</u>朝象魏，翻是卧漳滨。(权德舆《哭刘四尚书》)

3.2.4.3 "×谓"[1]

包括"不谓、岂谓、谁谓、孰谓、宁谓"。例如：

(150) 王珪、魏徵，往事息隐，臣见之若仇，<u>不谓</u>今者又同此宴。

---

[1] "谓"在有的例中也写作"为"，如：①遥闻虏到平陵下，不待诏书行上马。斩得名王献桂宫，封侯起第一日中。<u>不为</u>六郡良家子，百战始取边城功。(张籍《杂曲歌辞·少年行》) ②三川水上秋砧发，五凤楼前明月新。<u>谁为</u>秋砧明月夜，洛阳城里更愁人。(徐凝《洛城秋砧》)

(《贞观政要·任贤》)

（151）山僧素寡知见，本期闲放，念经待死，<u>岂谓</u>今日大王勤重，苦勉山僧，效诸方宿德，施张法筵。(《五灯会元》卷十)

（152）蘅芜满净苑，萝薜助芬芳。软衬三春草，柔拖一缕香。轻烟迷曲径，冷翠滴回廊。<u>谁谓</u>池塘曲，谢家幽梦长。(《红楼梦》第十七回)

（153）彼顽空虚静之徒，正惟不脖随事随物精察此心之天理，以致其本然之良知，而遗弃伦理、寂灭虚无以为常，是以要之不可以治家国天下。<u>孰谓</u>圣人穷理尽性之学，而亦有是弊哉！(《传习录》卷中)

（154）于是四方同志之士，百里怀音之客，式遵盛烈，共勒丰碑。百药爰以畴昔，妄游兰苑，<u>宁谓</u>正始之音，一朝长谢，师资之德，百舍无从。（李百药《唐故都督徐州五州诸军事徐州刺史临淄定公房公碑铭并序》）

3.2.4.4 "×认为"类的语义来源

"言""道""谓"本是表示"言说"意义的动词，由此引申出其表示"认为"的意思（蒋绍愚，1989：84）。如：

（155）且吾<u>言</u>杀一不辜者必有一不祥。杀不辜者谁也？则人也。予之不祥者谁也？(《墨子·天志上》)

（156）却怎么那般打水？我不理会得。我只<u>道</u>是和我这里一般打水。(《老乞大谚解》)

（157）我<u>谓</u>唐邕是金城，此非金城也。(《北齐书·唐邕列传》)

那么当给它们加上否定标记作为意外标记时，是从哪个意义演变来的？我们倾向于是由"认为"的意义演变来的。因为从本章所罗列的意外标记来看，其中的主要动词都是来自心理动词。在实际的用例中，意外标记还常和上文的表示"意内"的词语同现,这些表示"意内"的词语,都是心理动词。李明(2014)曾举下例,也认为其中"谁谓"之"谓"表示"意外"的意思,是由"认为"义引申而来的:

(158) <u>只言</u>期一载,<u>谁谓</u>历三秋。(李白《江夏行》)

上例中的"一载"是计划中的"意内"事件,"历三秋"为计划外的意外事件。

"认为类"意外标记主要用于唐宋及其以前,后代所见极少。

3.2.5 "不料"类意外标记的来源

上文所罗列的这些"不料"类意外标记来自"否定标记＋心理动词"的词化。"×意料"和"×知觉"这两类能够表达"意外",我们很容易理解的。因为事先没有意料到或不知道的事情,当然就是意外的事情,也就是说其语义很透明,作为偏正结构的意义和作为意外标记的功能之间有着密切的联系。这两类的差别是"×知觉"类动词没有动作和结果的差别,知道就是知道,不知道就是不知道,因而"不知"就是对"知"的否定,事先不知道的事情就是意外发生的事情。正因为它们的语义是透明的,所以其词化程度是比较低的。但"×意料"类,如"不想"即"没有想"的意思,而作为意外标记的"不想"指的是"没有想到",即想的结果。那么为什么只用"不想、不料"等就能够表达这种没有想到的结果即意外呢?李明(2014)用语用推理来解释:因为否定"想"自然否定"想到",即否定动作必然否定动作的结果,压根儿没有想,当然也就不可能想到什么,所以依据不过量准则(沈家煊,2004a),可以从"不想"推导出"没有想到"亦即"意外"的意思,不一定非要把结果说出来。

与"×意料"和"×知觉"两类不同,"×期望"和"×认为"这两类本身并没有"意料之外"的意思,那么它们何以能够用来标记意外事件,或者说如何演变出"意外"的意思呢?这需要结合意外标记使用的上文来分析。作为一个典型的意外事件,总是与语境内的相关背景事件对比着来说的,这种相关背景事件可能是客观存在的,说明意外事件是在什么情况下发生的。如:

(159)我哥哥因不听小弟苦谏,去劫关胜营寨,<u>不料</u>被捉,囚车监了!(《水浒传》第六十四回)

此例中的上一小句代表的事件是客观发生了的,是作为"被捉"的背景事件来说的。背景事件也可能并不是客观发生过的,只是事件的主体或说话人的意识中有过的、心中想过的,这种意识就是主观意料、想象、了解、期望、认为的事情。如:

(160)在沧州住了一年有余,只<u>想</u>哥哥在旧房居住,<u>不道</u>移在这里。(《金瓶梅》第一回)

(161)且汝只<u>知</u>阻我过关,<u>不道</u>汝国人马又败。(徐梦莘《三朝北盟会编·燕云奉使录》)

(162)当年奉旨离东土,<u>指望</u>灵山见世尊。<u>不料</u>途中遭厄难,<u>何期</u>半路有灾迍。(《西游记》第八十一回)

(163)长老啊!我只<u>道</u>夙世前缘系赤绳,鱼水相和两意浓。<u>不料</u>鸳鸯今折散,<u>何期</u>鸾凤又西东!(《西游记》第八十二回)

以上例句中的"不道、知、指望、何期"引出的是一个"意内"事件,尽管它们的具体意义有所不同,但共同点是都表示"意识之内"。那么要表达与这个"意内"事件相关的意外事件,最简单的办法就是直接否定这些动词,即非"意内"就是意外。在这个特殊的语境下,这些被否定的心理动词的意义趋同于表示"意外",即吸收了语境的意义。在近代早期的代表性语料《全唐诗》中，可以发现大量的这类例句，表示"意内"意外都来自这几类动词。如：

（164）只言岁岁长相对，不悟今朝遥相思。（崔颢《杂曲歌辞·行路难》）

（165）只言众口铄千金，谁信独愁销片玉。（施肩吾《效古兴》）

（166）只言无事贵，不道致身闲。（罗隐《途中逢刘知远》）

（167）本谓双凫少，何知驷马来。（张九龄《使至广州》）

（168）只知一笑倾人国，不觉胡尘满玉楼。（胡曾《咏史诗·褒城》）

（169）只道梅花发，那知柳亦新。（杜甫《柳边》）

（170）一车致三毂，本图行地速。不知驾驭难，举足成颠覆。（曹邺《读李斯传》）

甚至在近代有的例句中，上下句用的是一个相同的动词，只是肯定和否定的不同。如：

（171）前日谒见尚书，俯拜阶下，本望齿乘邮与诸龟，结待命而退。不望尚书不以结齿之于龟，以士君子见礼，问及词赋，许且休息。（元结《与韦尚书书》）

（172）前从此发去以后，至今不得消息，心里将谓早归本国。不谓更到此间，再得相见，大奇大奇。（圆仁《入唐求法巡礼行记》卷四）

（173）只道书来无过雁。不道柔肠，近日无肠断。（辛弃疾《蝶恋花》）

（174）在沧州住了一年有余，只想哥哥在清河县住，不想却搬在这里。（《水浒传》第二十四回）

（175）只想要他见阵成功，坐这第一把交椅，谁想又逢敌手！（《水浒传》第六十九回）

这就充分说明"×期望""×认为"作为否定结构，不是简单地否定动词"期望"或"认为"本身，而是笼统地否定"意识之内"。总之，这两类意外标记通过动词由肯定向否定的类推，获得了词汇形式（李明、姜先周，2012），通过语境吸收获得了意外的意义。[1] 正因为它们意外义的来源是语境吸收的结果，与其内部成分的意义没有直接的关系，因而它们的词化程度相对于前两类来说是比较高的。

3.3 "忽然"类意外标记

3.3.1 "忽然"类举例

近代汉语"忽然"类意外标记主要有"忽、忽然、忽然间、忽地，猛、猛地、猛然、猛然间、猛然的、猛可里、猛地里，蓦、蓦地、蓦然、蓦然地、蓦地里、蓦忽地，突、突然，骤、骤然，猝、猝然，倏、倏忽、倏地"。例如：

（176）北风卷地白草折，胡天八月即飞雪。<u>忽</u>如一夜春风来，千树万树梨花开。（岑参《白雪歌送武判官归京》）

（177）家缘本住朗山下，知姓称名董永郎。<u>忽然</u>慈母身得患，不经数日早身亡。（《敦煌变文校注》卷一《董永变文》）

（178）薛少府自龙门点额回来，也有许多没趣，好几日躲在东潭，不曾出去觅食。肚中饥甚。<u>忽然间</u>赵干的渔船摇来，不免随着他船游去看看。（《醒世恒言》卷二十六）

（179）如斯富贵，可笑殊严。<u>忽地</u>一朝，别闻恶事。（《敦煌变文校注》卷六《欢喜国王缘》）

（180）公一夜睡不稳，至五更下床，触翻溺器，乃大彻，<u>猛</u>省前话。

---

[1] 语境吸收（absorption of context）是指词语意义的变化受到上下文或句子语气等语用因素的影响（张谊生，2000a）。

(《五灯会元》卷十八)

（181）榕叶阴浓荔子青，百尺桄榔树。尽日不逢人，<u>猛地</u>风吹雨。惨黯蛮溪鬼峒寒，隐隐闻铜鼓。（朱敦儒《卜算子》）

（182）老婆问道："大哥，你恰才教人把金丝罐归来？"王秀道："不曾。"老婆取来道："在这里，却把了几件衣裳去。"王秀没猜到是谁。<u>猛然</u>想起："今日宋四公的亲戚身上穿一套衣裳，好似我家的。"（《喻世明言》卷三十六）

（183）又不敢东转西移，守着那甲仗库也不似这般费心劳力，将元帅那护身符在意收者。<u>猛然间</u>，才听罢，三通鼓擂，猛可里观窥，我看那孙太守气也那不气。（《全元曲·虎牢关三战吕布》第三折）

（184）哪吒听说，不觉大喜；便走进林内，解开衣带，舒放襟怀，甚是快乐。<u>猛然的</u>见那壁厢清波滚滚，绿水滔滔，真是两岸垂杨风习习，崖傍乱石水潺潺。（《封神演义》第十二回）

（185）没揣的一声狠似雷霆，<u>猛可里</u>唬一惊，丢了魂灵。这的是俺娘的弊病，要打灭丑声，佯做个吃挣。（《全元曲·倩女离魂》第四折）

（186）又见许多凶神恶鬼，都是铜头铁角，狰狞可畏，跳跃而前。子春任他百般簸弄，也只是忍着。<u>猛地里</u>又起一阵怪风，刮得天昏地黑，大雨如注，堂下水涌起来，直浸到胸前。（《醒世恒言》卷三十七）

（187）有一僧在面前立，师<u>蓦</u>推倒林际前，林际便把杖子打三下。（静、筠二禅师《祖堂集》卷十七）

（188）深河恰好骋威仪，<u>蓦地</u>维摩染病羸。（《敦煌变文校注》卷五《维摩诘经讲经文》）

（189）昂头贪看华盖峰，<u>蓦然</u>误入紫微谷。（林灵素《游天坛》）

（190）你也自家宁耐，我也自家将息。<u>蓦然地</u>、烦恼一个病，教一个、怎知得。（石孝友《品令》）

（191）悄无人，一枕新凉睡觉，燕泥香暖。<u>蓦地里</u>、对景伤怀，思量无限。（陈德武《惜余春慢》）

(192) 正千红万紫竞芳妍,又还似、年时被花恼。蓦忽地,省得而今双鬓老。(杨缵《被花恼》)

(193) 思玄尝诏术士数人会食,而居士不得预。既具膳,居士突至客前,溺于筵席上,尽湿,客怒皆起,韦氏家僮亦竞来骂之。(张读《宣室志·韦思玄》)

(194) 家缘丧尽浑无路,片瓦一锥无札处。突然泉底独韬光,知是药山传道据。(德诚《船子和尚拨棹歌·诸祖赞颂》)

(195) 秋色浮浑沌,清光随涟漪。豫章尽莓苔,柳杞成枯枝。骤闻汉天子,征彼西南夷。(储光羲《同诸公秋日游昆明池思古》)

(196) 比及刚过黄河,到水关八角镇,骤然撞遇天起一阵大风。(《金瓶梅》第七十一回)

(197) 孝武好格猛兽,相如进谏:"力称乌获,捷言庆忌,人诚有之,兽亦宜然。猝遇逸材之兽,骇不存之地,虽乌获、逢蒙之伎不得用,而枯木朽株尽为难矣。"(《贞观政要·畋猎》)

(198) 八阵图中有奇正。前面虽未整,猝然遇敌,次列便已成正军矣。(《朱子语类》卷一百三十六)

(199) 桂宫明月夜,兰殿起秋风。云汉弥年阻,星筵此夕同。倏来疑有处,旋去已成空。(李乂《奉和七夕两仪殿会宴应制》)

(200) 畏落日月后,强欢歌与酒。秋霜不惜人,倏忽侵蒲柳。(李白《长歌行》)

(201) 范颜清又故意多坐了一回,约摸习迈彭手脚已经做好,倏地取出表来一看,说一声:"不好了!误了差了!"(《官场现形记》第四十八回)

3.3.2 "忽然"类意外标记的来源

"忽然"类意外标记的主要构词成分如"忽、猛、骤、猝、倏"等都有一个共同的意义,即表示"快速、急迫"之义,这应是意外标记的直接来源。廖秋忠（1986）在定义"忽然"类意外标记时强调事件的突然发生，"有令人措手不及的感觉"。令人措手不及实际上就是说事出急速，猝不及防。当表示"快速、急迫"义的这些词用于另一个动词之前时，是不是意外标记，有时较难分辨。请看以下用例：

（202）<u>忽</u>驰骛以追逐兮，非余心之所急。（《楚辞·离骚》）
（203）风<u>猛</u>过，如箭更无纵。（《全唐诗》）
（204）骥不<u>骤</u>进而求服兮，凤亦不贪喂而妄食。（《楚辞·九辩》）
（205）王贲自燕南攻齐，<u>猝</u>入临淄，民莫敢格者。（《资治通鉴》卷七）
（206）荷衣兮蕙带，<u>倏</u>而来兮忽而逝。（《楚辞·九歌》）

以上例句中的"忽"类词，用在另一个动词之前，这些动词都是表示事物的位移运动，包含"速度"的义素，因而这里的"忽"类词应该还有"快速、急迫"的意思，表示运动速度快。但如进入意外标记的语境，其语义就会向"忽然"义倾斜。如：

（207）王祥事后母朱夫人甚谨。家有一李树，结子殊好，母恒使守之。时风雨<u>忽</u>至，祥抱树而泣。（《世说新语·德行》）
（208）昕鞭马疾驱，未及数十步，云物凝晦，暴雨<u>骤</u>降。（张读《宣室志·萧昕》）

以上两例中，"忽""骤"也是用于运动动词前，均讲了一个进行中的事件，"母恒使守之"，"昕鞭马疾驱"，这时风雨急速到来，对于事件的当事者来说，会有措手不及之感，于是就有了突然而降的意思，成了意外事件。下句的歧义更为明显：

（209）王曰："隐固寡人之所愿也，试一行之。"言未卒，<u>忽然</u>不见矣。（刘向《新序》卷二）

正说着话呢，就不见了，可以理解为转眼就不见了，即指消失得快；也可以理解为对说话者或当事者来说很突然。

"蓦"，按《汉语大词典》的解释，本义为"上马、骑"，又引申为"穿越、跨过""跳跃""冲上来"等义，但没有讲到其有"快速"义。我们认为其"忽然"义也当来源于"快速"义，因为"穿越、跳跃、冲上"等动作中都包含"快速"的义素。

"突"，《汉语大词典》列出的第一个义项即"忽然、猝然"，并举了《诗经》中的例子为证。我们觉得这不可能是"突"的本义，根据如上"忽、骤"等来源于"快速"义的情况，"突"应该也是如此。"突"有"很快进入"的意思。如：

（210）秋，九月，郑伯<u>突</u>入于栎。（《左传·桓公十五年》）

（211）燕人李季好远出，其妻私有通于士，季<u>突</u>至，士在内中，妻患之……（《韩非子·内储说》）

如上例句中"突"后的动词都是运动动词，例（210）中的"突入"是"冲进""攻进"的意思，但例（211）的"突至"，就是用于"忽然"类意外标记的语境。因此我们认为"突"的意外标记用法也是来自"快速"义。

3.4 意外标记的演变

3.4.1 "不料"类的演变

"不料"类意外标记，现代汉语与近代汉语的相同之处是其词汇形式都是由"否定成分＋心理动词"构成。但不同之处有以下几点。

第一，其中的主要动词在现代汉语中范围缩小。如上文所列演变为意外标记的四类主要动词，到现代已经发生了较大的变化，主要剩下"意料"类和"知觉"类,其他两类如"期望"类和"认为"类现代已经不再使用。其中"意料"类中最常用的是"想"和"料","知觉"类中最常用的是"知、知道",其他的也基本消失。

第二,此类中的否定标记在现代汉语中范围缩小。如在近代汉语中常用的"岂""何""宁""争""安"等反诘副词在现代汉语中基本没有,现代汉语中常用的否定标记主要是"不""没""哪""怎""谁"。

从以上的比较可知,就"不料"类意外标记的演变来说,近代汉语和现代汉语的基本规律是:两个构成成分——动词和否定标记,如是近代常用的,形成的意外标记在近代或近代的某一个时期也常用;如在近代不常用而在现代常用的,则形成的意外标记也是在近代不常用而在现代常用。如"不""谁""那(哪)"在近代和现代都较常用,所以由其形成的意外标记在两个时代也都常用;"岂""何""争"在近代或中古常用,而在现代不常用,因而由其形成的意外标记也是这样。"没"在近代汉语前期不常用,而在现代汉语中较为常用,那么由其形成的意外标记在现代也较为常用。在现代汉语口语中最常用的能够形成意外标记的心理动词是"料""想""知(道)"。换句话说,"不料"类意外标记词汇形式的演变是与其构成成分的演变同步的,而且"否定标记+心理动词"的组合意义透明,与其语用功能——标记"意外"事件正相关,这种相关度越高,成为这类语用标记的可能性就越大,没有发现超出如上的心理动词成分用作意外标记的用例。在近代汉语中常用但在现代汉语中与意外相关度低的"期望"类、"认为"类动词形成的意外标记在现代已被淘汰。这种情况说明,意外标记的性质偏向于一个句法性单位,而不是一个典型的词汇形式。一个词汇形式的形成从来源上看,主要是共时的造词法和历时的词化两种方式(董秀芳,2004)。而无论是哪种方式,一个词汇形式的存亡与其内部组成成分的存亡都不一定是同步的。如来自造词法的"电视""近视""远视"等词,显然是现代汉语新造的,用了现代汉语中已经不单用的"视",而没有用常用的"看"。再如"劝酒"一词应该来自词汇化,在现代很常用,但其中的"劝"表示"鼓励"的意思,恰恰是一个古义,现代已经不能单用了。而意外标记与此不同,因而它更偏向于一个句法性单位。我们的结论是,汉语中意外标记的词化程度较低,特别是"×意料"和"×知晓"两类。从现代汉语中的用法也可以看到,最常见的心理动词是"想",它可以和"不""没""怎""哪""谁"等组成各种短语来作意外标记,如"不想,没想,怎想,哪想,谁想,没想到,没曾想,不曾想,怎么也没想到,怎么也想不到",等等,构成很是自由。这个事实说明,探寻短语或小句形式的语用标记的来源,可能从图式构式的角度入手比从词化的角度更合适。

下表总结了近代汉语"不料"类意外标记及其向现代汉语演变的情况:

表 2 近代汉语"不料"类意外标记及其向现代汉语演变的情况

否定 动词	不 无 未	没	岂	何	怎	那 (哪)	谁	孰	争	宁 安
意料	不想 不料 不意 不拟	没想到 没揣的	岂想 岂料 岂意	何意	怎想 怎想道	那(哪)想 那(哪) 想道	谁想 谁料 谁想道	孰料 孰意		
知觉	不知 不晓 不觉 不悟 不省 未省 不解 不信 不晓得 不悟间 不审得 不知道 殊不知 果不知 三不知		岂知 岂知道 岂悟	何知	怎知 怎知道 怎知觉	那(哪)知 那(哪)悟 那(哪)知道 那(哪)里知道 那(哪)晓得	谁知 谁知道 谁晓 谁省 谁信 谁解 谁解道 谁信道	孰知	争知 争知道 争晓	宁知 安知

续表

否\动词	不 无 未	没	岂	何	怎	那（哪）	谁	孰	争	宁 安
期望	不期 不望 不图 无图 不成望		岂图 岂期 岂望	何期 何图	怎承望	那（哪）里承望	谁承望	孰期		
认为	不道 不言 不谓 不道是		岂道 岂言 岂谓	何言		那（哪）里说起	谁道 谁言 谁谓	孰谓	争道	宁谓
现代仍用	不想 不料 不知 不知道 殊不知	没想到			怎想 怎想到 怎知 怎知道	那（哪）想 那（哪）知 那（哪）知道 那（哪）里知道 那（哪）晓得	谁想 谁想到 谁知 谁知道			

3.4.2 "忽然"类的演变

"忽然"类意外标记在现代汉语里主要有"忽然"和"突然"。"猛然"和"骤然"更多的是用于谓语动词之前，较少用于主语之前，即它们的篇章连接功能不突出。在现代汉语里发生的变化主要是以下两种。

一是有的双音意外标记后面加上"之间"，如"突然之间、忽然之间"。例如：

（212）一面陈家鼐耳中闻得有人明明言道："这必是麦尔高的原班人马招回来了。"家鼐听了，正在那里疑心，<u>忽然之间</u>，人声嘈杂，势如潮涌……（吴趼人《毒蛇圈》）

（213）上学那会儿，他常常喜欢招惹她，<u>突然之间</u>把她的书包藏起来，

或者故意在大雨中把她的伞撞掉在地上。(陆天明《大雪无痕》)

"X之间",本是个名词短语,表示在很短的一段时间之内。如:

(214) 世有祝师及诸幻术,犹能履火蹈刃,种瓜移井,倏忽之间,十变五化。(《颜氏家训·归心》)

(215) 若当事机仓猝,成败治乱只在转眼之间。(陆人龙《型世言》第二十二回)

(216) 鱼雷船只可用之骤然之间,攻其无备若威海卫日本战胜即是为此。(《新新小说》1906年第3卷第9期)

现代汉语中,将"突然"和"忽然"也类推为"X之间"的形式,可能与这两个词也有时间的含义有关。

二是口语中产生了"猛丁、冷不丁、猛不丁"等新的意外标记。如:

(217) 鱼香鸡丝刚炒好,猛丁老郝一头钻进厨房,瘦脸上有点气急败坏地:"升平,我在这儿顶会儿,你快去陪陪小姐们呀!人家要看新闻,你老人家那个电视我可玩不来!"(查建英《客中客》)

(218) 他轻松地用脚点着节奏,仰起脸来。冷不丁,看到对面墙的阴影里有一双不眨动的眼睛在盯着他,冷冷的。他的脚不由自主地安静了。(海波《母亲与遗像》)

(219) 这大暑天一身的汗,猛不丁往地窖子里一钻,冷气激得受不住,咋不哆嗦呢?(刘心武《如意》)

"忽然"类意外标记一般被看作副词,单音节的不能用于句子的主语前,双音节的既可用于主语前,也可用于主语后。储泽祥、刘琪(2014)认为"忽然"的这两种位置与其功能有关,在主语前时具有篇章功能,在主语后时则没有。实际的情况是在主语后时，同样可以是意外标记，关键看它是否与一个正在进行的事件相关联，或者说它是否关联另一个句子或语段。例如：

（220）大约是五年前的春天日子里，我忽然接到北京出版社来信，约我写《朱自清传》。（陈孝全《朱自清传·后记》）

（221）"你不要这样说，小凤！"他蹲下，把一只膝盖屈起来，"我都干腻了，烦透了。你不知道当官有多没意思！"

她忽然嘻嘻笑起来："和尚就光想当官。干个生产队长，滋透了，好像做了皇上。抓他那天，他说，我不怕坐牢，就怕丢队长。"（田中禾《乡村与城市的变奏》）

例（220）中的主语"我"前是一个时间状语，"忽然"不关联另外的句子或语段，它也可以移至主语前，但无论在哪里都没有篇章连接功能，因而不是意外标记。例（221）中的"忽然"虽然也在主语后，但由于它与前一个段落相关联，所以具有篇章连接功能，是意外标记。

表3 "忽然"类意外标记在各个时期的分布情况

词语	唐	宋	元明	清	现代	词语	唐	宋	元明	清	现代
忽	＋	＋	＋	＋	＋	蓦然	＋	＋	＋	＋	＋
忽然	＋	＋	＋	＋	＋	蓦然地	＋	＋	＋	＋	＋
忽然间	－	－	＋	＋	＋	蓦地里	－	－	＋	＋	＋
忽地	＋	＋	＋	＋	－	蓦忽地	－	－	＋	＋	＋
猛	－	＋	＋	＋	＋	突	－	－	＋	＋	＋
猛地	－	＋	＋	＋	＋	突然	＋	＋	＋	＋	＋
猛然	－	＋	＋	＋	＋	骤	＋	＋	＋	＋	＋
猛然间	－	＋	＋	＋	＋	骤然	－	－	＋	＋	＋
猛然的	－	－	＋	＋	＋	猝	＋	＋	＋	＋	＋

续表

词语	唐	宋	元明	清	现代	词语	唐	宋	元明	清	现代
猛可里	-	-	+	+	-	猝然	-	+	+	+	+
猛地里	-	-	+	-	-	倏	+	+	+	+	-
蓦	+	+	+	+	-	倏忽	+	+	+	+	-
蓦地	+	+	+	+	+	倏地	-	-	-	+	-

3.5 小结

意外标记，是指用来明示意外事件的关联标记，根据廖秋忠（1986）的研究，可分为两类，一类是以"不料"为代表的"不料"类，表示下文所说的情况超出说话者或当事人的意料；另一类是以"忽然"为代表的"忽然"类，表示下文所说事件是突发情况。本节共收意外标记119个，其中"不料"类93个（含"不防、岂防、不提防、不为、谁为"），"忽然"类26个。侧重描写了近代汉语的两大类意外标记及其语义来源和演变情况，重在发掘事实，展示材料。近年来讨论"意外"和"超预期"范畴的文章越来越多，可以从语法、语用、篇章等多个角度切入。同样是表达"意外"或"超预期"，可以是个虚词，如副词、语气词、助词等，也可以是一个构式。本节的讨论当然无法包罗目前大家谈到的所有具有类似功能的成分。我们的讨论主要考虑了以下几个角度。

首先，从篇章功能的角度来讨论问题，即着眼于它们关联上文的作用，只作了"不料"和"忽然"两个大类的区分，而不详细讨论每一大类内部不同成分间语义和篇章功能上的细微差别。

其次，我们这里讨论的这些成分，虽然具有篇章连接功能，但有的语法化的程度并不高，特别是"不料"类，有些是短语，去语义化和去范畴化的程度都不高，除发挥篇章功能外，还可以用作句子成分。有的短语具有临时性，语义很透明，如"没料到、没想到、哪知道"等，词化的程度较低。我们只从整体功能的角度，将它们搜罗进来一并讨论。

再次，从语义上说，一般所说的意外和反预期，应该是就说话者来讲的，这里包括两种情况，除了说话者之外，也包括超出句子主语意料或预期的情况。

最后，就意外标记从近代向现代的演变来看，系统简化的趋势比较明显，一些词化程度高的词语逐渐成为典型性成分，如"不料"类的"不料、不想、不知"等，"忽然"类的"忽然、突然"等。

第 4 节　"评价"类语用标记

4.1　关于评价标记

"评价"类语用标记，下文简称"评价标记"，是指用来明示说话者对其后话语主观评价的情态标记，即告诉听者或读者后面语句所代表的事件在他看来是好事还是不好的事。例如：

（222）对张教授呢，他恫吓，讥骂，诬蔑，凡是恶人所能想到的，他全施用过。<u>所幸者</u>，张教授一味冷静不和他惹气，我呢，有你和张教授的保护，还未曾落在他的手里。（老舍《赵子曰》）

（223）我如果把沈先生讲课时的精辟见解记下来，也可以成为一本《沈从文论创作》。<u>可惜</u>我不是这样的有心人。（汪曾祺《沈从文先生在西南联大》）

（224）我才不无知，我当然知道现代整形术发展到了什么程度，摘根肋骨，卷点皮瓣，就能当真枪用。<u>问题是</u>咱们国家整形术还没普及到健康人的美容上，你得先给自己的脸猛踩上一脚，人家才肯修补，那也是拆东墙补西墙，脸上光溜了，屁股瘢痕累累。（王朔《痴人》）

上例中的"所幸者""可惜""问题是"就是评价标记,"所幸者"代表正面评价,"可惜""问题是"代表负面评价。这里所说的评价,是从说者的角度出发的,不一定与社会的价值或道德评价一致。一般地说,评价标记的功能指向其所评价的语句,如上面例(222)(223)(224)中评价标记后面的部分。但实际上评价标记往往用在具有转折关系的语段之中,即评价标记所评价的事件往往与上文所说的事件在认知倾向上是不一致的,如例(222)中讲"他"对张教授不好,而"所幸者"后讲的是张教授并不跟"他""惹气"。例(223)中前面讲的是一个假设的事件,"可惜"后讲的是这个事件没有成为事实。因而评价标记除了表达对命题的主观评价之外,也有篇章上的逆接功能,发挥使句与句或段与段相连贯的作用。

评价分为情感评价和理性评价两种,评价标记也相应地可分为表达情感评价和表达理性评价两种。所谓情感评价,是指说话者对其后事件表达喜怒哀乐的情绪,如现代汉语中的评价标记"可喜的是、遗憾的是、令人高兴的是、令人讨厌的是"等;所谓理性评价,是指表达说话者对相关事件的是非或重要性的评价,如"重要的是、可贵的是、严重的是、糟糕的是、不可思议的是"等。

近年来,学界对本章称之为评价标记的这类现象有所关注,如李宗江(2008),李宗江、王慧兰(2011),祁峰(2011),李宗江(2012),等等,都专门谈到了其中的某一类成分。但全面讨论近代汉语评价标记的研究报告尚未见到。

按照词语的结构性质,近代汉语的评价标记可分为以下两类:一类是图式的,包括"所VP(者)""可VP(者)""VP的是"等三个图式构式,其中的VP是谓词或谓词性短语,可以被有限替换;第二类是词项式的,如"幸然""不好"等。

4.2 图式评价标记

4.2.1 所 VP（者）

近代汉语的图式评价标记"所 VP（者）"常见的有"所惜、所惜者，所悲、所悲者，所恨、所恨者，所喜、所喜者，所幸、所幸者"。例如：

（225）君所纳妻，王母第三个女玉卮娘子也。他姊亦负美名在仙都，况复人间。<u>所惜</u>君娶之不得久远。倘住一年，君举家必仙矣。（牛僧孺《玄怪录》）

（226）自会昌以来，时观斯帖，因致其真隶有加。顷年崔丈每送予兄弟下第东归，必云此去获见汝南帖，亦何减于升第邪！<u>所惜者</u>阙其铭文耳。（几元《汝南公主墓志铭跋》）

（227）投杖出门去，同行为辛酸。幸有牙齿存，<u>所悲</u>骨髓干。（杜甫《垂老别》）

（228）盖以羽之轻，而金玉犀象之重，苟发其颜色则可，而较其进则不可也。<u>所悲者</u>，舞镜之时，堕洲之日尔！（罗隐《悲二羽》）

（229）空怜琼树曾临匣，犹见菱花独映池。<u>所恨</u>平生还不早，如今始挂陇头枝。（刘长卿《见故人李均所借古镜恨其未获归府斯人已亡怆然有作》）

（230）今被病得死，保其始终，为幸甚厚，岂复咨嗟？<u>所恨者</u>，遇圣明之君，不得佐成太平之化。（刘禹锡《为裴相公让官第一表》）

（231）蔡伦池北雁峰前，雁乱相兼十九年。<u>所喜</u>故人犹会面，不堪良牧已重泉。（罗隐《钱唐见芮逢》）

（232）某年六十五矣，体力毛发，正与年相称，或得复与公相见，亦未可知也。前者皆梦，已后者独非梦乎？置之不足道也。<u>所喜者</u>，在海南了得《易》《书》《论语传》数十卷，似有益于骨朽后人耳目也。（苏轼

《与李之仪》）

（233）短才无独见，长策未相逢。<u>所幸</u>分尧理，烝民悉可封。［李频《之任建安渌溪亭偶作二首》（其一）］

（234）幼子钟爱，奸臣弄权，导大君于晋惠之昏，陷慈父于献公之惑，拟以大宝，授之顽童。<u>所幸者</u>，上帝降衷，君子改过，命我元子，尹兹一邦，顾非震长之才，岂有临君之智。（观勒《赦境内教》）

4.2.2　可 VP（者）

图式评价标记"可 VP（者）"在近代常见的有"可惜、所可惜者，可笑、尤可笑者、更可笑者，可悲，可喜、惟可喜者，可恨、更可恨者、最可恨者、所可恨者，可幸、所可幸者"。例如：

（235）天生百尺树，剪作长条木。<u>可惜</u>栋梁材，抛之在幽谷。（寒山《诗三百三首》）

（236）昨日安道贬官，师鲁待罪，足下犹能以面目见士大夫，出入朝中称谏官，是足下不复知人间有羞耻事尔！<u>所可惜者</u>，圣朝有事，谏官不言，而使他人言之。书在史册，他日为朝廷羞者，足下也。（欧阳修《与高司谏书》）

（237）<u>可笑</u>是林泉，数里少人烟。（拾得《可笑是林泉》）

（238）今支属渐繁，横行留都，廊下诸铺，院中诸妓，动辄出票。取物不还值，荐枕不损橐，以至僧寺亦罹其害。间有自爱者，不多得也。<u>尤可笑者</u>，负贩不得志，即设一几北面拜，自称谢恩。次日系金带服象龙拜客，家中受人谒贺。（沈德符《万历野获编》卷四）

（239）这个说："我身上亏空一方四五，某老哥帮了我三百金，不然者就没饭吃。"那个说："多蒙某公照顾了一个差，内中有点子羡余，填了七八撇头陈欠，才得起身出京。"<u>更可笑者</u>，不说娶妾，而曰"讨小"；不说

混戏旦，而曰"打彩"。(李绿园《歧路灯》第九回)

(240) 耸地心才直，凌云操未全。<u>可悲</u>人自老，何日是千年。(张祜《题小松》)

(241) 所以古人说得好：观棋不语真君子，把酒多言是小人。<u>可喜</u>王三老偏有一德，未曾分局时，绝不多口。(《醒世恒言》卷九)

(242) 人生富贵，朝露之光。及其零落，止益悲伤。<u>惟可喜者</u>，令名不忘。(欧阳修《祭程相公文》)

(243) 逼仄何逼仄，我居巷南子巷北。<u>可恨</u>邻里间，十日不一见颜色。(杜甫《逼仄行·赠毕四曜》)

(244) 尘世中多少富贵之家，那些绿窗风月，绣阁烟霞，皆被淫污纨绔与那些流荡女子悉皆玷辱。<u>更可恨者</u>，自古来多少轻薄浪子，皆以"好色不淫"为饰，又以"情而不淫"作案，此皆饰非掩丑之语也。(《红楼梦》第五回)

(245) 汝宁本乐土，癸巳、甲午大荒，杀人以食，死尸横道，有骨无肉，汝、颍城中明货人肉以当屠肆。<u>最可恨者</u>，宝丰杨松家有祖父，其祖饿甚，令松谋父烹之，松遂杀父，与祖共食，此亦天地之一大变也。(《广志绎》卷三)

(246) 朕得启手启足，从先帝于地下，实无恨于心矣。<u>所可恨者</u>，朕享大位，可谓四年矣，不能使政化修理，黎庶丰足；九州未一，二方犹梗，顾此恨恨，目用不瞑。(《北史·周本纪上》)

(247) 天灾横祸，意外生端，<u>可幸</u>无人知觉，消除大难。(邵彬儒《俗话倾谈》二集)

(248) 谭绍闻只得上碧草轩去。但因此一番夫妻争执，就把王象荩回来的话又搁住了；王象荩卖产还债的念头，也难在局外挽越了。<u>所可幸者</u>，绍闻专心读书，犹为差强人意。(李绿园《歧路灯》第五十六回)

4.2.3　VP 的是

在近代汉语中,"VP 的是"偶尔可见,如"喜的是、最要紧的是、最难得的是、最不好的是"。例如:

(249) 西门庆道:"他家有了美貌浑家,那肯出来?"伯爵道:"<u>喜的是</u>两年前,浑家专要偷汉,跟了个人走上东京去了。两个孩子又出痘死了。如今止存了他一口,定然肯出来。"(《金瓶梅》第五十六回)

(250) 时迁道:"军师要干甚大事?"朱武道:"<u>最要紧的是</u>放火放炮。"(《水浒传》第一百一十八回)

(251) 我们这里就算好人家,别的都容易,<u>最难得的是</u>从小儿一处长大,脾气情性都彼此知道的了。(《红楼梦》第五十七回)

(252) 大家都是一样的客人,应酬了这一个,也要应酬那一个。<u>最不好的是</u>应酬一个,得罪一个。(张春帆《九尾龟》第一百三十三回)

4.3　词项式评价标记

近代汉语词项式评价标记主要有"要之、幸是、幸然、最好、最苦、好了、好在、不好、不好了、了不得"。例如:

(253) 居今之世,若欲尽除今法,行古之政,则未见其利,而徒有烦扰之弊。又事体重大,阻格处多,决然难行。<u>要之</u>,因祖宗之法而精择其人,亦足以治,只是要择人。(《朱子语类》卷一百八)

(254) 往事莫伤悲。光景如飞,十分潘鬓已成丝。<u>幸是</u>风流犹未减,且醉芳菲。(姜特立《浪淘沙》)

(255) 卑人此住无所倚,<u>幸然</u>娘子没夫婿。(《张协状元》第十四出)

(256) 太平时节喜无穷,万斛金莲照碧空。<u>最好</u>游人归去后,满头花

弄晓来风。(无名氏《大宋宣和遗事·亨集》)

(257) 四百四病人可守，惟有相思难受。不疼不痛恼人肠，渐渐的交人瘦。愁怕花前月下，<u>最苦</u>是黄昏时候，心头一阵痒将来，便添得几声咳嗽。(《雨窗集·花灯轿莲女成佛记》)

(258) 正在盼望，只听得外面踏踏踏踏的一阵牲口蹄儿响，心里说是："<u>好了</u>，骡夫回来了!"(《儿女英雄传》第四回)

(259) 当此去，人生底事，来往如梭。待闲看，秋风洛水清波。<u>好在</u>堂前细柳，应念我、莫剪柔柯。(苏轼《满庭芳·归去来兮》)

(260) 谁知那门的插关儿掉了，门又走扇，才关好了，吱喽喽又开了；再去关时，从帘缝儿里见那女子对着这边不住的冷笑。公子说："<u>不好</u>，他准是笑我呢。不要理他！只是这门关不住，如何是好？"(《儿女英雄传》第四回)

(261) 华忠一听，说："<u>不好了</u>，这是冲着我来了。"(《儿女英雄传》第十五回)

(262) 凤姐向宝玉笑道："你林妹妹可在咱们家住长了。"宝玉道："<u>了不得</u>，想来这几日他不知哭的怎样呢！"说着，蹙眉长叹。(《红楼梦》第十四回)

4.4 评价标记的来源和演变

4.4.1 "可VP（者）""所VP（者）"的来源和演变

在近代以前，"可VP""所VP"类短语早已形成。其中"可"的性质，吕叔湘（1980）称为前缀，表示"可以，应该"，构成形容词。吕先生这样定位是正确的，因为当时"可VP"前面经常可以加上程度副词，作谓语。如：

(263) 知恶当慎自责，不可须臾有亡其年寿，<u>甚可惜</u>也。(《太平经》卷一百一十四)

(264) 用人不当其才，闻贤不试以事，<u>良可恨</u>也。(《三国志·魏书·马钧传》)

(265) 古刹清幽隐翠微，邓龙雄据恣非为。天生神力花和尚，斩草除根<u>更可悲</u>。(《水浒传》第十七回)

上例中的"可 VP"前有"甚、良、更"等程度副词修饰，可见其确为形容词性的。它们是针对前面的句子表示的行为说的，也有主观评价的作用，但是单独成句或作谓语的，也就是说它们是表达命题的。

"所 VP"本是个名词性短语，"所"为转指标记，用来提取 V 的宾语 (朱德熙，1983)。如：

(266) 赏之于其<u>所善</u>，罚之于其所恶，信之于其所余财，功之于其所无诛。(《管子·七臣七主》)

(267) 如此，则古人之<u>所叹</u>，风雅之所咏，复存于圣世矣。(《三国志·魏书·曹植传》)

(268) 狂夫之乐，智者哀焉；愚者<u>所笑</u>，贤者察焉。(《史记·赵世家》)

但从中古起，"可 VP"和"所 VP"这两个不同功能的短语开始有了一个趋同的用法，即开始用于句首，表示对其后小句或语段的主观评价。如：

(269) 今气力愒然，当不复起矣。死者大理，吾不悲之，<u>所恨</u>志不申耳。(《晋书·凉武昭王李玄盛传》)

(270) 上天见象，增修封禅。其赦天下。<u>所幸</u>县毋出今年租赋，赐鳏

寡孤独帛，贫穷者粟。还幸甘泉，郊泰畤。(《汉书·武帝纪》)

(271) 天生百尺树，剪作长条木。可惜栋梁材，抛之在幽谷。(寒山《诗三百三首》)

作为表示评价的语用标记，"可 VP"和"所 VP"两种不同的短语，在形式上也有相同的表现，即都可以在后面加上一个"者"字。如：

(272) 适闻贤者论方术，遂乃忘归，况济人之道，素所好为，所恨者，未遇一法，可以施验，徒自不足耳。愿贤者少察愚诚，乞与开悟，终身不负恩。(邓处中《华氏中藏经序》)

(273) 内中有几位，俱是君子路上的人，只是见理太执，有受了廷杖死的，有贬窜远方不知所终的。最可恨者，朝中若有了专权的官儿，他们个个俱是糊涂厉害，愚而且狠的。(李绿园《歧路灯》第十回)

显然，以上例中加在"所 VP"和"可 VP"后的"者"都表示自指，且加上"者"后，评价功能没有改变。

所不同的是，"可 X"作为原本的形容词性短语，当它们被用于句首时，除了语用上的评价关系外，还重新分析出一种与后面小句的支配关系，人们将它看作一个动词，以"可惜"为例，到今天还可是及物动词。我们有事实证明这种及物动词是由句首作语用标记的用法演变而来的。本来它是个形容词性的成分，据我们考察，其在六朝时及以前都只能是形容词，后面不能带宾语。当它被用于句首作评价性语用标记时，其所评价的句子的主语常紧随其后，且由于诗句格律的限制，往往主语后有停顿。如：

(274) 可惜好靴牙，翻作破皮底。(王梵志《吾家昔富有》)

以上例句中,"可惜"所评价的是整个句子,而不仅仅是其后的名词,"可惜"的语义辖域是"好靴牙翻作破皮底"。但这样用多了,就发生了重新分析,使得原本的后面小句的主语变成了"可惜"的宾语,以至于后来一个单独的名词也可以用于其后了。如:

(275) 可惜时光,各自努力。(静、筠二禅师《祖堂集》卷十八)

在有的例子中,在"可VP"前面可以加个副词"只",这显然是只有动词前才能加的。如:

(276) 鸳鸯去了不多一会,果然宝玉来了。仍是叫他行礼,他便行礼。只可喜此时宝玉见了父亲,神志略敛些,片时清楚,也没什么大差。(《红楼梦》第九十七回)

(277) 奶奶,你休怪我说:你尽好匹红罗,只可惜尺头短了些,气恼上要忍耐些。(《金瓶梅》第四十六回)

(278) 师父受用得多了,死不为在。只可恨师父没了,连我们也断了这路。(《初刻拍案惊奇》卷十七)

(279) 从来"当局者迷,旁观者清",姐姐细想,这宝砚、雕弓岂不是天生地设的两桩红定?"只可笑我张金凤定亲的时候,我两个都是两个肩膀扛张嘴,此外我有的就是我家拉车的那头黄牛,他有的就是他那没主儿的几个驮骡。"(《儿女英雄传》第二十六回)

另外,有的"可VP"前还可以加上转指标记"所",这也只能是加在及物动词前的。如:

(280) 朕得启手启足,从先帝于地下,实无恨于心矣。所可恨者,朕享大位,可谓四年矣,不能使政化修理,黎庶丰足;九州未一,二方犹

梗，顾此恨恨，目用不瞑。(《北史·周本纪上》)

(281) 谭绍闻只得上碧草轩去。但因此一番夫妻争执，就把王象荩回来的话又搁住了；王象荩卖产还债的念头，也难在局外撺掇了。<u>所可幸者</u>，绍闻专心读书，犹为差强人意。(李绿园《歧路灯》第五十六回)

以上例中的"所可 VP 者"，显然是在"可 VP"前先加"所"，然后再同"所 VP"一样，后面再加上"者"，因为"者"是个名词化标记，(朱德熙，1983)名词前是不能再加"所"的。

4.4.2 "VP 的是"的来源和演变

"VP 的是"在近代用例不多见，但在现代汉语中是最常用的评价标记。与评价标记"VP 的是"类短语同形的构式最早见于元明时代。如：

(282) 韩夫人吃惊且喜，惊的是天神降临，未知是祸是福；<u>喜的是</u>神道欢容笑口，又见他说出话来。(《醒世恒言》卷十三)

(283) 愁的是抹回廊暮雨萧萧，恨的是筛曲槛西风剪剪，<u>爱的是</u>透长门夜月娟娟。(关汉卿《赠朱帘秀》)

(284) 小生姓柳，名梦梅，表字春卿。原系唐朝柳州司马柳宗元之后，留家岭南。父亲朝散之人。母亲县君之封。(叹介)所恨俺自小孤单，生事微渺。<u>喜的是</u>今日成人长大，二十过头，志慧聪明，三场得手。(《牡丹亭》第二出)

(285) 西门庆道："他家有了美貌浑家，那肯出来？"伯爵道："<u>喜的是</u>两年前，浑家专要偷汉，跟了个人走上东京去了。两个孩子又出痘死了。如今只存他一口，定然肯出来。"(《金瓶梅》第五十六回)

(286) 就只一宗，我今日来时，遇见两个公差，偏偏的又把靴子掉了，露出脚来。<u>喜的好在</u>拿住了，千万别把他们放走了。(石玉昆《七侠五义》)

上例（282）(283）中画线的短语从形式上看是"X的是"，但实际上与作为评价标记的"A的是"有所不同，它们都是表述特定人物的，如例（282）中是"韩夫人惊""韩夫人喜"，而不是表达说话人的情感倾向。例（284）中"喜的是"与例（282）中的"喜的是"有所不同。例（284）中"喜的是"是与上句的"所恨"对比着说的，显然二者有类似的功能，"所恨"是近代常用的评价标记，所以这里的"喜的是"可以说已是评价标记了。例（285）中"喜的是"也是这样，这里"喜的是"的意思，不是讲说话人（伯爵）喜欢什么，而是说后面说的这件事值得庆幸。例（286）中"喜的"后用的是"好在"，二者是表达主观评价的同义形式。但在近代的"VP的是"中，VP主要是单音节词，很少见到现代汉语中常用的一些双音节词或短语出现在"VP的是"中。

"VP的是"类评价标记在元明时期出现以后，所见不多，特别是现代汉语中最常见的VP为双音节或多音节的形式，一直到清代都很少见。但进入现代以后开始迅速扩散开来[1]，并逐渐取代近代的"所VP""可VP"，成为当代汉语表达主观评价的主要结构形式。这种变化的发生可能与语言接触有关。因为清代末期和现代早期是汉语白话书面语的形成时期，这一时期有大量的英语作品被译成汉语，翻译作品时，翻译者在对译英语中的相关成分时，选择了"VP的是"的形式，如：

(287) The means of exchange are frozen in the currents of trade; the withered leaves of industrial enterprise lie on every side; farmers find no markets for their produce; and the savings of many years in thousands of families are gone. More important, a host of unemployed citizens face the grim problem of existence, and an equally great number toil with little return.

---

[1] 如北京大学CCL语料库中收有大量民国时期的小说，其中"VP的是"已比较多见。

"交换手段在贸易过程中遭到了冻结;工业企业枯萎的落叶到处可见;农场主的产品找不到销路;千家万户多年的积蓄付之东流。更重要的是,大批失业公民正面临严峻的生存问题,还有大批公民正以艰辛的劳动换取微薄的报酬。"(富兰克林·德拉诺·罗斯福《就职演说》)

(288) Progress toward these noble goals is persistently threatened by the conflict now engulfing the world. It commands our whole attention, absorbs our very beings. We face a hostile ideology—global in scope, atheistic in character, ruthless in purpose, and insidious in method. <u>Unhappily</u>, the danger it poses promises to be of indefinite duration.

"走向这些崇高目标的进程一直受到现在正席卷全球的冲突的威胁。这种冲突迫使我们全神贯注,全力以赴。我们面对一种敌对的意识形态——具有世界性规模和无神论性质,目标残忍,手段阴险。<u>不幸的是</u>,它所造成的危险将长期存在。"(德怀特·D.艾森豪威尔《告别演说》)

(289) So I ask you tonight to return home, to say a prayer for the family of Martin Luther King—yeah, it's true—but <u>more importantly</u> to say a prayer for our own country, which all of us love—a prayer for understanding and that compassion of which I spoke.

"因此今晚我请求你们回家,为马丁·路德·金的家庭祈祷——是的,确实如此——<u>但更重要的是</u>为我们所有人所爱的,我们所拥有的这个国家祈祷——为我说过的理解和同情而祈祷。"(罗伯特·肯尼迪《在马丁·路德·金遇刺后的讲话》)

(290) I know that many steps will have to be taken over many months before the world can look at itself one day and truly realize that a new climate of mutually peaceful confidence is abroad in the world. But I know, <u>above all else</u>, that we must start to take these steps now.

"我知道,有朝一日这个世界能够自顾一番并确实感到全球洋溢着一种互相信任的和平新气氛之前,我们还必须在漫长的岁月里采取很多步骤。但是我知道,<u>最重要的是</u>我们必须开始采取这些步骤,现在就开始。"(德怀特·D.艾森豪威尔《原子能为和平服务》)

翻译作品的语言助推了"VP的是"的扩散。据考察,五四时期的白话作品,特别是知识分子作品中"X的是"类语用标记比其他作品更常见。

近代汉语中的"可VP"和"所VP"被"VP的是"取代,这与前者的弱点和后者的相对优势有关。

从形式上讲,"可VP"和"所VP"到了近代晚期,都已经是词化形式,VP只能是单音节的,结构没有开放性,无法适应现代汉语中丰富的评价内容的要求。另外,它们后面经常加上名词化标记"者",这说明人们倾向于将出现在句首的这种成分看作名词性成分,而且从韵律上看,在它们与其所标记的命题之间有停顿。而"可VP"以上两点都不符合,"所VP"只满足是名词性成分的要求。而"的"作为新兴的句法性名词化标记,有很强的开放性,其前可以加动词或动词词组,也可以跟形容词或形容词性词组,从历时演变的交替关系来说,"的"既可以替换"所",也可以替换"者",还可以加在"可VP"之后。而近代以来,出现在句首的"的"字短语与其后成分之间较多地由"是"字连接,这也对语用标记"X的是"形式的形成产生了类推作用。在近代汉语和现代汉语中都可以看到"可VP""所VP"与"VP的是"旧新两种形式之间的混合构造。如:

(291)这个例子告诉我们的是,再好的发明到了蠢货手里也不能起作用。<u>可惜的是</u>这世界上的蠢货总是那么多。(王小波《红拂夜奔》)

(292)伙房很小,看起来没有几个人在伙房搭伙。这使我有点担心:搭伙的人越少,每个人被炊事员剥削的量就越大。不过<u>所幸的是</u>,我们现在是工人了,我们可以进入伙房里面去打饭了。(张贤亮《绿化树》)

(293)"昨日腊肉里加了些盐嫌说不好,如今豆腐不曾加盐又说不是,这也甚难服事!"<u>最可恨的</u>:不论猪肉、羊肉、鸡肉、鸭肉,一应鲜荼干

菜,都要使滚汤炸过,去了原汤,把来浸在冷水里面;就是鲜鱼,鲜笋,都是如此。(《醒世姻缘传》第五十四回)

(294)鲁业道,兄弟如今天想出来办事,只有一件,我想一个人出来办事,却要先把这办事的宗旨认得清清楚楚,这才能够始终不变。<u>可叹的</u>世上有一辈轻薄少年,听了人家几句大言壮语,便一天叫着办事办事,这样随人脚跟,学人言语,没有一点从根柢上生出来的见识,无怪他们一旦出来,事还没办,心早变了。(岭南羽衣《东欧女豪杰》)

(295)什么比战争更大呢?它使肥美的田亩变成荒地,使黄河改了道,使城市变为废墟,使弱女变成健男儿,使书生变为战士,使肉体与钢铁相抗。<u>最要紧的</u>,它使理想与妄想成为死敌。(老舍《火葬·序》)

(296)妈,所希望于你的,是你能够了解一点点关于时代的前进和社会的转变,以及为什么会发生革命这些事情。<u>最重要的</u>,你不要禁闭你的孙女像禁闭我一般;你千万不要阻止她们上学,你不要误解了自由,更不要说我们革命是要杀掉每个人的父母!(谢冰莹《望断天涯儿不归》)

(297)你们如今跟着伟大的党,来学习驾驭钢铁,征服自然,努力的成果,不仅仅是完成建设祖国的壮丽辉煌的历史任务,同时还是保卫世界和平一种巨大力量。<u>更重要的是</u>也将鼓舞着世界上一切被压迫、争解放各民族友好团结力量日益壮大。(沈从文《一点回忆,一点感想》)

(298)我也曾勉强想想,勉强想写,但到底还是白费!<u>可怕是</u>这心灵骤然的呆顿。完全死了不成?(徐志摩《自剖》)

(299)今儿一早出城来踏勘,官倒来的不少,甚么县里、保甲局、警察局老爷共有好几位,看了半天,一点说不出道理来,倒把我们的人叫上去盘问了半天。<u>顶可笑是</u>县里周官还问我们的人:"来的这伙强盗当中,你们可有素来认得的人在内没有?"这句话问的大家都笑起来了。(《官场现形记》第五十回)

(300)刘庆棠回到盖县老家,又旧又破的屋子无法抵御风寒,烧着火炕,室温最高8℃,清早都是在零度以下。<u>所幸是</u>弟弟和妹妹帮着把窗户

钉上薄膜，还弄来些煤块，老父亲看着火，整天为他添柴加煤。（王陆《红色芭蕾的最后经历——刘庆棠狱后生活》）

如上的新旧混合形式中，例（291）（292）中是将"可VP"和"所VP"直接类推为"VP的是"的形式，例（293）至（296）中有"VP的"而没有"是"，例（297）至例（300）中有"是"而没有"的"。从这里可以看到二者形式上演化的明显痕迹。

现代汉语中"VP的是"的个例增加，"VP"的范围扩大，常见的正面评价标记如"可喜的是、重要的是、所幸的是、庆幸的是、难得的是、值得注意的是、令人高兴的是"；常见的负面评价标记如"可怕的是、可笑的是、糟糕的是、不好的是、可惜的是、严重的是、遗憾的是、不幸的是"。

4.4.3 词项式评价标记的演变

近代汉语中产生的词项式评价标记在现代汉语中除了"要之、幸是、幸然、了不得"等，其他都还保留着。现代汉语中又产生了两个常用的评价标记，即"问题是"和"关键是"。如：

（301）过几天我们要开中央全会，讨论城市改革，城市改革也是变，是翻天覆地的变化。<u>问题是</u>变好还是变坏。（邓小平《保持香港的繁荣和稳定》）

（302）我认为有一类人既是天生的，又更可能是后天造就的。<u>关键是</u>他要一直正常，一直不去脱离土地。（张炜《你的树》）

李宗江（2008，2011）讨论了这两个评价标记的来源和演变，认为它们都来自主谓短语的词化。原本"问题""关键"在句中作主语，其前都常有定语。如：

（303）至于现代的社会经济往往发生恐慌，这固然是事实；然而这经济恐慌的循环性，并非如马氏所云，是现代的经济制度所固有，不能避免的。现在的问题，只是研究这些经济恐慌的强度和影响与救济的方法罢了。（顾兆熊《马克思学说》）

（304）另外有些村，则干脆一动不动，要想打开这些村的局面，唯一关键是摧毁统治集团的安头政策。（《人民日报》1946年）

以上例句中的"问题"和"关键"都同上文的某个词语有联系，如"问题"是指解决"经济恐慌"的问题，"关键"是"打开这些村的局面"的关键。后来它们失去与上文的特定语义联系，开始词化，原本的主谓结构解体，"问题是"和"关键是"组块在一起，韵律上其后可以有停顿。如：

（305）那当然，自己全不知道的人却知道自己，这就是名气。你们认识我，有什么用？问题是，我不认识你们呀。（钱锺书《灵感》）

（306）年底打亚运会估计问题不大。关键是，大家都想看你老兄能不能扛得住悉尼奥运会！（赵瑜《马家军调查》）

上例中的"问题是"和"关键是"后都加了逗号，给人的感觉像是一个独立的词了。

4.5 小结

评价标记，是指用来明示说话者主观评价的情态标记。评价有正面评价和负面评价之分，表达正面评价的评价标记如"所幸"，表达负面评价的评价标记如"可惜"。评价还可分成理性评价和情感评价，前者如"重要的是",后者如"可喜的是"。评价标记是自标的语用标记,即其评价功能是由自身完成的,如上,正面评价和负面评价的对立、理性评价和情感评价的对立是由评价标记中包含的相关意义的词语来表达的。按照词语的结构性质,近代汉语评价标记可分为图式评价标记和词项式评价标记两类。本节共收近代汉语评价标记39个,其中图式28个、词项式10个。图式包括"所VP(者)""可VP(者)""VP的是"3个图式构式。其中"可VP者"来自形容词性短语,"所VP(者)"来自由"所"标记的名词性短语,"VP的是"来自"的"字短语作主语的主谓短语。近代汉语中以用"可VP(者)""所VP(者)"以及词项式为主,"VP的是"在近代晚期完成演变,是现代汉语中主要的评价标记形式。无论是图式评价标记还是词项式评价标记,其功能主要是表达说话者的主观情态,其语义指向是后指的,但同时由于其上下文往往有一个语义的逆转过程,因而它们也起着逆接关联词语的作用,具有一定的篇章功能。

第5节 结语

本章考察了近代汉语中的三类语用标记,描写了它们的结构形式,讨论了其来源和演变情况。通过对这几类语用标记的初步考察,笔者结合自己已有的其他相关研究,对近代汉语的语用标记有了一些规律性的认识,如:

其一,构成规律性强。从来源上看,近代汉语的语用标记跟现代汉语一样,主要是由以下几类动词或以其为中心形成的短语或小句充当的。包括"言说"动词,如"言、说、道、讲、告、谈、论"等;"认知"动词,如"想、谓、知、觉、认为、看"等;"听闻"动词,如"听、闻";"看视"动词,如"看、瞧、见、瞅"等。

其二，词语形式多样。近代汉语的语用标记的词语形式主要有以下4类。一为词项式的，即由一个单独的词语来充当，这占绝大部分，其中有的是已经词化的成分，如"意外"类中的"不晓、无图、不道"；有的是一个短语或小句，如"意外"类中的"哪想、谁知道、争知道"等。二为框式的，即由两个词语前后配合，将所标记的成分放在中间，如标记"话题"的语用标记"就……而言""提起……来"（李宗江，2019）。三为呼应式的，即由两个词语在前后两个小句或句子里配合起来发挥语用标记的功能，如表示"序列"的语用标记"首先、其次……最后""一则、二则……n则"，表示"加合"关系的语用标记"一壁……一壁……""一面……一面……"（李宗江，2019）。四为图式构式形式的，即其中有个成分可以被有限代换，如"换言"类语用标记"用X（的）话说"，其中的X可以用"你、他、俗"等词来代换。

其三，语法化和词汇化程度较低。从源结构到语用标记的语义演变来看，相当一部分近代汉语的语用标记没有经过去语义化过程，如许多语用标记的字面意义与其语用功能之间有着密切的联系，或者说根据其字面意义可以预测其语用功能，如"意外"类语用标记有的由"料""想""知"等动词加上否定或反诘副词构成，如"不料、岂料、谁料、孰料、不想、岂想、怎想、那（哪）想、谁想、没想到、不知、岂知道、宁知、那（哪）知、那（哪）知道、谁知道、争知道、怎知道"等，从这些词语的字面意思不难推知其表达"意外"的语用功能。同时语用标记在演变过程中也基本没有出现语音销蚀，因而就近代汉语从小句或词组演变而来的语用标记的主体而言，虽然从结果上说是变成了功能性的成分，但从演变过程来说，并没有语法化的典型特征。同时，很多来自短语和小句的语用标记习语性较低，语义透明，且存在变体，这说明其词汇化程度不高。

其四，简化趋势明显。从近代到现代的演变趋势来说，总的演变方向是简化的，典型性有所增强。如"意外"类在近代有近百个，构成这类词语的动词有"意料""知觉""期望""认为"等四类，但在现代汉语中只剩下 18 个，主要动词也只剩下"意料"和"知觉"两类。再如，"评价"类共见 39 个，其中图式 29 个，词项式 10 个。图式包括"所 VP（者）""可 VP（者）""VP 的是"等三个构式，在现代汉语中前两个图式构式形式的评价标记已基本消失。

以上几点仅仅是举例性的，更为深入的认识有待于今后的研究。从历时角度对汉语语用标记进行研究，对深入认识汉语语用标记的来源和发展以及汉语词汇史和语法史的研究都具有重要的意义，对相关内容的教学也有实用价值。语用标记属于功能语类，许多具有篇章连接功能，因而对这类成分进行历时研究，对汉语语法史研究具有重要意义，但现有的语法史中，还没有人将其列为一类进行讨论。同时这类成分很多具有习语性质，属于常用词汇范畴，对这类成分进行研究，对汉语的词汇史研究也有重要意义。关于汉语常用词演变的研究，近年来受到了重视，但到目前为止，学界还没有人将语用标记纳入常用词范围进行研究。关于语用标记或话语标记来源和演变的研究，涉及语法化问题，也涉及词汇化问题，因而通过历时研究可以深入挖掘汉语语法化和词汇化的相关事实，对丰富语法化和词汇化理论也有重要意义。我们期待汉语语用标记的历时研究取得更加丰硕的成果。

第 12 章　语用标记演变的语义和语音视角
——以接小句祈使式"你看"为例

第 1 节　引言

　　学界关于语用成分形成过程的讨论往往默认存在某种形式的母句（matrix clause），细究起来，我们会发现很少有学者对母句进行严格的定义和说明。关于谓词性插入语形成过程的讨论同样如此：从 Thompson and Mulac（1991）到 Traugott and Dasher（2002：190—213），再到 van Bogaert（2011），研究方法不尽相同，不变的则是从母句到谓词性插入语的研究思路。Brinton（1996：199—264；2008；2017：185—283）的观点不同，他认为某些谓词性插入语并非形成于相应的母句，而是形成于状语从句，因此存在从状语从句到谓词性插入语的演变路径。本章关于接小句祈使式"你看"的研究是对 Brinton 相关观点的发展，同时也印证了 Long et al.（2018，2020，2021，2022）一直主张的观点：某些谓词性插入语可能一开始就是插入语成分，不需要源自某个母句或状语从句。

　　本章分七个部分。第 2 节是研究背景。第 3 节介绍现代汉语中的"你看"结构，包括表示主语所见的"你看"结构（简称 K1）和将主语视觉注意力吸引至后接小句内容的"你看"结构（简称 K2）。第 4 节讨论关于 K2

形成过程的既有研究。第 5 节证明无论是从共时角度（5.1），还是从历时角度（5.2），现有母句路径都无法解释 K2 的形成过程。第 6 节提供句法证据（6.1）和语音证据（6.2），证明 K2 的形成过程只能解释为我们提出的联接化路径（conjoining pathway）。第 7 节是结语，总结全文并指出联接化路径可以解释英语中类似结构的形成过程。

第 2 节　研究背景

基于 Dehé（2014：1）的研究，我们将插入语定义为"线性并入另一语言结构，但与周围语言项在句法结构、语义和/或韵律等某一（些）方面无关的语言项"。其他定义参见 Brinton（2008：7—9；2017：8—10）和 Dehé（2014：1—2），不过着眼于本章的研究，我们主要采用 Dehé（2014：1）的这一简短定义。

Fitzmaurice（2004：438—441、445）认为英语插入语 you see 形成于祈使式母句 you see。后者起初后接表达物理状态的名词性补足语小句［参见例（1a）］，继而发展为后接表达心理状态的名词性补足语小句［参见例（1b）］，最终形成表吸引听话人注意的插入语 you see［参见例（1c）］。

(1) a. DORINDA：You see my father gets men to lye with us, is not he a Husband then?

　　　MIRANDA：No, you see he has no Hornes.（Thomas Duffet, 1675. *The Mock-Tempest*.［1675DUFF. D1］；Fitzmaurice, 2004：439)

　　b. In the letter you are angry at, you see I have no reason for being so merciful to him, but out of regard for the imputation you lie under.（Richard Steele to Jonathan Swift, 1713.［1713STEL］；Fitzmaurice, 2004：439)

c. You see, Crito, I am accused of being the kind of man who corrupts and falsifies and distorts and destroys. Now if I am that kind of man I should be put out of the way.（Anderson，Maxwell. 1951. *Barefoot in Athens*.［1951ANDR. D0］；Fitzmaurice，2004：440）

Fitzmaurice（2004）认为插入语 you see 通常韵律上独立于所接小句，参见例（1c）；母句 you see 则在韵律上不独立于所接小句，参见例（1a）（1b）。[1] 如果上述路径成立，那么根据作者的观点，应该存在从韵律非独立母句 you see 到韵律独立插入语 you see 的变化过程。语言学界通常把这一变化解释为语用化过程［参见 Erman and Kotsinas（1993：79）、Aijmer（1997：1—11）、Frank-Job（2006：359—374）、Norde（2009：22）］[2]，不过 Long et al.（2018：212—225）对于语用化过程表示质疑。

Fitzmaurice（2004）对插入语 you see 形成过程的描述可解释为母句路径（matrix clause pathway），参见（2）；具体讨论参见 Brinton（2008：35—37，2017：16—21）。语言学界用这一路径解释了众多谓词性插入语的形成过程，参见 Thompson and Mulac（1991：313—329）、Aijmer（1997：1—47）、Erman（2001：1337—1359）、van Bogaert（2011：295—332）等。

（2）母句＞插入语＞话语标记[3]

一般来说，作为母句的 you see 应该后接 that 小句充当其补足语小句，

---

［1］"韵律独立"指的是 you see 与所接小句之间存在韵律间隔，书面语通常用逗号表示。"韵律不（非）独立"指的是 you see 与后接小句之间不存在韵律间隔。

［2］Frank-Job（2006：359—374）将语用化过程定义为"一个句法单位或词汇形式在特定语境改变其命题义并获得实质上的元交际、语篇互动意义的过程"；Norde（2009：21）认为语用化是话语标记的产生过程；Heine（2013）则认为语用化这一术语实际上包含了更复杂的变化过程。

［3］Brinton（2008）中采用了"语用标记"（pragmatic marker）的说法，此处为了与 Fitzmaurice（2004）和其他研究者保持一致，我们采用话语标记（discourse marker）的通用说法。

参见 Thompson and Mulac（1991：313）、Biber et al.（1999：197）等。Fitzmaurice（2004）难以解释的是为什么在古英语的早期语例中，you see 后接 that 小句充当补足语小句的语例非常少见。Brinton（2008：154—156）统计了古英语中 200 例后接小句的 you see 语例，发现其中仅有约 10% 的语例后接 that 小句充当补足语小句。

Brinton（2008：111—161）认为插入语 you see 形成于古英语附接性状语结构 as/so you see，参见例（3a）；as/so 后来被省略［参见例（3b）］，you see 也开始出现于句首位置［参见例（3b）（3c）］。

(3) a. ȝe ssolle vnderstonde þat in þe firmament beþ Planetes yliche clere sterren seuene, <u>as ȝe seþ</u>.

"you shall understand that in the firmament are planets like seven clear stars, <u>as you see</u>."（［B vr. sene］(c1325 (c1300) Robert of Gloucester, *Chronicle*, Version A (Clg A. 11) 2436［MED］）；Brinton，2008：144）

b. Sir, <u>þou sest</u>, þis þing is cler, þat ich haue yschewed þe.

"Sir, <u>you see</u>, this thing is clear, that I have shown you."（c1330 (？a1300) *Arthur and Merlin* (Auch) 1553［MED］；Brinton，2008：145）

c. Ignorance and credulitie are your sole means to obtaine that blessing. <u>You see</u> your greatest Clerkes, your wisest Politicians, are not that way fortunate.（1612 Chapman, *The Widdowes Teares* I, i［ED］；Brinton，2008：147）

Brinton（2008：146—147）认为，在后续变化过程中，you see 成为具有"语用义（非字面义）"的插入语（或话语标记），且"似乎松散附接于后面小句"；后面的小句则成为"表达话语主要含义"的母句结构。Brinton 提出的路径认为"非字面义"的 you see 并非所接小句的母句结构，而是其插入语结构，这可以解释为什么古英语 you see 早期语例中 that 小句充当补足语小句的语例非常少见（参见 Brinton，2008：154—156）。

Brinton（2008）已指出所提路径的两个问题：首先是状语结构 as/so you see 和插入语 you see 在历史上几乎同时产生，历时证据似乎并不完全支持二者之间的派生关系；其次是后接小句的状语结构 as/so you see 和后接小句的 you see 之间存在语义差别：you see 具有典型英式英语的特征，是中性标记（即不表达真值）；as you see 是肯定标记，表达所在语篇的真值。as you see 主要表达字面义，so you see 则较多用于"你会得出这样的结论"这一比喻义（Brinton，2008：160）。

Brinton（2008）的另一个问题是忽略了祈使式 you see（字面义）和所接小句之间的句法关系，参见例（1a）。Brinton 通篇使用"祈使母句"（imperative matrix clause）的说法（参见 Brinton，2008：37、43、110、247、251—253），似乎赞同 Fitzmaurice（2004）的观点，即认为具有字面义的祈使式 you see 是所接小句的母句结构。这样一来，Brinton 的理论就会存在其他问题，例如如何解释具有字面义的后接小句祈使式 you see 的形成过程。根据 Brinton 的观点，这种小句不具有语用义，自然不可能是他所讨论路径的后续变化，那么又该如何解释这种小句的形成过程呢？

Brinton（2008）提到插入语 you see 的后续变化之一是与所接小句之间韵律间隔消失［参见例（3c）］，这一变化过程可以概括为（4）所示路径：[1]

（4）韵律独立插入语＞韵律非独立插入语

---

[1] 有专家认为应该存在从韵律独立插入语到韵律非独立插入语变化过程的驱动力量和桥接语境。我们认为这一变化过程的驱动力量是自然话语的重复过程。因为重复，经常出现的语言成分序列可能形成有存在据的单位或语块，参见 Boyland（1996）、Ellis（1996）、Krug（1998）、Barlow and Kemmer（2000）、Bybee（2006，2011）等。这一变化过程主要涉及语音间隔的消失，不涉及句法操作，根据 Ansaldo and Lim（2004）和 Long et al.（2018）的观点，我们认为这一过程不需要桥接语境。

如（4）所示，从韵律独立插入语到韵律非独立插入语的变化过程主要涉及语音间隔的消失，不涉及句法操作，我们称之为联接化路径（conjoining pathway）。

Long et al.（2018：212—225）具体讨论了联接化路径，作者认为现代汉语中存在从韵律独立插入语"我想"[例（5a）]到韵律非独立插入语"我想"[例（5b）]的变化过程，这一过程可以解释为 Heine and Kuteva（2002）所主张的语法化过程：

（5）a. <u>我想</u>，他会不会不帮我呢？
　　 b. <u>我想</u>他会不会不帮我呢？

Brinton（2008：133—161）提出的路径[表示为从例（3a）到（3c）的变化]似乎可以用来解释英语插入语 you see 的形成过程，却不能直接用来解释其他语言中类似插入语的形成过程。特别是从跨语言的角度来说，我们很难找到英语中 as/so 在其他语言中的对应结构。我们提出的如（4）所示的联接化路径则没有这个问题。[1] 本章将证明这一路径不但可以解释汉语插入语"你看"的形成过程，而且可以解释插入语"你看"在英语中对应结构的形成过程。

---

[1] Kaltenböck et al.（2011）、Heine（2013）和 Heine et al.（2013，2017）提出接入语语法（thetical grammar）和征派路径（cooptation pathway）解释插入语（作者称为接入语）的形成过程。作者认为插入语是从句子中提取的、充当话语功能的语块。作者并未专门讨论插入语 you see 的形成过程，我们只能从作者的相关论述中推测其来源：如果插入语 you see 提取自上述正文中（1a）或（1b）这样的源结构，那么作者的征派过程可能类似 Fitzmaurice（2004）的母句路径；如果提取自类似下面的源结构，那么作者的征派过程就可能类似 Brinton（2008）提出的路径。

第 3 节　现代汉语中的"你看"结构

现代汉语中的"你看"可以后接表主语("你")所见的小句，参见例（6）（本章简称为 K1）。[1]

（6）<u>你看</u>那些死鱼浮在湖面上，就觉得好可怕，好可怕。（K1）

K1 也常写作"你看见、你看到、你看出"等，参见例（7）"你看见"语例：

（7）你看不见你就不怕，<u>你看见</u>他们从车流里过去，就害怕。（K1）

现代汉语中"你看"后接小句时可能具有祈使义，表示将对方的视觉注意力吸引至后接小句的内容，参见例（8）（本章简称为 K2）。[2] 类似分析参见曾立英（2005：15），陈振宇、朴珉秀（2006：8），王媛媛（2006：67），曹秀玲（2010：40—41），李君、殷树林（2011：119），殷树林、李君（2011：32），魏兴、郑群（2013：83），等等。

---

[1] 若无特别说明，本章的现代汉语语料皆来自中国传媒大学"媒体语言语料库"。另外，文中汉语的年代分区采用 Sun（2006：15—20）的标准，即上古汉语（前 770 年—公元 220 年）、中古汉语（220 年—960 年）、近代汉语（960 年—1900 年）、现代汉语（1900 年至今）。

[2] 李君、殷树林（2011：119—123），殷树林、李君（2011：32—34），以及魏兴、郑群（2013：83—84）认为祈使式"你看"具有多种语用功能（包括话轮转换、话题管理、表明言者态度等）。本章讨论的祈使式"你看"特指吸引听者视觉注意力的"你看"，大体相当于 Fitzmaurice（2004）和 Brinton（2008）讨论的字面义祈使式母句 you see。

(8) 而且你的,<u>你看</u>你的这个针脚织得特别整齐。(K2)

K1 和 K2 至少存在如下 10 个语境特征区别:

A. 能否接其他类型的小句。K1 只能接表示命题的陈述句,参见例(6)(7)。K2 不但可接表示命题的陈述句〔参见例(8)〕,而且能接疑问句〔参见例(9a)〕和感叹句〔参见例(9b)〕。类似分析参见王媛媛(2006:69—71)、姚占龙(2008:48)、曹秀玲(2010:39—40),李君、殷树林(2011:121),殷树林、李君(2011:32—34)。

(9) a. <u>你看</u>我这嘴像蜡嘴不?(K2)
　　b. <u>你看</u>那楼多漂亮啊!(K2)[1]

B. 能否接助动词。K1 可以接"能、可以、会"等助动词,参见例(10)"你能看出"语例。我们在语料库中未发现 K2 后接助动词的语例。

(10) 他们找了一段视频,一个男的,<u>你能看出</u>一个男的跳那种钢管舞。(K1)

C. 能否接表示过去时间或频率的状语。K1 能接表示过去时间或频率的状语,参见例(11a)"你以前看过"和例(11b)"你总能看到"语例。我们在语料库中未发现 K2 接表示过去时间或频率的状语的语例。

(11) a. <u>你以前</u>有没有<u>看</u>过他哭?(K1)
　　b. 只要这个声一到,<u>你总能看到</u>老老小小拎着家里的空瓶子出来打酱油了。(K1)

---

[1] 值得指出的是,例(9b)的句尾"啊"作用于"你看"后面的小句,却不作用于"你看"本身。本章讨论的其他 K2 语例也存在类似现象。

D. 能否接否定词。K1可以接否定词，参见例（12）"你没看"语例。我们在语料库中未发现K2接否定词的语例。

（12）我们两口人平时做人多低调啊！你没看我们每次出手就200块钱，多一分都不拿。（K1）

E. 所接小句能否被动化。K1所接内容小句可以转换为被动式，参见例（13a）。K2所接内容小句则不能转换为被动式，参见例（13b）。

（13）a. 那些死鱼浮在湖面上被你看了，就觉得好可怕，好可怕。（K1）
      b.*你的这个针脚织得特别整齐被你看了。（K2）

F. 能否接表示动作方式的状语。K2可以接表示动作方式的状语，参见例（14）"你快看"语例；类似论述参见王媛媛（2006：68），曹秀玲（2010：44），魏兴、郑群（2013：84）。我们在语料库中未发现K1接表动作方式的状语的语例。

（14）阿姨，你快看姥姥怎么了？（K2）

G. "看"能否重叠。K2中的"看"可以重叠，参见例（15）"你看看"语例；类似论述参见曾立英（2005：18）、王媛媛（2006：68）、曹秀玲（2010：44）。我们在语料库中未发现"看"重叠的K1语例。

（15）你看看，这非常清楚吧？（K2）

H. 能否接"来"或"去"构成连动结构。K2能够接"来"〔参见例

(16a)〕或"去"〔参见例（16b）〕构成连动结构。我们在语料库中未发现 K1 接"来"或"去"构成连动结构的语例；类似观点参见魏兴、郑群（2013：84）。

（16） a. 你来看看上面都是些什么？（K2）

b. 但是香港是一个城市，而且你去看过香港 1997 年以后复苏吗？（K2）

I. 位置是否灵活。K1 只在句首出现〔参见例（6）（7）〕。K2 不但可以在句首出现〔参见例（8）〕，而且可以在主谓之间〔参见例（17a）〕和句末〔参见例（17b）〕出现。类似分析参见曾立英（2005：16）和艾青（2009：23）。

（17） a. 对，这你看比头发丝还细。（K2）

b. 我就连手挖。把那个石头先一个一个地挖，把泥用手舀，手都挖烂了你看。（K2）

J. 可否韵律独立。K2 可以韵律独立于后面所接小句，通常用逗号隔开，参见例（18）；类似观点参见曾立英（2005：16，18）和姚占龙（2008：50）。本章把韵律独立 K2 称为 K3。

（18） 你看，你的这个针脚织得特别整齐。（K3）

K1 则不能韵律独立于所接小句，参见例（19）。[1]

---

[1] K1 语例的基本特征是表主语所见。某些母语者可能接受例（19）作为祈使式"你看"的语例，不过作为 K1 的语例则一定不能接受。

(19) 你看（*，）那些死鱼浮在湖面上，就觉得好可怕，好可怕。

既然K1在上述10个语境特征上有别于K2，那么K1和K2之间是否还存在派生关系呢？我们将在第5节讨论这一问题。作为铺垫，我们先在第4节讨论语言学界关于K2形成过程的现有观点。

第4节　K2形成过程的现有观点

曾立英（2005：19—20）认为K2形成于特殊句式的重新分析，参见例（20），表示为从例（21a）到例（21b）的变化。

(20) ［你看＋NP］＋VP＞你看＋［NP＋VP］
(21) a. ［你看这姑娘］怎么样？
　　 b. 你看［这姑娘怎么样］？

作者认为K2的源结构式包含一个祈使式（"你看这姑娘"）和一个VP（"怎么样"），祈使式的宾语也是VP的主语。"你看"从祈使小句中析出形成K2，剩余结构重新分析为独立小句（"这姑娘怎么样"）。

(20)所示路径不具有普遍性：例如我们可以在汉语中找到类似例（21b）的"你想"结构式［参见例（22a）］，却无法找到包含祈使式"你想"的类似源结构式［参见例（22b）］。

(22) a. ［你想］他不会反对吧？
　　 b. ［* 你想他］不会反对吧？

例（22a）中的"你想"与 K2 同为祈使式结构，并且也后接小句；关于祈使式"你想"的分析参见王媛媛（2006：67）、张德岁（2009：95—96）、曹秀玲（2010：39）、程丽霞（2014：17—18）、李文瑞（2014：31）等。如果（20）所示路径成立，我们在汉语中理应能找到类似例（22b）的"他"为谓词"你想"的宾语的结构式，然而曾立英（2005）难以解释的是为什么这样的结构式在汉语中并不存在。

陈振宇、朴珉秀（2006：4）认为汉语祈使式"你看"形成于"依你看"结构，参见（23a）源结构式和（23b）目标结构式：

(23) a. <u>依你看</u>咱们这题目起什么好？
　　 b. <u>你看</u>咱们这题目起什么好？

两位作者提出的路径与 Brinton（2008：133—161）所主张的路径非常相似：都认为祈使式"你看"（祈使式 you see）形成于附接性状语结构，区别是两条路径的源结构式略有差异。

陈振宇、朴珉秀（2006）所提路径的问题是得不到历史语料的支持的。我们将在 5.2 中加以证明，汉语后接小句的祈使式"你看"（K2）的产生不晚于 13 世纪初。然而"依你看"结构作为两位作者所认可的源结构式，其最早语例却产生于 700 多年以后的 20 世纪中期［参见例（24）］。从时间上来看，我们很难在二者之间建立关联。

(24) 鲧发怒道："依你看怎样？"（钟毓龙《上古演义》第七十六回）

王媛媛（2006：69—71），姚占龙（2008：51—52），曹秀玲（2010：43—45），魏兴、郑群（2013：81—85）都认为 K2 形成过程遵循（25）所示路径，表示为从例（26a）到（26b）的变化：

(25) 你＋看＋宾语小句＞你看＋小句
(26) a. 你看这水多么清。(王媛媛，2006：69)

　　b. 你看那楼多漂亮啊！

以曹秀玲（2010：43—44）为例，作者认为存在［你＋看＋宾语小句］形式的早期语例；参见例（26a），其中"你"是"看"的主语，"这水多么清"则是"你看"的宾语小句。由于话语交际的需要，宾语小句逐渐成为句子的语义前景，"你看"则成为背景成分，经过词汇化和跨层组合最终形成插入语"你看"［参见例（26b）］。

王媛媛（2006：69—71），姚占龙（2008：51—52），曹秀玲（2010：43—45），魏兴、郑群（2013：81—85）等人的观点与 Fitzmaurice（2004）、Brinton（2008）的观点类似，都认为后接小句的祈使式"你看"（或祈使式 you see）是所接小句的母句结构。我们将在第 5 节重点分析这一观点。

第 5 节　母句路径存在的问题

本节分为两部分：5.1 从共时角度证明 K2 不是所接小句的母句结构，而是其插入语结构；不应将 K2 的形成过程解释为母句路径。5.2 从历时角度提供证据，进一步驳斥母句路径。

5.1　共时分析

Huddleston and Pullum（2002：47）将母句定义为嵌套补足语小句的

小句,[1] 类似定义参见 Quirk et al.（1985：991—993）、Biber et al.（1999：1135）和 Brinton（2008：35—43）等。为了准确定义母句，我们首先必须定义"补足语小句"。Dixon（2006：15）提出补足语小句的多个定义性标准，我们这里选取其中的两个标准〔参见（27a）（27b）〕，类似观点参见 Thompson（2002：147—150）、Brinton（2008：12）和 Dehé（2014：86）。

（27）a. 补足语小句必须是核心论元（如及物动词宾语、与格等）；

b. 补足语小句是只描述命题的陈述小句（包括描述事实、活动、潜在状态等）。

通常认为，汉语句子的核心论元，特别是及物动词的宾语，可以被动化，参见熊仲儒（2003：207）、朱英贵（2005：342）和邓思颖（2008：308）等。我们在第 3 节已经证明 K2 所接小句无法被动化（E 特征），这样看来，K2 后面的小句很可能不是其核心论元。我们同样还在第 3 节证明 K2 所接小句可以不是命题陈述小句（A 特征），这两个特征分别与补足语小句的（27a）和（27b）特征相违背。基于 Dixon（2006：15）的研究，我们认为 K2 所接小句很可能并非其补足语小句，换句话说，K2 很可能并非所接小句的母句结构。

Brinton（2008：35）认为插入语具有下面的特征：①位置灵活，②具有情态性，③可以韵律独立。这三个特征分别与我们第 3 节讨论的 K2 的 I、A 和 J 特征相一致。van Bogaert（2011：298）认为插入语应具有下面的特征：①对事实性句子副词透明，②对否定透明，③对附加问句透明。我们发现汉语 K2 符合其中的两个，即对事实性句子副词和附加问句透明，

---

[1] 作者用的术语是"从属小句"（subordinate clause）。

参见例（28）(29)。[1]

(28) 其实<u>你看</u>圣严法师就是一个学问僧嘛。(K2)
(29) <u>你看</u>抽烟还咳嗽<u>是不是</u>？就不要抽烟了。(K2)

鉴于 K2 的特征符合 Brinton（2008：35）和 van Bogaert（2011：298）对于插入语定义性特征的分析，我们认为 K2 很可能是所接小句的插入语结构。如果 K2 本身就是一个插入语结构，它自然无法遵循母句路径，充当其他结构的源结构式，因此，我们认为 Fitzmaurice（2004）所主张的母句路径无法解释 K2 的形成过程。

虽然我们的分析证明 Fitzmaurice（2004）所主张的母句路径无法解释 K2 的形成过程，不过这并不能完全否定母句路径，至少在汉语中还存在另一个可能充当所接小句母句的"你看"结构。我们在第 3 节已经证明 K1 所接小句能够被动化（E 特征），根据熊仲儒（2003：207）、朱英贵（2005：342）和邓思颖（2008：308）的研究，我们认为 K1 所接小句很可能是 K1 的核心论元（即及物动词宾语小句）。我们在第 3 节还证明 K1 只能接命题陈述小句（A 特征），这两个特征分别符合（27a）和（27b）的定义性特征。基于 Dixon（2006：15），我们认为 K1 所接小句很可能是它的补足语小句，换句话说，K1 很可能是所接小句的母句结构。

这样一来，如果母句路径成立，我们可以构拟（30）所示的路径：

(30) K1＞K2

在第三部分我们证明了 K1 和 K2 在语境特征上的区别，可参见表 1：

---

[1] 参见 Hooper（1975：111）和 van Bogaert（2011：299）关于插入语 I think 对事实性句子副词透明的分析。同时参见 Aijmer（1972）、Quirk et al.（1985：811）、Huddleston and Pullum（2002：893）和 van Bogaert（2011：298）关于插入语 I think 对附加问句透明的分析。

表 1　K1 和 K2 的语境特征区别

语境特征	K1	K2
A. 能否接其他类型的小句	−	+
B. 能否接助动词	+	−
C. 能否接表示过去时间或频率的状语	+	−
D. 能否接否定词	+	−
E. 所接小句能否被动化	+	−
F. 能否接表示动作方式的状语	−	+
G. "看"能否重叠	−	+
H. 能否接"来"或"去"构成连动结构	−	+
I. 位置是否灵活	−	+
J. 可否韵律独立	−	+

如果将 K1 视为母句结构，将 K2 视为插入语结构，并且用（30）所示路径解释 K2 的形成过程，我们会发现很容易解释 K1 的 B、C、D 和 E 特征：母句 K1 中的"看"作为主要动词可以接助动词、接表示过去时间或频率的状语、接否定词，K1 所接小句是其宾语小句，因此可以被动化。K2 则不同，根据（30）所示路径，K2 是虚化程度更高的插入语结构，K2 中的动词"看"可能不再具有上述特征。

前人的论述皆把 A 特征（接不同类型小句）和 J 特征（允许韵律独立）解释为语用化过程，参见 Erman and Kotsinas（1993：79）、Aijmer（1997：1—11）、Frank-Job（2006：359—374）和 Norde（2009：22）等。我们在第 6 节会讨论这两个特征，此处暂且不提。K2 的 F 特征（接表示动作方式的状语）、G 特征（"看"可以重叠）、H 特征（可以接"来"或"去"构成连动结构）和 I 特征（具有位置灵活性）却似乎对母句路径构成了挑战。

单看 B、C、D 和 E 特征，从 K1 到 K2，"你看"显然失去了部分范畴特征。这可以解释为去范畴化过程，即失去形态句法特征的过程；关于去范畴化的论述参见 Lehmann（1985）和 Heine and Kuteva（2002：1—5）。去范畴化的结构式通常会失去部分（甚至大部分）内部变体和位置灵活性，也就是说，与 K1 相比，去范畴化的 K2 理应在内部变体和位置灵活性方面存在更多限制。类似分析参见 van Bogaert（2011：302—305）。然而比较 K1 和 K2 的 F、G、H 和 I 特征，我们显然会得出相反结论：在从 K1 到 K2 的变化过程中，K2 反而具有更多的内部变体和位置灵活性。

历史语料同样证明（30）所示的母句路径存在问题，我们将在下文展开讨论。

5.2 历时分析

如果（30）所示的母句路径可以解释 K2 的形成过程，我们理应能在汉语史上找到 K1 先于 K2 出现的证据，然而汉语史语料似乎倾向于支持完全不同的结论。

汪维辉（2017：123）注意到"看"在公元前 1 世纪开始接名词短语，参见例（31）。

(31) 出门蹉跌，<u>看</u>道后旅。（《易林》卷十六；转引自汪维辉，2017：123）

艾青（2009：43）、汪维辉（2017：128）认为"看"在 3 世纪中叶开始后接小句，参见例（32）。

(32) 黄粟留，<u>看</u>我麦黄、葚熟。（《毛诗陆疏广要》）

艾青（2009：43）、汪维辉（2017：133）认为第二人称后接小句"看"结构产生于 6 至 9 世纪，参见（33a）"汝看"语例和（33b）"君看"语例。

值得注意的是,(33a)和(33b)语例皆有祈使义,且皆用于将听者的视觉注意力吸引至后面小句的内容(即K2语例)。另外,我们在同时期的中古汉语以及后来的近代汉语中也没有找到"汝看"或"君看"表主语所见的语例(即K1语例)。

(33)a. <u>汝看</u>老羌堪破贼以不?(《晋书·姚弋仲载记》;转引自汪维辉,2017:130)

b. <u>君看</u>班定远,立功不负义。(吴均《边城将诗四首》之四,《梁诗》卷十;转引自汪维辉,2017:130)

后接小句的"你看"早期语例出现在13世纪初,参见例(34),这也是一个将听话者视觉注意力吸引至后面小句内容的祈使式"你看"语例(即K2语例)。

(34)诸禅德,<u>你看</u>老汉有什么胜你处?(《五灯会元》卷二十)

后接小句表主语所见的"你看"早期语例(即K1语例)出现于17世纪初,参见例(35),比后接小句祈使式"你看"的早期语例晚了约400年。

(35)<u>你看见</u>有妓女在坐,你只该慌忙领他两杯,托了事故走得回家。(《醒世姻缘传》第六十六回)

基于上述历史语料,我们可以得出两点结论:第一,早期后接小句的

"你看"语例更可能是祈使式"你看"语例（即 K2 语例）[1]；第二，K1 的早期语例很可能晚于 K2 早期语例产生。两点结论皆不支持"K1＞K2"路径。

汉语史上其他后接小句的第二人称"看"结构式的早期语例也不支持"K1＞K2"路径。我们搜索历史语料发现，"尔视"［参见例（36a）］、"汝视"［参见例（36b）］、"你瞧"［参见例（36c）］、"你观"［参见例（36d）］等谓词在近代汉语中的早期语例，皆为将听话人视觉注意力吸引至后面小句内容的语例（即 K2 语例）。事实上我们在近代汉语中没有找到这些结构式表示主语所见的语例（即 K1 语例）。

(36) a. 我闻唐天子才武，我今讨康居，尔视我与天子等否？（《新唐书·突厥下》）

b. 我今为之，谁敢不从？汝视我之剑不利否？（《三国演义》第三回）

c. 你瞧是谁在大门首？（《金瓶梅》第二十一回）

d. 李义刀尖一起，呼道："二哥，你观此物是什么东西？"张忠一看是首级。（李雨堂《万花楼》第二十七回）

5.1 的共时分析和 5.2 的历时分析皆证明后接小句的祈使式"你看"不是所接小句的母句结构，而是其插入语结构，其形成过程也不能解释为母句路径。现在的问题是，如果（30）所示的母句路径不成立，那么后接小句的祈使式"你看"又是怎么形成的呢？我们将在第 6 节运用联接化路径解释其形成过程。

---

[1] 历史语料中标示韵律间隔的标点符号皆为后人添加，因此可能本章"你看"早期语例中的"你看"在韵律上独立于所接小句。换句话说，这些语例可能不是 K2 语例，而是 K3 语例。我们不否认这一可能性，不过需要指出的是，本章提出的联接化路径认为存在从韵律独立插入语到韵律非独立插入语的变化，这正好可以预测在后接小句祈使式"你看"的早期语例中，"你看"可能独立于所接小句。母句路径认为插入语产生于韵律非独立的母句结构，因而无法预测这一现象。

第 6 节　联接化路径和 K2 的形成

Brinton（2008）、Long et al.（2018，2020，2021，2022）认为存在不涉及句法操作，只涉及两个语段之间韵律间隔消失的语法化变化，本章称之为联接化路径。如果运用这一路径解释 K2 的形成过程，我们可以构拟从韵律独立插入语"你看"（即 K3）到韵律非独立插入语"你看"（即 K2）的演变路径，参见（37）；表示为从（38a）到（38b）的变化：

(37) K3＞K2

(38) a. 你看，你的这个针脚织得特别整齐。（K3）

　　　b. 你看你的这个针脚织得特别整齐。（K2）

我们分别从句法和语音角度证明这一可能路径的变化。

6.1　句法证据

联接化路径之所以能解释 K2 的形成过程，是因为联接化路径所认可的源结构式（即 K3）具有至少 7 个语境特征。

Ⅰ. 能接其他类型的小句。K3 可以接命题陈述小句［参见例（39a）］、疑问小句［参见例（39b）］和感叹小句［参见例（39c）］。类似观点参见王媛媛（2006：69—71），曹秀玲（2010：39—40），李君、殷树林（2011：121），殷树林、李君（2011：32—34）。

(39) a. 小妹妹你看，天灯已经升起来了。（K3）

　　　b. 你看，我后面坐的这什么玩意儿？（K3）

c. 你看，小朋友们都完成得多整齐多认真啊！（K3）

Ⅱ. 能接表动作方式的状语。K3 可以接表动作方式的状语，参见例（40）"你快看"语例。类似分析参见魏兴、郑群（2013：84）。

（40）爸爸，你快看！她咽气了！（K3）

Ⅲ. "看"能重叠。K3 中的"看"可以重叠，参见例（41）"你看看"语例。类似分析参见曾立英（2005：18）、王媛媛（2006：68）和曹秀玲（2010：44）。

（41）你看看，我们还没有装修。（K3）

Ⅳ. 接"来"或"去"构成连动结构。K3 可以接"来"［参见例（42a）］或"去"［参见例（42b）］构成连动结构。类似分析参见魏兴、郑群（2013：84）。

（42）a. 你来看，这里面统计数字最大的是 57.1%。（K3）
　　　b. 然后你去看，华西村还有个"天安门"，那有什么？（K3）

Ⅴ. 位置灵活。K3 可以出现在句首［参见例（39a）（39b）（39c）］、主谓之间［参见例（43a）］和句末［参见例（43b）］。类似分析参见曾立英（2005：16—18）和艾青（2009：23）。

（43）a. 那这样的玻璃你看，遇冷遇热一下子不就裂了？（K3）
　　　b. 我的这个头啊，等了好几年我的头还没好，你看。（K3）

Ⅵ. 对事实性句子副词透明。K3 对事实性句子副词透明，参见例（44）。

（44）<u>其实你看</u>，"神舟七号"的发射，从根本上来说它也是一次科学实验。（K3）

Ⅶ. 对附加问句透明。K3 对附加问句透明，参见例（45）。

（45）<u>你看</u>，他们戴的帽子就是刚才赢的奖品<u>是不是</u>？（K3）

如果遵循联接化路径，我们会发现 K3 的前 5 个特征分别与本章第 3 节部分所讨论的 K2 的 A、F、G、H 和 I 特征相一致。联接化路径同样可以解释本章第三部分讨论的 K2 的另外两个特征：对事实性副词透明（对应 K3 的特征⑥）和对附加问句透明（对应于 K3 的特征⑦）。同时根据联接化路径，从 K3 到 K2 只涉及韵律消失，不涉及句法操作。如果说话人认为需要，可以重新添加韵律间隔。这可以解释 K2 的 J 特征（允许韵律独立特征）。

联接化路径还可以解释本章第 4 节列举的历史语料。根据联接化路径"你看"及类似结构的插入语小句用法并非形成于其母句用法，这可以解释为什么"你看"、"尔视"［参见例（36a）］、"汝视"［参见例（36b）］、"你瞧"［参见例（36c）］和"你观"［参见例（36d）］等祈使式小句的早期用例皆为 K2 语例，而非 K1 语例。

6.2 语音证据

与本章讨论的从韵律独立插入语 K3 到韵律非独立插入语 K2 的变化过程相类似，Long et al.（2018：212—225）讨论了现代汉语插入语"我想"和所接小句之间韵律间隔消失的过程，即从（46a）＝（5a）到（46b）＝（5b）的变化过程。作者引用 Ansaldo and Lim（2004：345—362）证明这是一个涉及时长、基频（F0）等缩减的语法化过程。我们运用类似方法测试本章两类祈使式"你看"（即 K3 和 K2）的变化过程。

如果联接化路径可以解释 K2 的形成过程，换句话说，如果汉语中确实存在"K3＞K2"的变化过程，那么从 K3 到 K2，我们应该可以观察到类似 Long et al.（2018：212—225）观察到的从韵律独立插入语"我想"到韵律非独立插入语"我想"的语音缩减过程。

(46) a. 我想，他会不会不帮我呢？
b. 我想他会不会不帮我呢？

我们的数据分析基于著名电视节目《文涛拍案》中三位主持人的语音（窦文涛、梁文道和许子东，以下缩写为 DWT、LWD 和 XZD）。音频数据从网站获取，声学分析使用了 Praat 工具，数据统计分析采用了 R 语言。针对每位主持人的数据，我们各选取了 8 句话，分别有 4 句 K3 样例和 4 句 K2 样例。为了验证句子结构对"你看"语音的影响，我们主要分析了 K3 和 K2 样例的时长和基频这两个声学特征。

我们首先提取了"你看"两个音节的时长，由三位主持人的音频和各自 K3、K2 样例组成的数据箱线图展示为图 1、图 2、图 3。由图所示，三位主持人 K3 和 K2 的"你看"时长都有显著差别。在 DWT 和 LWD 的语音数据中（见图 1 和图 2），K3 结构中的"你"和"看"的音节发音时长都显著大于 K2 中的两个音节时长；在 XZD 的语音数据中（见图 3），这个结论依然适用，只是 K3 和 K2 的差异与另两组数据相比要小一些。我们对 K3 和 K2 中的"你"和"看"两个音节的时长进行了 t 检验，结果发现对于"你"的音节时长，$t(11) = 3.15$，$p < 0.05$；对于"看"的音节时长，$t(11) = 4.55$，$p < 0.001$。结论是 K3 结构中的"你看"明显比 K2 更长。此外，这个时长差异在"看"比在"你"的音节要更显著。

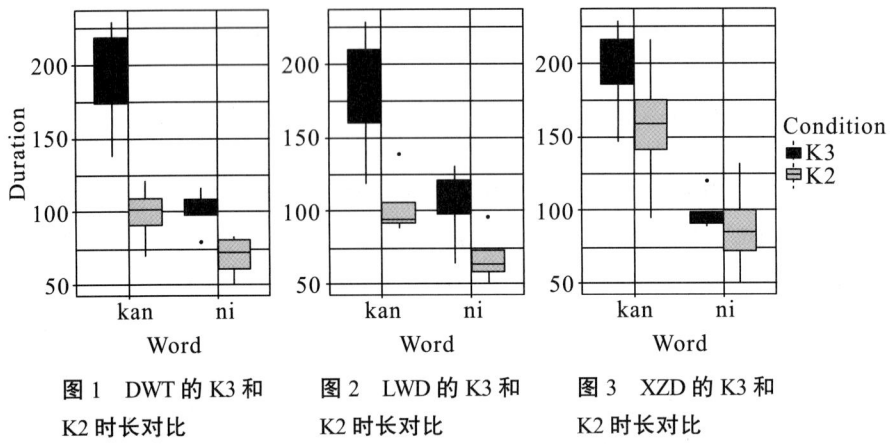

图1 DWT 的 K3 和 K2 时长对比　　图2 LWD 的 K3 和 K2 时长对比　　图3 XZD 的 K3 和 K2 时长对比

除了音节的发音时长，另一个可能会受句子结构影响的韵律特征是基频走向。我们提取了末尾音节"看"在不同时间点的基频数值，并依次构建了基频在时间轴上的变化。

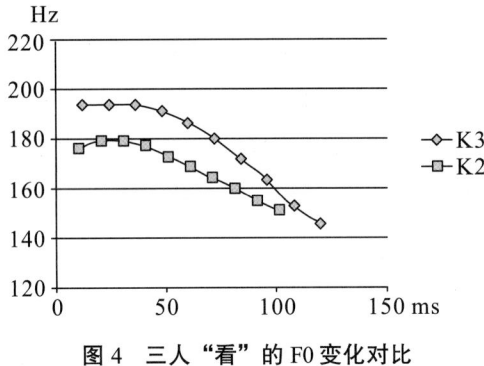

图4 三人"看"的 F0 变化对比

从图4中可以看到，K3 和 K2 的基频走向都呈现下降的趋势，这和"看"本身的第四声调（降调）有关。同时正如图1、图2、图3所示，K3 中的"看"音节时长比 K2 要长。此外，K3 中的"看"音节 F0 起始点比 K2 要高，F0 结束点要低于 K2。然而，这一观察是三组数据的综合结论，对于每单组数据并不完全适用（见图5、图6、图7）。

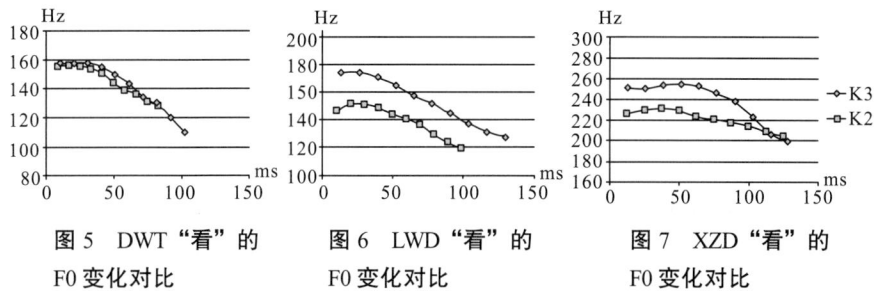

图 5 DWT "看" 的 F0 变化对比　　图 6 LWD "看" 的 F0 变化对比　　图 7 XZD "看" 的 F0 变化对比

为了从统计角度考察 K3 和 K2 中 "看" 音节的基频变化是否不同，我们构建了一个多维线性模型来拟合所有的影响因素。我们使用了 R 语言中的 lme4（lmerTest）模型（http://cran.r-project.org/web/packages/lme4/index.html）进行建模，并且使用了 "step" 模块对反向结果进行处理。最终的基频模型显示如下：时间＋结构式（K2/K3）＋1| 说话人，其中时间和结构式是固定变量，不同说话人的数据组是随机变量。结果发现 F0 在不同时间不同结构式下的变化和说话人十分相关（$p<0.001$）。虽然时间和结构式的综合并不是一个有显著影响的变量，但是时间和结构式作为单独变量都对 F0 的变化有显著影响：时间 $F(1, 234.99)=12.29$，$p<0.001$；结构式 $F(1, 234.99)=7.49$，$p=0.006$。这个结果表明 K3 和 K2 不同的结构式影响 "看" 这个音节在整个发音时长中 F0 的变化，不同的说话人有不同的具体表达方式。

综合以上分析，我们可以得出以下三点结论：第一，不同 K3 和 K2 结构的声学特征显著不同；第二，K3 结构的语音特征比 K2 更显著，更不易改变；第三，这个差异恰好反映了之前语法化的相对差异，即 K2 结构语法化特征要比 K3 更显著。

总的说来，本节内容皆证明 K2 更可能源于 K3，并且从语音角度看这很可能是一个语法化的变化过程。[1]

第7节 结语

本章证明现代汉语中将听话人视觉注意力吸引至所接小句内容的祈使式"你看"[即 K2，参见例（47）]并非所接小句的母句结构，而是其插入语结构，它不产生于母句"你看"[即 K1，参见例（48）]，也不能将其形成过程解释为 Fitzmaurice（2004）所主张的母句路径。

(47) <u>你看</u>你的这个针脚织得特别整齐。(K2)
(48) <u>你看</u>那些死鱼浮在湖面上，就觉得好可怕，好可怕。(K1)

我们进一步证明汉语 K2 结构产生于韵律独立祈使式"你看"结构[参见例（49）]，其变化过程可以解释为 Brinton（2008）提及，并经 Long et al.（2018）、Long et al.（2020）、Long et al.（2021）、Long et al.（2022）进一步证明的联接化路径。这一语法化路径认为存在插入语"你看"和所接小句之间韵律间隔消失的语法化过程。

(49) <u>你看</u>，你的这个针脚织得特别整齐。(K3)

---

[1] 跨语言来说，只涉及语音磨蚀的语法化变化并不罕见，参见 Bybee（2006：711—733）。我们在 K3 > K2 的变化过程中没有观察到语义变化，不过我们观察到这一过程可能存在范畴变化：我们注意到 K3 可以重叠（参见下例），K2 似乎不可以。根据 Long et al.（2018），这可以视为去范畴化的例证。
　　你看你看，清风街人把你当大救星了！
不过需要更多证据证明在 K3 > K2 的变化过程中是否发生去范畴化。

学界多有讨论从后接小句祈使式"你看"到话语标记"你看"的演变过程，表示为从例（50a）到例（50b）的变化过程。相关论述分析可参见王媛媛（2006：69—71）、姚占龙（2008：51—52）、曹秀玲（2010：43—45）、李君、殷树林（2011：119—123）、殷树林、李君（2011：32—34）、魏兴、郑群（2013：81—85），等等。我们对这个问题持有不同观点，我们的联接化路径认为韵律独立话语标记"你看"源于韵律独立祈使式"你看"，表示为从例（49）到例（50a）的变化；韵律非独立话语标记"你看"则源于韵律非独立祈使式"你看"，表示为从例（47）到例（50b）的变化。换句话说，我们同意 Brinton（2008）的观点，我们也认为"你看"结构的演变不涉及从韵律非独立到韵律独立的变化。

（50）a. 赵玉田：看她干啥呀？跑能跑哪儿去？
　　　赵妻：<u>你看</u>，她要出点啥事可怎么办？（李君、殷树林，2011：122）
　　　b. 我想把这温泉好好开发一下，<u>你看</u>你能不能帮帮我？（殷树林、李君，2011：33）

本章的讨论同样可以解决 Fitzmaurice（2004）和 Brinton（2008）未能解决的问题。本章认为接小句祈使式"你看"结构（字面义结构）并非所接小句的母句结构，而是其插入语结构。将这一观点用于解释英语插入语 you see 的演变，可以解释 you see 在古英语中的早期语例为什么不接 that 补足语小句。我们同样认为英语插入语 you see 并不源于状语结构 as/so you see，这可以解释为什么英语中状语结构 as/so you see 没有早于插入语 you see 产生，并且二者之间存在语义差别。

我们的联接化路径需要解释话语标记 you see 的产生过程［参见（51a）＝（1c）和（51b）＝（3c）］：

（51）a. <u>You see</u>, Crito, I am accused of being the kind of man who corrupts and falsifies and distorts and destroys. Now if I am that kind of man I should be put out of the way. (Anderson, Maxwell. 1951. *Barefoot in Athens*. [1951ANDR. D0]; Fitzmaurice, 2004: 440)

  b. Ignorance and credulitie are your sole meanes to obtaine that blessing. <u>You see</u> your greatest Clerkes, your wisest Politicians, are not that way fortunate. (1612 Chapman, *The Widdowes Teares* I, i [ED]; Brinton, 2008: 147)

我们认为它们同样产生于平行变化，即韵律独立话语标记 you see 产生于韵律独立祈使式 you see，表示为从（52a）=（3b）到（51a）的变化。韵律非独立话语标记 you see 则产生于韵律非独立祈使式 you see，表示为从（52b）=（1a）到（51b）的变化：

（52）a. Sir, <u>þou sest</u>, þis þing is cler, þat ich haue yschewed þe.
  "Sir, <u>you see</u>, this thing is clear, that I have shown you." (c1330 (? a1300) *Arthur and Merlin* (Auch) 1553 [*MED*]; Brinton, 2008: 145)

  b. DORINDA: <u>You see</u> my Father gets men to lye with us, is not he a Husband then?
  MIRANDA: No, <u>you see</u> he has no Hornes. (Thomas Duffet, 1675. *The Mock-Tempest*. [1675DUFF. D1]); Fitzmaurice, 2004: 439)

我们的分析和 Fitzmaurice（2004）存在两点不同：一是我们认为后接小句的祈使式 you see 并非所接小句的母句结构，而是其插入语结构；二是祈使式 you see 的韵律可以独立于所接小句，也可以遵循联接化路径，与所接小句之间不再有韵律间隔。

参考文献

艾青, 2009. 现代汉语"你看"类话语标记研究. 洛阳：中国人民解放军外国语学院硕士学位论文.

北京大学中文系 1955、1957 级语言班, 编, 1982. 现代汉语虚词例释. 北京：商务印书馆.

贝罗贝, 李明, 2008. 语义演变理论与语义演变和句法演变研究//沈阳, 冯胜利, 主编. 当代语言学理论和汉语研究. 北京：商务印书馆.

曹茜蕾, 2008. 汉语方言的处置标记的类型//北京大学汉语语言学研究中心《语言学论丛》编委会, 编. 语言学论丛：第 36 辑. 北京：商务印书馆.

曹翔, 2011. 从文献材料看"除非"的产生时代. 古汉语研究, (2).

曹秀玲, 2010. 从主谓结构到话语标记："我/你 V"的语法化及相关问题. 汉语学习, (5).

常娜, 2009. 换言连接成分"即"的研究. 云南师范大学学报（对外汉语教学与研究版）, (3).

陈保亚, 1999. 20 世纪中国语言学方法论：1898—1998. 济南：山东教育出版社.

陈明娥, 2006. 敦煌变文词汇计量研究. 南昌：百花洲文艺出版社.

陈年福, 2002. 释"以"：兼说"似"字和甲骨文声符形化造字. 古汉语研究, (4).

陈前瑞, 张曼, 2015. 汉语经历体标记"过"的演变路径//四川大学中国俗文化研究所，四川大学汉语史研究所，编. 汉语史研究集刊：第19辑. 成都：巴蜀书社.

陈前瑞，2016. 完成体与经历体的类型学思考. 外语教学与研究，(6).

陈前瑞，胡亚，2016. 词尾和句尾"了"的多功能模式. 语言教学与研究，(4).

陈松岑，1999. 语言变异研究. 广州：广东教育出版社.

陈振宇，朴珉秀，2006. 话语标记"你看"、"我看"与现实情态. 语言科学，(2).

陈振宇，邱明波，2010. 反预期语境中的修辞性推测意义："难道、不会、怕、别". 当代修辞学，(4).

陈振宇，杜克华，2015. 意外范畴：关于感叹、疑问、否定之间的语用迁移的研究. 当代修辞学，(5).

陈振宇，2017. 汉语的指称与命题. 上海：上海人民出版社.

陈振宇，姜毅宁，2019. 反预期与事实性：以"合理性"语句为例. 中国语文，(3).

陈忠，2008. "V完了"和"V好了"的替换条件及其理据：兼谈"终结图式"的调控和补偿机制. 中国语文，(2).

程丽霞，2014. 汉语想猜类构式的演化：从思考猜想到认识情态. 外语教学，(1).

储泽祥，2006. 汉语处所词的词类地位及其类型学意义. 中国语文，(3).

储泽祥，刘琪，2014. 制约"忽然"句法位置的若干语用因素. 世界汉语教学，(4).

楚永安，1986. 文言复式虚词. 北京：中国人民大学出版社.

邓思颖，2008. 汉语被动句句法分析的重新思考. 当代语言学，(4).

董淑慧，1996. 谈"却"（卻）字三项副词用法的演成及其与几个相关副词的平行发展. 汉语学习，(4).

董秀芳，2004. 汉语的词库与词法. 北京：北京大学出版社.

董秀芳，2005. 语义演变的规律性及语义演变中保留义素的选择//浙江大学汉语史研究中心，编. 汉语史学报：第5辑. 上海：上海教育出版社.

董秀芳，2007. 词汇化与话语标记的形成. 世界汉语教学，(1).

董秀芳，2010. 量与强调//徐丹，主编. 量与复数的研究：中国境内语言的跨时空考察. 北京：商务印书馆.

董秀芳，2011. 词汇化：汉语双音词的衍生和发展. 修订本. 北京：商务印书馆.

董正存，2011. "完结"义动词表周遍义的演变过程. 语文研究，(2).

董正存，2016. 让步条件构式的省缩及副词"打死"的形成. 语言教学与研究，(1).

董正存，2019. "见/逢"周遍义构式的量化实现与演变及相关问题. 第七届《中国语文》青年学者论坛. 西安：陕西师范大学.

董仲舒，2003. 董子春秋繁露译注. 阎丽，译注. 哈尔滨：黑龙江人民出版社.

方梅，1994. 北京话句中语气词的功能研究. 中国语文，(2).

方梅，2000. 自然口语中弱化连词的话语标记功能. 中国语文，(5).

方梅，2017. 饰句副词及相关篇章问题. 汉语学习，(6).

冯光武，2004. 汉语语用标记语的语义、语用分析. 现代外语，(1).

冯光武，2005. 语用标记语和语义/语用界面. 外语学刊，(3).

葛本仪，2001. 现代汉语词汇学. 济南：山东人民出版社.

葛佳才，2005. 东汉副词系统研究. 长沙：岳麓书社.

葛金龙，2012. 汉语的否定极性副词. 汉语学习，(1).

龚波，2005. 试析"曾"由语气副词向时间副词的发展过程及其意义//四川大学汉语史研究所，编. 汉语史研究集刊：第8辑. 成都：巴蜀书社.

谷峰，2010. 先秦汉语情态副词研究. 天津：南开大学博士学位论文.

谷峰，2014. 汉语反预期标记研究述评. 汉语学习，(4).

谷衍奎，编，2003. 汉字源流字典. 北京：华夏出版社.

韩兆琦，译注，2010. 全本全注全译本《史记》. 北京：中华书局.

韩峥嵘，1984. 古汉语虚词手册. 长春：吉林人民出版社.

韩志刚，2002. 表事物周遍义时"每"与"各"的差异//郭继懋，郑天刚，主编. 似同实异：汉语近义表达方式的认知语用分析. 北京：中国社会科学出版社.

何耿镛，1993. 客家方言语法研究. 厦门：厦门大学出版社.

何英玉，编，2005. 语义学. 上海：上海外语教育出版社.

侯学超，编，1998. 现代汉语虚词词典. 北京：北京大学出版社.

胡安顺，1991. "以"的"率领"、"执拿"意义及其动词性质. 陕西师范大学学报，(1).

胡安顺，2001. "以"、"帅"的带领意义异同辨. 陕西师范大学学报（哲学社会科学版），(4).

胡承佼，2018. 意外范畴与现代汉语意外范畴的实现形式. 华文教学与研究，(1).

胡敕瑞，2002.《论衡》与东汉佛典词语比较研究. 成都：巴蜀书社.

胡敕瑞，2005. 从隐含到呈现（上）：试论中古词汇的一个本质变化//北京大学汉语语言学研究中心《语言学论丛》编委会，编. 语言学论丛：第31辑. 北京：商务印书馆.

胡勇，2009. 语气副词"并"的语法化//吴福祥、崔希亮，主编. 语法化与语法研究：四. 北京：商务印书馆.

黄邦杰，编著，1994. 汉英虚词句式. 北京：商务印书馆.

黄伯荣，主编，1996. 汉语方言语法类编. 青岛：青岛出版社.

黄成，2011. 上古汉语三组常用词演变研究. 重庆：西南大学硕士学位论文.

黄大网，2001. 话语标记研究综述. 福建外语，(1).

贾燕子，2018. 上位化：概念域的历时演变与强势上位词的产生. 北京：社会科学文献出版社.

江蓝生，1988. 魏晋南北朝小说词语汇释. 北京：语文出版社.

江蓝生，曹广顺，编著，1997. 唐五代语言词典. 上海：上海教育出版社.

江蓝生，2000a. 相关语词的类同引申//近代汉语探源. 北京：商务印书馆.

江蓝生，2000b/1992. 疑问副词"颇、可、还"//近代汉语探源. 北京：商务印书社.

江蓝生，2010. "好容易"与"好不容易"//中国社会科学院语言研究所《历史语言学研究》编辑部，编. 历史语言学研究：第 3 辑. 北京：商务印书馆.

江蓝生，2012. 汉语连—介词的来源及其语法化的路径和类型. 中国语文，(4).

姜胜，2005. 试论规则多义现象聚合体//何英玉，编. 语义学. 上海：上海外语教育出版社.

蒋绍愚，1989. 古汉语词汇纲要. 北京：北京大学出版社.

蒋绍愚，2007. 打击义动词的词义分析. 中国语文，(5).

蒋绍愚，2013a. 词义变化与句法变化. 苏州大学学报（哲学社会科学版），(1).

蒋绍愚，2013b. 词义演变三例//曹广顺，等编. 综古述今、钩深取极（Breaking Down the Barriers：Interdisciplinary Studies in Chinese Linguistics and Beyond）：上册. 台北：台湾"中研院"语言学研究所.

蒋绍愚，2015. 汉语历史词汇学概要. 北京：商务印书馆.

蒋勇，祝克懿，2009. 负极词的曲言功能及其语用定位. 外语教学与研究，(6).

蒋勇，2010. 基于概率的极性词的梯级模型//复旦大学汉语言文字学科《语言研究辑刊》编委会,编. 语言研究集刊:第7辑. 上海:上海辞书出版社.

金小栋,吴福祥,2016. 汉语方言多功能虚词"连"的语义演变. 方言,(4).

金颖,2009. 副词"无非"的形成和发展. 古汉语研究,(1).

赖炎元,注释,1984. 春秋繁露今注今译. 台北:台湾商务印书馆.

黎锦熙,1992/1924. 新著国语文法. 北京:商务印书馆.

李崇兴,黄树先,邵则遂,编著,1998. 元语言词典. 上海:上海教育出版社.

李调元,1985. 剿说. 北京:中华书局.

李福印,编著,2008. 认知语言学概论. 北京:北京大学出版社.

李君,殷树林,2011. 说提醒标记"你看". 求是学刊,(3).

李明,2003. 试谈言说动词向认知动词的引申//吴福祥,洪波,主编. 语法化与语法研究:一. 北京:商务印书馆.

李明,姜先周,2012. 试谈"类推"在语义演变中的地位//浙江大学汉语史研究中心,编. 汉语史学报,第12辑. 上海:上海教育出版社.

李明,2014. 试谈语用推理及相关问题. 古汉语研究,(4).

李明,2019."本、元"类副词的演变//吴福祥,洪波,主编. 历史语言学研究:第13辑. 北京:商务印书馆.

李强,于荣胜,赵华敏,编著,2004. 大学日语:上册. 修订本. 北京:北京大学出版社.

李人鉴,1961. 一种比较特殊的句子成分. 中国语文,(3).

李荣,主编,2002. 现代汉语方言大词典. 南京:江苏教育出版社.

李文瑞,2014. 话语标记"我想"和"你想". 语文学刊(基础教育版),(3).

李晓琴,陈昌来,2020a. 评价性换言标记构式"说得X一点". 新疆大学学报(哲学·人文社会科学版),(1).

李晓琴，陈昌来，2020b. 现代汉语换言标记构式"往 X 里说". 语言文字应用，（1）.

李焱，孟繁杰，2011. 关联副词"倒"的演变研究. 古汉语研究，（3）.

李勇忠，2003. 语用标记与话语连贯. 外语与外语教学，（1）.

李勇忠，李春华，2004. 话语标记与语用推理. 国外外语教学，（4）.

李治平，2015. 现代汉语言说词语话语标记研究. 广州：世界图书出版广东有限公司.

李宗江，2005. 副词"倒"及相关副词的语义功能和历时演变. 汉语学报，（2）.

李宗江，2008. 表达负面评价的语用标记"问题是". 中国语文，（5）.

李宗江，2009. "看你"类话语标记分析. 语言科学，（3）.

李宗江，2011. "关键是"的篇章功能及其词汇化倾向. 语文研究，（2）.

李宗江，王慧兰，2011. 汉语新虚词. 上海：上海教育出版社.

李宗江，2012. "A 的是"短语的特殊功能. 汉语学习，（4）.

李宗江，2014. 近代汉语评价性语用标记及其向现代的演变. 语言研究，（1）.

李宗江，2018. 引述性换言标记构式"用 X（的）话说（讲）"//中国语文杂志社，编. 语法研究和探索：第 19 辑. 北京：商务印书馆.

李宗江，2019. 近代汉语语用标记研究. 上海：上海教育出版社.

廖秋忠，1986. 现代汉语篇章中的连接成分. 中国语文，（6）.

林华勇，肖棱丹，2016. 四川资中方言"来"的多功能性及其语法化. 中国语文，（2）.

林青，2014. "传信"与"惊异". 第三届类型学视野下的汉语与少数民族语言研究学术论坛. 北京：北京语言大学.

刘安，等，1993. 淮南子全译. 许匡一，译注. 贵阳：贵州人民出版社.

刘丹青，2003. 语法化中的共性与个性，单向性与双向性：以北部吴语的同义多功能虚词"搭"和"帮"为例//吴福祥,洪波,主编. 语法化与语法研究:一. 北京:商务印书馆.

刘丹青, 2014. 论语言库藏的物尽其用原则. 中国语文, (5).

刘坚, 1989. 试论"和"字的发展, 附论"共"字和"连"字. 中国语文, (6).

刘坚, 江蓝生, 白维国, 等, 1992. 近代汉语虚词研究. 北京:语文出版社.

刘淇, 1954. 助字辨略. 章锡琛, 校注. 北京:中华书局.

刘正埮, 高名凯, 麦永乾, 等编, 1984. 汉语外来词词典. 上海:上海辞书出版社.

卢元骏, 注译, 1979. 说苑今译今注. 台北:台湾商务印书馆股份有限公司.

吕叔湘, 1979. 汉语语法分析问题. 北京:商务印书馆.

吕叔湘, 主编, 1980. 现代汉语八百词. 北京:商务印书馆.

吕叔湘, 1985. 近代汉语指代词. 江蓝生, 补. 上海:学林出版社.

吕叔湘, 1986. 叠用"是"和"不知道". 中国语文, (4).

吕叔湘, 1990. 吕叔湘文集:第一卷 中国文法要略. 北京:商务印书馆.

罗端, 2009. 从甲骨、金文看"以"字语法化的过程. 中国语文, (1).

罗竹风, 主编, 2002. 汉语大词典. 香港:商务印书馆(香港)有限公司.

马贝加, 1993. 介词"同"的产生. 中国语文, (2).

马真, 1983. 说"反而". 中国语文, (3).

孟庆海, 1991. 阳曲方言志. 北京:社会科学文献出版社.

苗丽, 韩蕾, 2013. 汉语口语话语标记"你看"的语用功能. 语文建设, (9).

莫超, 2004. 白龙江流域汉语方言语法研究. 南京:南京师范大学博士学位论文.

潘秋平，2013. 从语义地图看给予动词的语法化：兼论语义地图和多项语法化的关系//吴福祥，邢向东，主编. 语法化与语法研究：六. 北京：商务印书馆.

彭睿，2011. 临界频率和非临界频率：频率和语法化关系的重新审视. 中国语文，（1）.

祁峰，2011. "X 的是"：从话语标记到焦点标记. 汉语学习，（4）.

强星娜，2017. 意外范畴研究述评. 语言教学与研究，（6）.

强星娜，2020. 无定预期、特定预期与反预期情状的多维度考察：以"竟然""偏偏"等为例. 中国语文，（6）.

邱峰，2013. 副词"并"的形成机制. 兰州学刊，（8）.

裘锡圭，1992. 说"以"//古文字论集. 北京：中华书局.

冉永平，2000. 话语标记语的语用学研究综述. 外语研究，（4）.

入矢义高，2004/1986. 中国口语史的构想. 艾廼钧，译. //浙江大学汉语史研究中心，编. 汉语史学报：第 4 辑. 上海：上海教育出版社.

商务印书馆辞书研究中心，编译，2003. 罗贝尔法汉词典. 北京：商务印书馆.

沈家煊，1999. 不对称和标记论. 南昌：江西教育出版社.

沈家煊，2001. 语言的"主观性"和"主观化". 外语教学与研究，（4）.

沈家煊，2003. 复句三域"行、知、言". 中国语文，（3）.

沈家煊，2004a. 说"不过". 清华大学学报（哲学社会科学版），（5）.

沈家煊，2004b. 语用原则、语用推理和语义演变. 外语教学与研究，（4）.

沈家煊，2005. 也谈能性述补结构"V 得 C"和"V 不 C"的不对称//沈家煊，吴福祥，马贝加，主编. 语法化与语法研究：二. 北京：商务印书馆.

石定栩，周蜜，姚瑶，2017. 评价副词与背景命题："偏偏"的语义与句法特性. 外语教学与研究，（6）.

石毓智，2001. 语法的形式和理据. 南昌：江西教育出版社.

束定芳，编著，2000. 现代语义学. 上海：上海外语教育出版社.

孙琴，2005. 现代汉语否定性结构专用副词的考察. 桂林：广西师范大学硕士学位论文.

太田辰夫，1987/1958. 中国语历史文法. 蒋绍愚，徐昌华，译. 北京：北京大学出版社.

唐敏，2009. 副词"还"的"反预期"语用功能及"反预期"的义源追溯. 江苏大学学报（社会科学版），(4).

唐为群，2006. 副词"原来"的多角度考察. 长江学术，(4).

唐正大，2008. 了然于心·预料之中·出乎预料：句末"的"的语气词功能及其与"呢"之比较. 东方语言学，(2).

汪维辉，2003. 汉语"说类词"的历时演变与共时分布. 中国语文，(4).

汪维辉，2017. 东汉—隋常用词演变研究. 修订本. 北京：商务印书馆.

王灿龙，2009. 一个濒于消亡的主观性标记词——想是. 当代语言学，(1).

王凤阳，2011. 古辞辨. 增订本. 北京：中华书局.

王继红，陈前瑞，2014. 从尝试到经历："尝"的语法化及其类型学意义. 语言科学，(5).

王健，2008. "全"、"都"和"全都". 殷都学刊，(3).

王健，2013. 一些南方方言中来自言说动词的意外范畴标记. 方言，(2).

王力，2004/1980. 汉语史稿. 北京：中华书局.

王利器，主编，1988. 史记注译. 西安：三秦出版社.

王萍，徐琼，许英淑，等编，1991. 现代日汉汉日词典. 北京：外语教学与研究出版社.

王世凯，2011. "没完没了地 VP"与相关结构：兼谈非终结图式与渐次扫描. 汉语学习，(3).

王欣，评述，2003.《有定性》评述. 当代语言学，(1).

王引之，2000. 经传释词. 南京：江苏古籍出版社.

王瑛，2001. 唐宋笔记语辞汇释. 修订本. 北京：中华书局.

王媛媛，2006. 普通话中"你看"变体的多角度考察. 徐州师范大学学报（哲学社会科学版），（1）.

王泽芳，2007. 湖南临武（大冲）土话研究. 苏州：苏州大学硕士学位论文.

温锁林，2001. 现代汉语语用平面研究. 北京：北京图书馆出版社.

魏兴，郑群，2013. 西方语法化理论视角下对汉语话语标记"你看"的分析. 外国语文（四川外国语学院学报），（5）.

毋效智，2005. 扶风方言. 乌鲁木齐：新疆大学出版社.

吴福祥，2003. 汉语伴随介词语法化的类型学研究：兼论 SVO 型语言中伴随介词的两种演化模式. 中国语文，（1）.

吴福祥，2004. 试说"X 不比 Y·Z"的语用功能. 中国语文，（3）.

吴福祥，2007. 汉语方所词语"後"的语义演变. 中国语文，（6）.

吴福祥，2015. 汉语语义演变研究的回顾与前瞻. 古汉语研究，（4）.

吴庆峰，主编，2006.《史记》虚词通释. 济南：齐鲁书社.

吴则虞，编著，1962. 晏子春秋集释. 北京：中华书局.

席嘉，2010. 近代汉语连词. 北京：中国社会科学出版社.

席建国，刘冰，2008. 语用标记语功能认知研究. 浙江大学学报（人文社会科学版），（4）.

肖立成，2008."换言类"元语言研究. 云南电大学报，（4）.

谢世坚，2009. 话语标记语研究综述. 山东外语教学，（5）.

辛慧，2015. 汉语意外类篇章衔接词语义及篇章信息功能. 牡丹江大学学报，（1）.

熊仲儒，2003. 汉语被动句句法结构分析. 当代语言学，（3）.

徐静，叶慧，2009. 换言连接成分类型研究. 学理论，（11）.

徐仁甫，编著，1981. 广释词. 冉友侨，校订. 成都：四川人民出版社.

徐颂列, 1998. 现代汉语总括表达式研究. 杭州: 浙江教育出版社.

徐朝红, 胡世文, 2010. 假设连词"脱"的产生和发展. 古汉语研究, (2).

许宝华, 宫田一郎, 主编, 1999. 汉语方言大词典. 北京: 中华书局.

严艺, 2011. "原来"的多视角研究. 南京: 南京师范大学硕士学位论文.

杨伯峻, 何乐士, 1992. 古汉语语法及其发展. 北京: 语文出版社.

杨华, 2015. 从叙事时间看《左传》的篇法. 广东技术师范学院学报, (2).

杨诎人, 吴大纲, 庞黔林, 编著, 2005. 现代日语语法. 广州: 广东世界图书出版公司.

杨荣祥, 2005. 近代汉语副词研究. 北京: 商务印书馆.

杨树达, 1986. 积微居甲文说. 上海: 上海古籍出版社.

杨素英, 2016. "体假设"及"了""着"的二语习得. 世界汉语教学, (1).

杨雪梅, 2002. "个个"、"每个"和"一个(一)个"的语法语义分析. 汉语学习, (4).

姚尧, 2015. "所 V""可 V"类评价性话语标记的话语功能与历时发展: 兼论古汉语话语标记的两种来源. 苏州大学学报(哲学社会科学版), (3).

姚占龙, 2008. "说、想、看"的主观化及其诱因. 语言教学与研究, (5).

殷树林, 李君, 2011. 说征询标记"你看". 廊坊师范学院学报(社会科学版), (3).

殷树林, 2012. 现代汉语话语标记研究. 北京: 中国社会科学出版社.

尹洪波, 2011. 否定词和语气副词共现的语序问题: 兼论负极性语气副词的来源及形成机制. 北京广播电视大学学报, (1).

尹学义, 顾明耀, 主编, 2002. 新日汉大辞典. 北京: 北京出版社.

于江, 1996. 虚词"与、及、并、和"的历史发展. 上海大学学报(社会科学版), (1).

于智荣, 译注, 2002. 贾谊新书译注. 哈尔滨: 黑龙江人民出版社.

袁宾, 段晓华, 徐时仪, 等编著, 1997. 宋语言词典. 上海: 上海教育出版社.

袁仁林，1989. 虚字说. 解惠全，注. 北京：中华书局.

袁毓林，2006. 论"连"字句的主观化表达功能：兼析几种相关的"反预期"和"解—反预期"格式. 中国语学，(253).

袁毓林，2007. 论"都"的隐性否定和极项允准功能. 中国语文，(4).

袁毓林，2008. 反预期、递进关系和语用尺度的类型："甚至"和"反而"的语义功能比较. 当代语言学，(2).

曾立英，2005. "我看"与"你看"的主观化. 汉语学习，(2).

占勇，张卫国，2006. "凡是"与"所有"之比较. 西南交通大学学报（社会科学版），(5).

张宝胜，2003. 副词"还"的主观性. 语言科学，(5).

张斌，主编，2001. 现代汉语虚词词典. 北京：商务印书馆.

张纯一，1935. 晏子春秋校注. 北京：世界书局.

张德岁，2009. 话语标记"你想"的成因及其语用修辞功能. 安徽大学学报（哲学社会科学版），(5).

张定，2015. 汉语方言"工具—伴随"标记多功能性的MDU视角//李小凡，张敏，郭锐，等. 汉语多功能语法形式的语义地图研究. 北京：商务印书馆.

张定，2016. "追逐"动词语义图. 当代语言学，(1).

张定，2020. 汉语多功能语言形式的语义图视角. 北京：商务印书馆.

张婧，2006. "本来"和"原来"的用法比较. 语言文字应用，(S2).

张丽丽，2010. 返回义趋向词作状语：从语义框架看虚化. 语言暨语言学，11（4）.

张敏，1999. 汉语方言体词重叠式语义模式的比较研究//伍云姬，主编. 汉语方言共时与历时语法研讨论文集. 广州：暨南大学出版社.

张敏，2010. "语义地图模型"：原理、操作及在汉语多功能语法形式研究中的运用//北京大学汉语语言学研究中心《语言学论丛》编委会，编.

语言学论丛：第42辑．北京：商务印书馆．

张世亮，钟肇鹏，周桂钿，译注，2012．春秋繁露．北京：中华书局．

张相，1953．诗词曲语辞汇释．上海：中华书局．

张奕，乔琳，2010．话语标记语研究现状与展望．深圳大学学报（人文社会科学版），（1）．

张谊生，1996．副词的篇章连接功能．语言研究，（1）．

张谊生，2000a．论与汉语副词相关的虚化机制：兼论现代汉语副词的性质、分类与范围．中国语文，（1）．

张谊生，2000b．现代汉语副词研究．上海：学林出版社．

张谊生，田家隆，2016．从"X是"的反预期情态看语义积淀对副词主观评注功能的影响：以"硬是、愣是、就是、偏是"的个性差异为例．语言研究集刊，（1）．

张玉金，主编，1996．古今汉语虚词大辞典．沈阳：辽宁人民出版社．

张玉金，2014．出土先秦文献介词的起源与发展．学术研究，（3）．

张忠堂，2010．汉语变声构词研究．北京：北京大学博士学位论文．

赵大明，2005．《左传》中率领义"以"的语法化程度．中国语文，（3）．

赵元任，1979/1968．汉语口语语法．吕叔湘，译，北京：商务印书馆．

郑娟曼，张先亮，2009．"责怪"式话语标记"你看你"．世界汉语教学，（2）．

志村良治，1995/1984．中国中世语法史研究．江蓝生，白维国，译．北京：中华书局．

中国社会科学院语言研究所词典编辑室，编，2005．现代汉语词典．第5版．北京：商务印书馆．

中国社会科学院语言研究所词典编辑室，编，2012．现代汉语词典．第6版．北京：商务印书馆．

中国社会科学院语言研究所词典编辑室，编，2016．现代汉语词典．

第 7 版. 北京：商务印书馆.

周芳，2006. "凡是"的语义功能分析. 广州：暨南大学华文学院学报，(1).

周明强，2022. 现代汉语话语标记系统与认知研究. 北京：中国社会科学出版社.

周生亚，1989. 并列连词"与、及"用法辨析. 中国语文，(2).

周绪全，王澄愚，编著，1991. 古汉语常用词源流辞典. 重庆：重庆出版社.

周祖谟，1988. 中国训诂学发展的历史//周祖谟语言文史论集. 杭州：浙江古籍出版社.

朱德熙，1982. 语法讲义. 北京：商务印书馆.

朱德熙，1983. 自指和转指：汉语名词化标记"的、者、所、之"的语法功能和语义功能. 方言，(1).

朱英贵，2005. 汉语被动句形式标志纵横谈. 西南民族大学学报（人文社科版），(9).

宗守云，2011. 说反预期结构式"X 比 Y 还 W". 语言研究，(3).

宗守云，2015. 晋方言情态动词"待"及其否定关联和意外性质. 中国语文，(4).

Heine Bernd，Kuteva Tania，2012. 语法化的世界词库. 龙海平，谷峰，肖小平，译. 洪波，谷峰，注释. 北京：世界图书出版公司北京公司.

Leech Geoffrey，1987. 语义学. 李瑞华，王彤福，杨自俭，等译. 何兆熊，华钧，校订. 上海：上海外语教育出版社.

Aijmer Karin，1972. Some aspects of psychological predicates in English. Stockholm：Almqvist and Wiksell.

Aijmcr Karin，1997. I think：an English modal particle//Swan Toril，

Jansen Westvik Olaf (eds.). Modality in Germanic languages: historical and comparative perspectives. Berlin: Mouton de Gruyter.

Aikhenvald Alexandra Y, 2012. The essence of mirativity. Linguistic Typology, 16(3).

Aldridge Maurice V, 1992. The laws of thought revisited: some remarks on the relative stability of natural language constant systems//Günter Kellermann, Morrissey Michael David (eds.). Diachrony within synchrony: language history and cognition. Berlin/New York/Paris/Wien: Perter Lang.

Alexandre Arkhipov, 2009. Comitative as a cross-linguistically valid category//Epps Patience, Alexandre Arkhipov (eds.). New challenges in typology: transcending the borders and refining the distinctions. Berlin: Mouton de Gruyter.

Allwood Jens, 1989. Om begrepp-deras bestämning, analys och konstruktion (ms). Göteborgs universitet, Institutionen för lingvistik.

Ansaldo Umberto, Lim Lisa, 2004. Phonetic absence as syntactic prominence: grammaticalization in isolating tonal languages//Fischer Olga, Norde Muriel, Perridon Harry (eds.). Up and down the cline: Vol.59. the nature of grammaticalization. Amsterdam/Philadelphia: John Benjamins.

Barlow Michael, Kemmer Suzanne, 2000. Usage-Based models of language. Stanford, CA: CSLI.

Biber Douglas, Johansson Stig, Leech Geoffrey, et al. , 1999. Longman grammar of spoken and written English. London: Longman.

Biq Yung-O, 1988. From focus in proposition to focus in speech situation: Cai and Jiu in Mandarin Chinese. Journal of Chinese Linguistics, 16(1).

Boyland Joyce T, 1996. Morphologic change in progress: a psycholinguistic approach. PhD dissertation. Berkeley: University of California, Berkeley.

Brasoveanu Adrian, Henderson Robert, 2009. Varieties of distributivity:

one by one vs each: proceeding from semantics and linguistic theory, 19(55). The Ohio State University.

Brinton Laurel J, 1996. Pragmatic markers in English: grammaticalization and discourse functions. Berlin: Mouton de Gruyter.

Brinton Laurel J, 1998. "The flowers are lovely; only, they have no scent": the evolution of a pragmatic marker//Borgmeier Raimund, Grabes Herbert, Jucker Andreas H (eds.). Historical pragmatics: anglistentag 1997 gießen proceedings. Gießen: WVT Wissenschaftlicher Verlag.

Brinton Laurel J, Traugott Elizabeth Closs, 2005. Lexicalization and language change. Cambridge: Cambridge University Press.

Brinton Laurel J, 2008. The comment clause in English: syntactic origins and pragmatic development. Cambridge: Cambridge University Press.

Brinton Laurel J, 2017. The evolution of pragmatic markers in English: pathways of change. Cambridge: Cambridge University Press.

Bybee Joan, Perkins Revere, Pagliuca William, 1994. The evolution of grammar: tense, aspect, and modality in the languages of the world. Chicago, IL: The University of Chicago Press.

Bybee Joan, 2006. From usage to grammar: the mind's response to repetition. Language, 82(4).

Bybee Joan, 2010. Language, usage and cognition. Cambridge: Cambridge University Press.

Bybee Joan, 2011. Usage-Based theory and grammaticalization//Narrog Heiko, Heine Bernd (eds.). The Oxford handbook of grammaticalization. Oxford: Oxford University Press.

Campbell Lyle, 2008. Historical linguistics: an introduction. 2nd edition. Beijing: World Book Publishing Company.

Cheng Lisa Lai-Shen, 1991. On the typology of Wh-questions. PhD dissertation. Cambridge, Mass: Massachusetts Institute of Technology.

Christopher Lyons, 1999. Definiteness. Cambridge: Cambridge University Press.

Cinque Guglielmo, 1999. Adverbs and functional heads: a cross-linguistic perspective. Oxford: Oxford University Press.

Cole Peter, Morgan Jerry L (eds.), 1975. Syntax and semantics: Vol.3 speech acts. New York: Academic Press.

Croft William, 1990. Typology and universals. Cambridge: Cambridge University Press.

Croft William, 1993. The role of domains in the interpretation of metaphors and metonymies. Cognitive Linguistics, 4(4).

Croft William, Cruse Alan D, 2004. Cognitive linguistics. Cambridge: Cambridge University Press.

Cruse Alan D, 2002. Hyponymy and its varieties//Green Rebecca, Bean Carol A, Myaeng Sung Hyon (eds.). The semantics of relationships: an interdisciplinary perspective. Dordrecht: Kluwer.

Curme George O, 1931. A grammar of the English language: Vol. II syntax. Boston, MA: D.C. Heath.

Dahl Östen, 2011. Grammaticalization and linguistic complexity//Narrog Heiko, Heine Bernd (eds.). The Oxford handbook of grammaticalization. Oxford: Oxford Universtiy.

de Smet Hendrik, 2012. The course of actualization. Language, 88(3).

Dehé Nicole, 2014. Parentheticals in spoken English: the syntax-prosody relation. Cambridge: Cambridge University Press.

Dixon R M W, 2006. Complement clauses and complementation strategies in typological perspective//Dixon R M W, Aikhenvald Alexandra Y (eds.). Complementation: a cross-linguistic typology. Oxford: Oxford University Press.

Dostie Gaétane, 2004. Pragmaticalisation et marqueurs discursifs: analyse sémantique et traitement lexicographique. Brussels: De Boeck and Larcier.

Eckardt R, 2006. Meaning change in grammaticalization: an enquiry into semantic reanalysis. New York: Oxford University Press.

Ellis Nick C, 1996. Sequencing in SLA: phonological memory, chunking and points of order. Studies in Second Language Acquisition, 18(1).

Erman Britt, Kotsinas Ulla-Britt, 1993. Pragmaticalization: the case of ba' and you know. Studier i Modern Språkvetenskap, 10.

Erman Britt, 2001. Pragmatic markers revisited with a focus on you know in adult and adolescent talk. Journal of Pragmatics, 33(9).

Evans Vyvyan, Green Melanie, 2006. Cognitive linguistics: an introduction. Edinburgh: Edinburgh University Press Ltd.

Fischer Olga, 2007. Morphosyntactic change: functional and formal perspectives. Oxford: Oxford University Press.

Fitzmaurice Susan, 2004. Subjectivity, intersubjectivity and the historical construction of interlocutor stance: from stance markers to discourse markers. Discourse Studies, 6(4).

Fortson Ⅳ Benjamin W, 2003. An approach to semantic change//Joseph Brian D, Janda Richard D (eds.). The handbook of historical linguistics: Vol.1. Oxford: Blackwell Publishinig Ltd.

Frank-Job Barbara, 2006. A dynamic-interactional approach to discourse markers//Kerstin Fischer (ed.). Approaches to discourse particles. Amsterdam: Elsevier.

Fraser Bruce, 1990. An approach to discourse markers. Journal of Pragmatics, 14(3).

Fritz Gerd, 2012. Theories of meaning change: an overview//Maienborn Claudia, Heusinger Klaus von, Portner Paul (eds.). Semantics: an international handbook of natural language meaning. Berlin/Boston: Mouton de Gruyter.

Geeraerts Dirk, 1997. Diachronic prototype semantics: a contribution to historical lexicology. Oxford: Oxford University Press.

Geeraerts Dirk, 2006. Theories of lexical semantics. New York: Oxford University Press.

Geeraerts Dirk, 2013/2010. Cognitive linguistics: basic readings. Berlin: Mouton de Gruyter.

Giannakidou Anastasia, 1998. Polarity sensitivity as (non) veridical dependency. Amsterdam: John Benjamins.

Giannakidou Anastasia, 2011. Positive polarity items and negative polarity items: variation, licensing, and compositionality//Maienborn Claudia, Heusinger Klaus von, Portner Paul (eds.). Semantics: an international handbook of natural language meaning. Berlin/Boston: Mouton de Gruyter.

Goossens Louis, 1990. Metaphtonymy: the interaction of metaphor and metonymy in expression for linguistic action. Cognitive Linguistics, 1(3).

Grangé Philippe, 2010. Aspect and modality in Indonesian: the case of sudah, telah, pernah, and sempat. Wacana (Journal of the Humanities of Indonesia), 12(2).

Halliday M A K, 2000. An introduction to functional grammar. London: Edward Arnold Limited.

Hancil Sylvie, 2014. The final particle but in British English: an instance of cooptation and grammaticalization at work//Hancil Sylvie, König Ekkehard (eds.). Grammaticalization-Theory and data. Amsterdam/Philadelphia: John Benjamins.

Haspelmath Martin, 1997. Indefinite pronouns. Oxford: Oxford University Press.

Haspelmath Martin, 2003. The geometry of grammatical meaning: semantic maps and cross-linguistic comparison//Tomasello Michael (ed.). The new psychology of language: Vol.2. New York: Lawrence Erlbaum Associates Publishers.

Haspelmath Martin, 2004. Coordinating constructions: an overview//Haspelmath Martin (ed.). Coordinating constructions. Amsterdam: John Benjamins.

Heine Bernd, Claudi Ulrike, Hünnemeyer Friederike, 1991. Grammaticalization: a conceptual framework. Chicago: University of Chicago Press.

Heine Bernd, Kuteva Tania, 2002. Word lexicon of grammaticalization. Cambridge: Cambridge University Press.

Heine Bernd, Kuteva Tania, 2005. Language contact and grammatical change. Cambridge: Cambridge University Press.

Heine Bernd, 2013. On discourse markers: grammaticalization, pragmaticalization, or something else? Linguistics, 51(6).

Heine Bernd, Kaltenböck Gunther, Kuteva Tania, et al., 2013. An outline of discourse grammar//Bischoff Shannon, Jany Carmen (eds.). Reflections on functionalism in linguistics. Berlin: Mouton de Gruyter.

Heine Bernd, Kaltenböck Gunther, Kuteva Tania, et al., 2017. Cooptation as a discourse strategy. Linguistics, 55(4).

Hengeveld Kees, Olbertz Hella, 2012. Didn't you know? Mirativity does exist! Linguistic Typology, 16(3).

Hoeksema Jack, 1994. On the grammaticalization of negative polarity items//Gahl Susanne, Dolbey Andy, Johnson Christopher (eds.). Proceedings of the twentieth Annual Meeting of the Berkeley Linguistics Society. Berkeley: Berkeley Linguistics Society.

Hooper Joan B, 1975. On assertive predicates//Kimball J P (ed.). Syntax and semantics: Vol.4. New York: Academic Press.

Hopper Paul, Traugott Elizabeth Closs, 2003/1993. Grammaticalization. Cambridge: Cambridge University Press.

Horn Laurence R, 1984. Toward a new taxonomy for pragmatic inference: Q-based and R-based implicature//Schiffrin Deborah (ed.). Meaning, form, and use in context: linguistic applications. Washington, D.C.: Georgetown University Press.

Horn Laurence R, 1996. Exclusive company: only and the dynamics of vertical inference. Journal of Semantics, 13(1).

Huang Cheng-Teh James, 1982. Logic Relations in Chinese and the theory of grammar. PhD dissertation. Cambridge, Mass: Massachusetts Institute of Technology.

Huddleston Rodney, Pullum Geoffrey K, 2002. The Cambridge grammar of the English language. Cambridge: Cambridge University Press.

Israel Michael, 1996. Polarity sensitivity as lexical semantics. Linguistics and Philosophy, 19(6).

Kaltenböck Gunther, Heine Bernd, Kuteva Tania, 2011. On thetical grammar. Studies in Language, 35(4).

Kawabata Tomohiro, 2010. On the rise of but-concessive constructions: from the viewpoint of grammaticalization//Kytö Merja, Scahill John, Tanabe Harumi (eds.). Language change and variation from old English to late modern English. Berlin/New York: Peter Lang.

Kim Nam-Kil, 1998. On experiential sentences. Studies in Language, 22(1).

Klima Edward S, 1964. Negation in English//Fodor Jerry A, Katz Jerrold J (eds.). The structure of language: readings in the philosophy of language. Englewood Cliffs NJ: Prentice Hall.

König Ekkehard, 1991a. Concessive relations as the dual of causal relations//Dietmar Zaefferer (ed.). Semantic universals and universal semantics. Berlin/New York: Foris Publications.

König Ekkehard, 1991b. The meaning of focus particles: a comparative perspective. London: Routledge.

Krug Manfred, 1998. String frequency: a cognitive motivation factor in coalescence, language processing, and linguistic change. Journal of English Linguistics, 26(4).

Lakoff George, Johnson Mark, 1980. Metaphors we live by. Chicago: University of Chicago Press.

Lambrecht Knud, 1994. Information structure and sentence form. Cambridge: Cambridge University Press.

Langacker Ronald W, 1987. Foundations of cognitive grammar: Vol. I theoretical prerequisites. Stanford: Stanford University Press.

Langacker Ronald W, 1990. Subjectification. Cognitive Linguistics, 1(1).

Lapinski Maria Knight, Rimal Rajiv N, 2005. An explication of social norms. Communication Theory, 15(2).

Lee Hyun Sook, 2005. A grammaticalization-based study on negative polarity items. The Journal of Linguistic Science, 33.

Lehmann Christian, 1985. Grammaticalization: synchronic variation and diachronic change. Lingua e Stile, 20(3).

Lehmann Christian, 2002/1982. Thoughts on grammaticalization. Koln: Institut für Sprachwissenschaft der Universitat.

Li Yen-Hui Audrey. 1992. Indefinite wh in Mandarin Chinese. Journal of East Asian Linguistics, 1(2).

Lin Jo-Wang, 1998. On existential polarity wh-phrases in Chinese. Journal of East Asian Linguistics, 7(3).

Lin Jo-Wang, 1999. Double quantification and the meaning of shenme "what" in Chinese bare conditionals. Linguistics and Philosophy, 22(6).

Lin Jo-Wang, 2004. Choice functions and scope of existential polarity wh-phrases in Mandarin Chinese. Linguistics and Philosophy, 27(4).

Liu Jian, Peyraube Alain, 1994. History of some coordinative conjunctions in Chinese. Journal of Chinese Linguistics, 22(2).

Long Haiping, Heine Bernd, Ruan Guijun, et al., 2018. The grammaticalizational relation between two Modern Chinese wo xiang "I think" constructions. Language Sciences, 66.

Long Haiping, Xu Xiaoxian, Wu Mengyue, et al., 2019. Formation of modern Chinese clause-taking imperative ni kan "you see": a conjoining pathway account. Lingua, 232.

Long Haiping, Heine Bernd, Ursini Francesco, 2020. Formation of modern Chinese parenthetical CTMP ni xiang "you think": a conjoining pathway account. Australian Journal of Linguistics, 40(3).

Long Haiping, Wu Fang, Ursini Francesco, et al., 2021. On the formation of a conjecturing clause-taking predicate in modern Chinese: a conjoining account of huaiyi. Functions of Language, 28(2).

Long Haiping, Wang Xianhui, Wang Lei, 2022. Prosody and formation of modern Chinese speech-quotative nǐ shuō "you say" and feedback-seeking nǐ shuō "you tell me": two grammaticalizational pathways. Language and Linguistics, 23(4).

Meisterernst Barbara, 2015. Tense and aspect in Han period Chinese: a linguistic study of the Shǐjì. Berlin: Walter de Gruyter.

Mithun Marianne, 1988. The grammaticalization of coordination//Haiman John, Thompson Sandra A (eds.). Clause combining in grammar and discourse. Amsterdam: John Benjamins.

Murphy Gregory L, Lassaline Mary E, 1997. Hierarchical structure in concepts and the basic level of categorization//Lamberts Koen, Shanks David (eds.). Knowledge, concepts and categories. Hove: Psychology Press.

Narrog Heiko, 2009. Modality in Japanese: The layered structure of clause and hierarchies of functional categories. Amsterdam: John Benjamins.

Narrog Heiko, 2010. The order of meaningful elements in the Japanese verbal complex. Morphology, 20(1).

Nedjalkov Vladimir P, Jaxontov Sergej Je, 1988. The typology of resultative constructions//Nedjalkov Vladimir P (ed.). Typology of resultative constructions. Amsterdam: John Benjamins.

Norde Muriel, 2009. Degrammaticalization. Oxford: Oxford University Press.

Panther Klaus-Uwe, 2006. Metonymy as a usage event//Kristiansen Gitte, et al. (eds.). Cognitive linguistics: current applications and future perspectives. Berlin/New York: Mouton de Gruyter.

Palander-Collin Minna, 1999. Grammaticalization and social embedding: I think and methinks in middle and early modern English. Helsinki: Société Néophilologique.

Quirk Randolph, Greenbaum Sidney, Leech Geoffrey, et al., 1985. A comprehensive grammar of the English language. London/New York: Longman.

Ramat Anna Giacalone, Hopper Paul J (eds.), 1998. The limits of grammaticalization. Amsterdam/Philadelphia: John Benjamins.

Ramat Paolo, Ricca Davide, 1998. Sentence adverbs in the languages of Europe//van der Auwera Johan (ed.). Adverbial constructions in the languages of Europe. Berlin/New York: Mouton de Gruyter.

Rissanen Matti, 2010. On the history of "unless" //Kytö Merja, Scahill John, Tanabe Harumi (eds.). Language change and variation from old English to late modern English. Berlin/New York: Peter Lang.

Ross John R, 1973. Slifting//Gross Maurice, Halle Morris, Schützenberger Marcel-Paul (eds.). The formal analysis of natural languages. Dordrecht: Foris Publications.

Schiffrin Deborah, 1987. Discourse markers. New York: Cambridge University Press.

Searle John R, 1969. Speech acts. Cambridge: Cambridge University Press.

Sherif Muzafer, 1966. The psychology of social norms. New York: Harper and Row.

Sperber Dan, Wilson Deirdre, 1995. Relevance: communication and cognition. 2nd edition. Oxford: Blackwell.

Stassen Leon, 2000. AND-Languages and WITH-Languages. Linguistic Typology, 4(1).

Sugono Dendy, 2008. Kamus bahasa Indonesia. Jakarta: Pusat Bahasa.

Sun Chaofen, 2006. Chinese: a linguistic introduction. Cambridge: Cambridge University Press.

Sweetser Eve E, 1990. From etymology to pragmatics: metaphorical and cultural aspects of semantic structure. Cambridge: Cambridge University Press.

Talmy Leonard, 2000. Toward a cognitive semantics: Vol. 1 concept structuring systems. Cambridge, Mass: MIT Press.

Tao Hongyin, 1996. Units in Mandarin conversation: prosody, discourse, and grammar. Amsterdam/Philadelphia: John Benjamins.

Thompson Sandra A, Mulac Anthony, 1991. A quantitative perspective on the grammaticalization of epistemic parentheticals in English//Heine Bernd, Traugott Elizabeth Closs (eds.). Approaches to grammaticalization: Vol. 2. Amsterdam: John Benjamins.

Thompson Sandra A, 2002. "Object complements" and conversation: towards a realistic account. Studies in Language, 26(1).

Trask Robert Lawrence, 2000/1996. Historical linguistics. Beijing: Foreign Language Teaching and Research Press.

Traugott Elizabeth Closs, 1985. Conditional markers//Haiman Joan (ed.). Iconicity in syntax. Amsterdam: John Benjamins.

Traugott Elizabeth Closs, König Ekkehard, 1991. The semantics-pragmatics of grammaticalization revisited//Heine Bernd, Traugott Elizabeth Closs (eds.). Approaches to grammaticalization: Vol. I . Amsterdam: John Benjamins.

Traugott Elizabeth Closs, 1995. Subjectification in grammaticalization//Stein Dieter, Wright Susan (eds.). Subjectivity and subjectivisation: linguistic perspectives. Cambridge: Cambridge University Press.

Traugott Elizabeth Closs, 1999a. The rhetoric of counter-expectation in semantic change: a study in subjectification//Black Andreas, Koch Peter (eds.). Historical semantics and cognition. Berlin/New York: Mouton de Gruyter.

Traugott Elizabeth Closs, 1999b. The role of pragmatics in semantic change//Verschueren Jef (ed.). Pragmatics in 1998: selected papers from the 6th International Pragmatics Conference: Vol. II . Antwerp: International Pragmatics Association.

Traugott Elizabeth Closs, 2002. From etymology to historical pragmatics//Minkova Donka, Stockwell Robert (eds.). Studies in the history of the English language: a millennial perspective. Berlin: Mouton de Gruyter.

Traugott Elizabeth Closs, Dasher Richard B, 2002. Regularity in semantic change. Cambridge: Cambridge University Press.

Traugott Elizabeth Closs, 2003a. Construction in grammaticalization//Joseph Brian D, Janda Richard D (eds.). The handbook of historical linguistics. Oxford: Blackwell.

Traugott Elizabeth Closs, 2003b. From subjectification to intersubjectification//Hickey Raymond (ed.). Motives for language change. Cambridge: Cambridge University Press.

Traugott Elizabeth Closs, 2012. Pragmatics and language change//Allan Keith, Jaszczolt Kasia M (eds.). The Cambridge handbook of pragmatics. Cambridge: Cambridge University Press.

Tuggy David, 1993. Ambiguity, polysemy, and vagueness. Cognitive Linguistics, 4(3).

Ungerer Friedrich, Schmid Hans-Jörg, 2006. An introduction to cognitive linguistics. 2nd edition. Harlow: Pearson Education Limited.

van Benthem Johan, 1991. Linguistic universals in logical semantics//Zaefferer Dietmar (ed.). Semantic universals and universal semantics. Berlin/New York: Foris Publications.

van Bogaert Julie, 2011. I think and other complement-taking mental predicates: a case of and for constructional grammaticalization. Linguistics, 49(2).

van der Wal Sjoukje, 1996. Negative polarity items and negation: tandem acquisition. PhD dissertation. Groningen: University of Groningen.

van der Wouden Ton, 1994. Negative contexts. PhD dissertation. Groningen: University of Groningen.

Watson Burton, 1993. Records of the grand historian of China. New York: Columbia University Press.

Zaefferer Dietmar, 1991a. Conditionals and unconditionals: cross-linguistic and logical aspects//Zaefferer Dietmar (ed.). Semantic universals and universal semantics. Berlin/New York: Foris Publications.

Zaefferer Dietmar, 1991b. Introduction: universals and semantics//Zaefferer Dietmar (ed.). Semantic universals and universal semantics. Berlin/New York: Foris Publications.

Zwarts Frans, 1998. Three types of polarity//Hamm Fritz, Hinrichs Erhard (eds.). Plural and quantification. Dordrecht: Kluwer.

后　记

本书是笔者主持的国家社科基金重大项目"功能—类型学取向的汉语语义演变研究"（批准号：14ZDB098）子课题"汉语历史词汇和语义演变的个案、专题研究"和"基于认知和语用的汉语语义演变研究"的部分成果。各章内容及作者情况如下。

第 1 章　基于认知处理和逻辑运算的语义演变（张秀松）

第 2 章　汉语中序列到量化的语义演变模式（董正存）

第 3 章　汉语伴随格介词向工具格介词的演变（李小军）

第 4 章　汉语人体/物体部位词语的空—时语义演变（何亮）

第 5 章　概念范畴的动态识解及其历时演变
　　　　——以｛鸣叫｝的演变为例（陈练军）

第 6 章　语用推理及相关问题（李明）

第 7 章　具有反预期功能的副词的分类及语义来源（董秀芳）

第 8 章　"曾"的反预期功能与经历体用法的演变关系（陈前瑞）

第 9 章　汉语的否定极性词及其来源（张定）

第 10 章　汉语语篇中的插叙标记及其演变（董秀芳）

第 11 章　近代汉语语用标记及其演变
　　　　——以三类语用标记为例（李宗江）

第 12 章　语用标记演变的语义和语音视角
　　　　——以接小句祈使式"你看"为例（龙海平、徐晓娴、吴梦玥、Francesco-Alessio Ursini）

需要说明的是，作为课题研究的阶段性成果，本书的部分内容已在国内外相关杂志上发表，因此在将这些内容辑入本书时，我们在体例和某些术语上作了必要的一致性处理。此外，还对部分成果的名称作了必要的调整。

感谢董秀芳教授和李明研究员。作为子课题负责人和本书主要撰稿人，他们两位为项目的研究工作和成果的编辑出版作出了重要贡献。

安徽教育出版社原总编辑姚莉女史为本书的出版提供了很多帮助，学术文化出版中心主任江舟女史以及各位责任编辑为本书的编校付出了辛勤劳动，深表谢忱。此外，友生麻晓芳、李桂兰和丁爱玲为本书的编辑出版提供了切实的帮助，在此一并谢过。

本书的出版受到"2019年度北京语言大学北京高校高精尖学科中国语言文学一级学科建设项目"的资助，谨此表示谢意。

最后，笔者对本书的所有作者表示深深的谢意。至于书中的疏漏之处，概由笔者负责。

吴福祥

2023年仲夏于北京齐贤斋